日本交通政策研究会研究双書 31

道路課金と交通マネジメント

維持更新時代の戦略的イノベーション

根本 敏則・今西 芳一 編著

成山堂書店

本書の内容の一部あるいは全部を無断で電子化を含む複写複製（コピー）及び他書への転載は，法律で認められた場合を除いて著作権者及び出版社の権利の侵害となります。成山堂書店は著作権者から上記に係る権利の管理について委託を受けていますので，その場合はあらかじめ成山堂書店（03-3357-5861）に許諾を求めてください。なお，代行業者等の第三者による電子データ化及び電子書籍化は，いかなる場合も認められません。

は じ め に

　わが国の道路整備は昭和 29 年（1954 年）「第 1 次道路整備 5 箇年計画」を契機に本格化し、2016 年まで 62 年が経過した。全国をカバーする高速道路網である高規格幹線道路は、開通予定も加えて平成 30 年（2018 年）3 月には 11,666 km になり、14,000 km の目標も間もなく達成される見込みである。国道や都道府県道などの一般道路についても整備が進んでおり、わが国は大規模な道路ストックを保有するに至った。まだ開通されていない道路区間の建設を進める努力は継続しつつ、道路行政の主要な課題は、道路ストックを賢く使うことに重点が置かれるようになってきた。

　一方、自動車交通量は長らく増加していたが、2003 年を境にして減少傾向に転じている。わが国の人口も 2008 年にピークに達し、将来は急速に減少していくと予想されており、自動車交通量も減少していくと思われる。これまで長期にわたって自動車交通量の増加に道路整備が追いつかず、道路行政のエネルギーの大部分が道路を整備し交通処理力を拡大することに充てられていた。これからは、交通や暮らしの質を高めるべく道路の使い方に工夫を凝らす交通需要マネジメントに道路行政のエネルギーを向けるべきであろう。すなわち、幹線道路の混雑を避けた交通が生活道路に進入していた状況を反転させ、それら交通を幹線道路に戻し、生活道路を快適で安全な空間にしていくことが求められている。

　ただ、移動の起終点を結ぶ最短経路が生活道路である場合も多く、放置すれば依然として生活道路に自動車が進入する状態が続く。このため、望ましい交通を実現するためには何らかの制御が必要になる。生活道路上に立地する施設が交通の起終点であるとしても、生活道路の走行距離をできるだけ短くするという移動形態に交通を誘導することによって望ましい交通流が実現できる。特に、大型車はできるだけ高速道路などの幹線道路を利用させる必要がある。

　道路交通の質を高めることも重要な課題であるが、近年、道路交通における生産性の向上がとりざたされるようになっている。その際、これまでも検討されてきた渋滞解消、交通安全に加え、貨物交通の効率化が着目されている。本書では特に貨物車の大型化を取り上げる。貨物車を大型にすることによって 1 人の運転手が一度に大量の貨物を運送することができるわけで、物流コスト削

減、ひいてはドライバーの待遇改善も期待できよう。

　また、大規模な道路ストックを長期間にわたって利用していくためには、道路の損傷を極力抑え、適切な維持更新を行う必要がある。特に道路損傷の大きな原因となる大型車の重量超過を厳しく取り締まる努力が求められる。また、維持更新に用いる財源を調達する仕組みも構築する必要がある。

　これらの課題に対応するには、「道路課金」と「交通マネジメント」という2つの政策手段がある。このうち、道路課金は適切な維持更新に充てる財源の調達を目的に導入されるものと、道路利用者の経路選択、出発時間選択を変え混雑緩和を目指そうとするものなどが考えられる。一方、交通マネジメントには物流効率化のための車両の大型化（車両の重量と寸法の最大値の緩和）、交通環境改善のための大型車通行規制、重量超過取締り強化、環境影響の少ない経路への誘導などが含まれる。

　これらの政策、施策がきめ細かく実施できるようになった背景として、車の位置がわかるGPSなどの情報通信技術（ICT：Information Communication Technology）、自動課金システムなどの高度道路交通システム（ITS：Intelligent Transport Systems）、走行中のトラックの重量を計測する道路上のセンサーなどのモノのインターネット技術（IoT：Internet of Things）の進展があげられる。本書は政策・施策の紹介だけでなく、これら先進技術の開発、標準化動向についても概説する。

　海外諸国にはわが国で導入されていない興味深い道路政策・施策が多く見られる。本書では、海外諸国の施策事例をたくさん紹介している。その主要な事例を以下に示す。

① 交通量を抑制し混雑緩和を図る混雑課金が欧米で導入されている。さらに、混雑の程度に応じて課金額が変化するダイナミック・プライシングも行われている。

② 道路への損傷程度に応じて課金し、道路の維持更新財源を調達する大型車課金が欧州で実施されている。

③ 乗用車を含めて、走行距離に応じた課金をし、燃料税に変わる負担の仕組みを実現しようとする試みが欧米諸国で行われている。

④ 走行許可を受けずに自由に走行できる車両の総重量の最大値については日本では長期にわたって20トンであるのに対して、欧州では40〜44トンである。ドイツやフランスでは1950年頃は日本と同じように20トン程

度であったが、徐々に引き上げて、2000年頃には40～44トンになった。
⑤　海外諸国では車両重量自動計測装置（WIM：Weigh In Motion）を道路に設置して、重量超過車を取り締まっている。
⑥　アメリカでは幹線道路をトラックルートとして指定し、貨物車が街区を越えるような長い距離を移動する場合は、それを利用することを義務付け、貨物自動車が生活道路を走行することを禁止している。
⑦　欧米都市の多くは都心部に貨物車流入禁止地区を設けており、安全・快適に買物が楽しめるようにしている。
⑧　欧州では、環状道路やバイパスが整備されると、市街地を貨物車が通過することを禁止する場合が多い。
⑨　都心部に排気ガスがきれいな車両のみが流入できる低排出車地区（LEZ：Low Emission Zone）が設定されている。

わが国もセミトレーラー連結車については車両の総重量27トンまで自由走行にする、また、重さ指定道路を設定して25トンまで自由走行にする、これらの制限値を超える車両については特殊車両（特車）通行許可システムを整備して車両の総重量44トンまでの車両を通行許可対象にするなど、貨物車の大型化を促進するためのさまざまな施策を講じるようになった。また、近年においてはETC2.0（走行履歴などの情報が取得できる新しい自動料金収受の仕組み）が普及してきたため、大型車誘導区間を設定して特殊車両通行許可を迅速に発行する、出入口が同じであれば、経路が異なっても高速道路通行料金を同じにするなどの施策も講じている。

日系メーカーがシンガポールの現行および次世代ロードプライシングのシステムを開発していることからわかるように、日本は道路課金・交通マネジメントを支える要素技術の開発では最先端を走っている。維持更新時代を迎える道路交通分野で戦略的イノベーションが求められているわけだが、諸外国の事例からヒントを得ながら、日本の技術力を最大限に活かし、新しい道路課金・交通マネジメントの仕組みを開発し、実装していくことが求められている。

本書の構成

本書は4部、19章で構成されている。それぞれの章の要点を以下に紹介する。

第1部　道路課金・交通マネジメントの基本的な枠組み

第1章　維持更新時代の道路課金・交通マネジメント

道路行政に対する時代の要請を再確認するとともに、これらの目的を達成するためにはITS技術を活用した革新的な道路課金・交通マネジメントが有効であるとの仮説を提示した。

第2章　道路課金システムとは

道路建設や維持管理の資金調達施策として多くの国で道路課金システムが導入され、またいくつかの都市においては渋滞緩和施策として道路課金システムが導入されている。各国の課金施策とその技術について紹介する。

第3章　大型車交通マネジメントとは

各国は貨物車の負の影響をできるだけ小さくしつつ輸送効率を高めるために車両の寸法と重量に最大値を設定し、それを超える車両は審査を経て通行を許可しており、違反車は取り締まっている。また、場合によって通行を規制し、走行に課金するなどのさまざまな施策を講じている。このような大型車交通マネジメントの仕組みを概観する。

第2部　諸外国の道路課金

第4章　シンガポール、ロンドン、ストックホルムの混雑緩和を目的とした道路課金

都市内課金は人口密度が高く、混雑する都市中心部の渋滞解消や流入交通を抑制するために、都市内の交通に対して課金を行う施策である。シンガポール、ロンドン、ストックホルムの各事例について概要を紹介する。

第5章　アメリカの渋滞緩和を目的とした道路課金

　アメリカでは混雑マネジメント施策として相乗り促進を行ってきており、それを支援する施策として2人または3人以上が乗車する車両のみが利用できる車線であるHOVレーンを各地に整備してきた。さらに料金を支払えば1人乗りの車両もHOVレーンを利用できるHOTレーンが考案された。この章では、HOTレーンの仕組みを紹介し、その有効性と課題を説明する。

第6章　アメリカの財源確保を目的とした道路課金

　道路の整備・維持管理に必要な財源は、主として燃料税により調達してきた。しかし、将来的に道路の老朽化等に起因する維持管理費の増加が見込まれるほか、ハイブリット車等の燃費効率が高い自動車や化石燃料を使わない電気自動車の普及に伴い税収が減少するほか、負担の公平性も懸念されている。この問題に対応するために、アメリカでは走行距離に応じた道路課金の検討が進められている。

第7章　欧州の大型車課金

　欧州では近年、道路の老朽化に伴い増大する維持更新費用の財源確保や環境改善を目的として、高速道路や幹線道路を利用する大型貨物車に対して課金を行う国が増えている。この章では、欧州における大型車課金の歴史と制度、代表事例としてのドイツの大型車課金制度について概説する。

第8章　道路課金システムの相互運用

　欧米ではISO（国際標準化機構）やCEN（欧州標準化機構）等の標準規格が制定される前の1990年以前よりETCが導入されてきた。そのため、ETCシステムの相互運用が重要であるにもかかわらず、いまだ達成されていない状況である。この章では、欧州とアメリカにおける相互運用化への取組みを紹介する。

第9章　対距離課金の導入による経済的影響

　この章では、自動車関係諸税のうちガソリン税などの燃料消費量に応じた従来の課税方式から、走行距離に応じた課税や料金に変更した場合、どのような影響が生じ得るかについて分析した最新の研究成果のサーベイを行う。

第3部　諸外国の大型車交通マネジメント

第10章　アメリカの大型車交通マネジメント

　アメリカの多くの都市では大型貨物車を対象として、地区を指定して走行禁止、通過禁止、駐停車禁止などの交通規制が行われている。また、幹線道路の一部をトラックルートとして指定し、大型貨物車に通行を義務付けている。一方、アメリカでは州際高速道路が物流の主要ルートであり、州際高速道路を利用している大型貨物車に対して重量や寸法の制限を超えている車両の取締りを行っている。これらのアメリカの大型車交通マネジメントを概説する。

第11章　欧州の大型車交通マネジメント

　欧州諸国の多くは隣国と陸続きであり、トラック輸送市場も自由化されているため、大型車は国境を越えて走行する。本章では、欧州諸国における、大型貨物車の走行に伴う規制やその規制を遵守させる仕組みとして、大型車のマネジメント方法を現地調査の結果を交えて紹介する。

第12章　豪州の大型車交通マネジメント

　豪州は経済成長とともに増加した国内輸送に従事するトラックドライバーが不足している。この解決策として多数のトレーラーを連結した車両（多重連結化車両）を用いることにより1人のトラックドライバーの生産効率の向上を図ること、また既存の道路構造において、より大きな車両の走行を評価する独自の手法が開発されてきた。さらに、多重連結化車両の走行状態を確認する手法としてテレマティクス技術を用いて車両の走行経路や重量をモニタリングする仕組みが実用化されている。

第13章　韓国の大型車交通マネジメント

　韓国では聖水大橋の落橋以降、大型車の重量超過対策に力を入れている。この章では、韓国において大型貨物車が走行する環境、走行に伴う規制、その規制を遵守させる仕組みとしての大型車交通マネジメントを現地調査の結果を交えて紹介する。

第 14 章　設置型重量計と車載型重量計の技術と規格

　大型貨物車の重量を計測する仕組みとして、道路上に設置された重量計や車載型重量計があり、諸外国ではおもに道路設置型重量計が採用されている。この章では、設置型重量計の概要と、欧州や豪州で先行する車載型重量計の仕組みやその利用目的・方法を紹介する。

第 15 章　貨物車の運行管理の国際標準化と各国の規制動向

　貨物車が国境を越えて移動するようになり、運行管理に関しても世界共通のルール作りが求められるようになっている。本章では、ISO の技術委員会のひとつである TC204（Technical Committee 204、ITS 分野）において開発が進んでいる国際標準規格である貨物車のための協調通信情報アプリケーションの枠組みと、各国の規制動向について紹介する。

第 4 部　日本の道路課金と大型車交通マネジメントの動向

第 16 章　首都圏の物流施設立地と大型車走行の現状

　首都圏では、三環状道路の整備が進展するに従い、自動車交通の流れが大きく変わりつつある。新規供用インターチェンジ付近に立地する大型物流施設も、ネット通販の隆盛などと相まって話題になることが多い。郊外環状道路周辺の物流施設立地特性を把握し、また、施設立地が引き起こす大型トラック交通の影響も概説する。

第 17 章　首都高の距離帯別料金の評価

　首都高速道路においては平成 24 年に距離帯別料金に移行し、平成 28 年 4 月にそれをさらに進化させた新料金制に移行した。これらの移行による効果を消費者余剰アプローチによって評価し、いずれの料金制移行についても社会的余剰が増加したことを示す。また、ラムゼイ・プライシング[1]や料金を 10 円単位ではなく、1 円単位にすることによって、さらに、社会的余剰を大きくすることができる可能性を示す。

---

[1] 料金収入額不変の制約の下で最適な料金額を設定する手法

第 18 章　損傷者負担を考慮した高速道路料金の検討

　平成 28 年 4 月より導入された首都圏三環状道路の高速道路料金では、同一起終点同一料金を基本とし、経路の選択幅が拡大した。この章では、新高速道路料金導入後の車の動きを踏まえ、道路構造物に大きな影響を及ぼす大型車の通行料金に着眼し、損傷者負担の観点から大型車への課金を重くした場合の影響について考察する。

第 19 章　日本の大型車交通マネジメント

　日本における大型車交通マネジメントに関する制度としては、道路を通行する車両の寸法および重量等について一定の基準を定める車両制限令や、同令に定める一般的制限値を超える車両に対する特殊車両（特車）通行許可制度がある。この章では、日本における大型車交通マネジメントに関する制度の変遷と近年新たに創設された仕組みである大型車誘導区間や ETC2.0 を活用した大型車交通マネジメントの概要、そして、日本における大型車マネジメントの今後の展望等について紹介する。

　本書は、公益社団法人日本交通政策研究会の 4 年間にわたる研究プロジェクトの成果であり、同研究会研究双書の 1 冊として出版助成を頂戴している。研究環境と出版事情が厳しいなか、ご支援いただいた日本交通政策研究会には心より感謝を申し上げたい。研究プロジェクトの実施にあっては同研究会の太田博喜事務局長、出版時には金沢貴子氏のご助力があった。また、第 17 章、第 18 章の課金評価のシミュレーション分析を進めるにあたっては、首都大学東京の清水哲夫教授をはじめとする新道路技術研究会（国土交通省から一橋大学への委託研究で設置した研究会）のメンバーとのディスカッションが役立った。森昌文技監、橋本浩良国土技術政策総合研究所主任研究官をはじめとする国土交通省の関係者にも、この場を借りて謝意を表したい。　出版編集に際しては、株式会社成山堂書店の小川典子社長、編集グループの板垣洋介氏のご協力があった。ここに感謝を申し上げる次第である。

2017 年 3 月

編著者　根本敏則・今西芳一

目　次

はじめに
本書の構成

第1部　道路課金・交通マネジメントの基本的な枠組み

第1章　維持更新時代の道路課金・交通マネジメント　…… 2
1.1　時代の要請　―道路ストックを賢く使う　…… 2
1.2　政策手段としての道路課金・交通マネジメント　…… 5
1.3　ITS情報プラットフォーム　…… 9
1.4　ま と め　…… 11
補論：ロードプライシング理論　…… 12

第2章　道路課金システムとは　…… 15
2.1　道路課金施策　…… 15
　(1)　有料道路課金　…… 15
　(2)　大型車課金　…… 15
　(3)　都市内混雑課金　…… 16
　(4)　環境対策課金　…… 16
　(5)　道路利用課金　…… 18
　(6)　経路誘導課金　…… 18
　(7)　アメリカの高速走行車線課金　…… 19
2.2　道路課金システムの機能　…… 19
　(1)　道路課金システムを構成する機能　…… 19
　(2)　課金機能　…… 20
　(3)　支払機能　…… 21
　(4)　情報提供機能　…… 21
　(5)　不正防止機能　…… 21
2.3　道路課金システムの技術　…… 22

(1) 通信技術 ………………………………………………………… 22
　　　(2) 通信技術とその比較 …………………………………………… 23
　　　(3) ISO における標準化 …………………………………………… 29
　2.4　ま　と　め ……………………………………………………………… 30

第3章　大型車交通マネジメントとは ………………………………… 31
　3.1　車両の重量と寸法の最大値 …………………………………………… 31
　　　(1) 車両の重量と寸法の一般的制限値 …………………………… 31
　　　(2) 日本における車両の大型化への対応策 ……………………… 34
　　　(3) 最大総重量の歴史的変化 ……………………………………… 34
　　　(4) 総重量の制限値が車両の大型化の制約 ……………………… 35
　3.2　特殊車両の通行管理 …………………………………………………… 36
　3.3　重量超過車両の取締り ………………………………………………… 38
　3.4　貨物車交通マネジメントの全体像 …………………………………… 39
　3.5　ま　と　め ……………………………………………………………… 41

第2部　諸外国の道路課金

第4章　シンガポール、ロンドン、ストックホルムの
　　　　混雑緩和を目的とした道路課金 ……………………………… 46
　4.1　シンガポール …………………………………………………………… 46
　　　(1) 課金導入の経緯 ………………………………………………… 46
　　　(2) 課金徴収システム ……………………………………………… 47
　　　(3) 課金対象エリアおよび課金対象車両 ………………………… 49
　　　(4) 課金時間帯および課金額 ……………………………………… 49
　　　(5) 課金の効果 ……………………………………………………… 50
　　　(6) 次世代ロードプライシングの検討 …………………………… 50
　4.2　ロ　ン　ド　ン ………………………………………………………… 50
　　　(1) 課金導入の経緯 ………………………………………………… 50
　　　(2) 課金徴収システム ……………………………………………… 51
　　　(3) 課金対象エリアおよび課金対象車両 ………………………… 52
　　　(4) 課金時間帯および課金額 ……………………………………… 54

(5) 課金の効果 ·· 54
　4.3　ストックホルム ·· 54
　　　(1) 課金導入の経緯 ·· 54
　　　(2) 課金徴収システム ·· 55
　　　(3) 課金対象エリアおよび課金対象車両 ································ 56
　　　(4) 課金時間帯および課金額 ·· 56
　　　(5) 課金の効果 ·· 58
　4.4　ま　と　め ·· 59

第5章　アメリカの渋滞緩和を目的とした道路課金 ·················· 61

　5.1　HOVレーンからHOTレーンへ ·· 61
　　　(1) HOVレーン ·· 61
　　　(2) HOTレーンの導入 ··· 62
　　　(3) ダイナミック・プライシングの導入 ································ 64
　　　(4) 連邦政府の補助事業 ·· 64
　5.2　HOTレーンの意義 ·· 65
　5.3　HOTレーンの事例 ·· 66
　5.4　HOTレーンの効果評価 ··· 72
　5.5　ま　と　め ·· 72

第6章　アメリカの財源確保を目的とした道路課金 ·················· 74

　6.1　は じ め に ·· 74
　6.2　ワシントン州シアトル都心部の走行距離課金の検討 ············· 76
　　　(1) パイロットプログラムの概要および課金対象 ···················· 76
　　　(2) 課金方式 ··· 76
　　　(3) 課金精度の検証 ··· 77
　6.3　オレゴン州の走行距離課金の検討 ··· 77
　　　(1) 第Ⅰ期パイロットプログラムの概要 ·································· 77
　　　(2) 課金方式 ··· 78
　　　(3) 第Ⅰ期パイロットプログラムの総括と法制度に向けた検討 ········· 80
　　　(4) 実践に向けた第Ⅱ期パイロットプログラム ······················· 80
　　　(5) 走行距離課金の法制化と実用化 ·· 81

　　　　(6) オレゴン州周辺の州の動向 ……………………………… *81*
　6.4　ミネソタ州の走行距離課金の検討 …………………………… *81*
　　　　(1) 走行距離課金への問題認識とパイロットプログラム ……… *81*
　　　　(2) 走行距離課金のシステム概要 ………………………… *82*
　　　　(3) 走行距離課金の課題整理と方向性 …………………… *83*
　6.5　ま　と　め ……………………………………………… *84*

第7章　欧州の大型車課金 …………………………………… *86*
　7.1　欧州の大型車課金の歴史 …………………………………… *86*
　7.2　大型車課金を導入している国とその制度の概要 ……………… *88*
　7.3　ドイツの大型車課金制度 …………………………………… *91*
　7.4　大型車課金の導入を断念した事例 …………………………… *95*
　7.5　ま　と　め ……………………………………………… *97*

第8章　道路課金システムの相互運用 ………………………… *99*
　8.1　相互運用が求められる理由 ………………………………… *99*
　8.2　EETS と REETS-TEN ……………………………………… *100*
　　　　(1) 概　　要 ……………………………………………… *100*
　　　　(2) WP（ワーキングパーティ）重要業績評価指標について ……… *102*
　　　　(3) 相互運用に向けた REETS の進捗状況 ………………… *104*
　　　　(4) テレパス社の相互運用構想 …………………………… *105*
　　　　(5) 相互運用 EETS の状況 ………………………………… *106*
　8.3　アメリカの ETC 相互運用計画 ……………………………… *108*
　　　　(1) アメリカ全体の現況 …………………………………… *108*
　　　　(2) IAG の状況 …………………………………………… *109*
　　　　(3) アメリカの課題と動向 ………………………………… *109*
　　　　(4) IBTTA における計画 ………………………………… *109*
　　　　(5) ATI における計画 …………………………………… *111*
　　　　(6) アメリカの状況のまとめ ……………………………… *113*
　8.4　ま　と　め ……………………………………………… *115*

第9章　対距離課金の導入による経済的影響 ……………… 116
9.1　はじめに ……………………………………………………… 116
9.2　対距離課金の所得分配上の問題 …………………………… 116
- (1) 連邦燃料税を対距離課金に置き換えた場合 ………………… 116
- (2) 対距離課金導入の税収と消費者余剰の変化 ………………… 118
- (3) 車種別・時間帯別・税収中立な対距離課金 ………………… 120

9.3　対距離課金が与える産業と地域への影響 ………………… 122
9.4　対距離課金の収集費用 ……………………………………… 123
9.5　まとめ ……………………………………………………… 125

第3部　諸外国の大型車交通マネジメント

第10章　アメリカの大型車交通マネジメント ……………… 128
10.1　アメリカの大型貨物車の走行マネジメント …………… 128
- (1) 走行・通過・駐車に関する規制 ……………………………… 128
- (2) 走行ルート、走行車線の指定 ………………………………… 130

10.2　アメリカの貨物車の寸法と重量の一般的制限値 ……… 134
- (1) 車両の重量 ……………………………………………………… 134
- (2) 車両の寸法 ……………………………………………………… 134

10.3　アメリカの特殊車両の通行許可 ………………………… 136
10.4　アメリカの許可値を超えた車両の取締り ……………… 137
- (1) 取締り方法 ……………………………………………………… 137
- (2) 電子情報による取締基地立寄り免除 ………………………… 138

10.5　まとめ ……………………………………………………… 138

第11章　欧州の大型車交通マネジメント …………………… 140
11.1　欧州の大型貨物車の走行マネジメント ………………… 140
- (1) パリの走行・通過・駐車に関する規制 ……………………… 140
- (2) ロンドンの大型車が走行できる道路網の制限—
  トラックルートの指定 ………………………………………… 141
- (3) ブレーメンの貨物車推奨ルートの指定 ……………………… 142

11.2　欧州の貨物車の寸法と車両総重量の制限値 …………… 143

11.3 欧州の特殊車両の管理 ………………………………………… *145*
11.4 欧州の重量超過車両の取締り ………………………………… *145*
 (1) 重量超過車両の管理基準 …………………………………… *145*
 (2) WIM に関する国際的な計量基準 ………………………… *146*
 (3) チェコの WIM を用いた取締り事例 …………………… *146*
11.5 LEZ による大型車交通マネジメント ……………………… *147*
 (1) ロンドンの LEZ ……………………………………………… *147*
 (2) ドイツの LEZ ………………………………………………… *148*
11.6 ま と め ……………………………………………………… *150*

第 12 章　豪州の大型車交通マネジメント ……………………… *153*

12.1 大型車両の管理 ……………………………………………… *153*
 (1) 車両の寸法および重量の規制 ……………………………… *153*
 (2) 寸法および重量を超える車両の通行許可 ……………… *154*
12.2 物流効率化の取組み ………………………………………… *154*
 (1) 道路ネットワークの大型車走行可能性評価 …………… *154*
 (2) 重量規制緩和施策 …………………………………………… *155*
 (3) 車両のモニタリング契約 …………………………………… *156*
 (4) 多重連結車による生産性の向上 ………………………… *157*
12.3 大型車課金に関する取組み ………………………………… *158*
 (1) 大型車課金の検討状況 ……………………………………… *158*
 (2) 現行の大型車課税制度の課題 …………………………… *158*
 (3) 道路構造物への影響 ………………………………………… *159*
 (4) 道路利用者からの意見を踏まえた取組み ……………… *159*
12.4 ま と め ……………………………………………………… *160*

第 13 章　韓国の大型車交通マネジメント ……………………… *162*

13.1 韓国の大型車交通マネジメントの概要 …………………… *162*
 (1) 貨物車の重量と寸法の一般的制限値 …………………… *162*
 (2) 通行許可の申請 ……………………………………………… *162*
 (3) 不正車両の取締り …………………………………………… *163*
13.2 大型車専用 ETC レーン・車載器による取締り ………… *164*

(1) 背　　景 ……………………………………………… 164
　　　(2) 4.5 トン未満車両向けの ETC ………………………… 164
　　　(3) 大型車（4.5 トン以上車両）の ETC 概要…………… 164
　　　(4) 大型車専用の入口 ETC レーンの特徴 ………………… 166
　　　(5) 本線の大型車取締りシステム ………………………… 167
　　　(6) 大型車用 ETC 車載器 …………………………………… 169
　　　(7) 今後の計画 ……………………………………………… 169
　13.3　ま　と　め ……………………………………………………… 170

第 14 章　設置型重量計と車載型重量計の技術と規格 ………………… 171

　14.1　設置型重量計の技術 …………………………………………… 171
　　　(1) 設置型重量計の概要 …………………………………… 171
　　　(2) 軸重計測機能の概要 …………………………………… 172
　14.2　設置型重量計の規格 …………………………………………… 172
　　　(1) 軸重計測精度 …………………………………………… 172
　　　(2) 軸重計測精度の規定 …………………………………… 173
　14.3　車載型重量計の技術と精度 …………………………………… 173
　　　(1) 欧州の車載型重量計の導入背景 ……………………… 173
　　　(2) 欧州のエアサスペンションを利用した
　　　　　車載型重量計の導入状況……………………………… 173
　　　(3) 欧州の車載型重量計の開発課題 ……………………… 174
　　　(4) 欧州のデジタル・タコグラフとの連携 ……………… 175
　　　(5) 豪州のロードセルを利用した車載型重量計の計測精度と
　　　　　利用状況………………………………………………… 175
　14.4　ま　と　め ……………………………………………………… 176

第 15 章　貨物車の運行管理の国際標準化と各国の規制動向 ………… 177

　15.1　貨物車の運行管理の国際標準化 ……………………………… 177
　　　(1) 国際標準規格の背景 …………………………………… 177
　　　(2) 新しい国際標準規格（TARV）の概要 ……………… 178
　　　(3) TARV 規格の開発経緯と適用範囲 …………………… 179
　　　(4) TARV 規格の構成 ……………………………………… 179

(5) TARV 規格の枠組みとアーキテクチャ ……………………………… *181*
 15.2 各国（地域）の貨物車規制動向 ……………………………………… *182*
  (1) 欧州スマート・タコグラフ …………………………………………… *182*
  (2) アメリカのデジタル・タコグラフ …………………………………… *185*
  (3) 日本のデジタル・タコグラフ ………………………………………… *186*
  (4) 日米欧のデジタル・タコグラフの比較 ……………………………… *188*
 15.3 まとめ ………………………………………………………………… *189*

第 4 部　日本の道路課金と大型車交通マネジメントの動向

第 16 章　首都圏の物流施設立地と大型車走行の現状 …………… *192*
 16.1 物流施設の立地動向 …………………………………………………… *192*
 16.2 トラック発生量と物流施設 …………………………………………… *195*

第 17 章　首都高の距離帯別料金の評価 ………………………………… *198*
 17.1 首都高の近年の料金制度変化 ………………………………………… *198*
  (1) 平成 23 年 12 月 31 日以前の料金制度―料金圏ごとの均一料金 *198*
  (2) 平成 24 年 1 月 1 日以降の料金制度―距離帯別料金 ……………… *198*
  (3) 平成 28 年 4 月 1 日以降の料金制度―距離帯別料金の進化 …… *199*
 17.2 距離帯別料金導入の効果 ……………………………………………… *199*
  (1) 均一料金から距離帯別料金へ移行した場合の交通量の変化 …… *200*
  (2) 消費者余剰アプローチの考え方 ……………………………………… *201*
  (3) 時間価値分布の推計 …………………………………………………… *202*
  (4) 一般道と首都高の交通分担率の推計 ………………………………… *203*
  (5) 社会的余剰の試算 ……………………………………………………… *205*
  (6) ラムゼイ・プライシングの検討 ……………………………………… *206*
 17.3 新料金制導入の効果の推計 …………………………………………… *207*
 17.4 まとめ ………………………………………………………………… *208*

第 18 章　損傷者負担を考慮した高速道路料金の検討 ……………… *210*
 18.1 高速道路料金体系と維持更新時代における課題 …………………… *210*
  (1) 高速道路料金体系の変更 ……………………………………………… *210*

(2) 大型車両が道路構造物に与える影響と高速道路料金 ……… *211*
　18.2　諸外国における大型車の高速道路料金 …………………………… *213*
　　　(1) 大型車が負担している料金・税の諸外国との比較 ………… *213*
　　　(2) 中国の総重量を考慮した有料道路料金 ……………………… *214*
　18.3　道路構造物への影響を考慮した新たな高速道路料金の検討 ……… *215*
　　　　経済学からみた高速道路料金の検討 …………………………… *215*
　18.4　道路構造物への影響を考慮した車種別料金の試算結果 …………… *217*
　　　(1) 道路構造物への影響を考慮した車種別料金の算出方法 …… *217*
　　　(2) 平均トリップ長および車種別断面交通量 …………………… *218*
　　　(3) 初期建設費の車種別負担 ……………………………………… *219*
　　　(4) 維持管理費の車種別負担 ……………………………………… *219*
　　　(5) 車種別料金の試算結果 ………………………………………… *220*
　18.5　まとめと今後の課題 ………………………………………………… *222*

第19章　日本の大型車交通マネジメント …………………………… *224*
　19.1　車両制限令と特殊車両通行許可制度 ……………………………… *224*
　19.2　道路の老朽化対策等に向けた大型車両の通行の適正化方針 ……… *226*
　19.3　大型車誘導区間 ……………………………………………………… *228*
　　　(1) 大型車誘導区間制度の創設 …………………………………… *228*
　　　(2) 大型車誘導区間制度の指定状況 ……………………………… *229*
　　　(3) 今後の課題 ……………………………………………………… *231*
　19.4　ETC2.0を活用した大型車交通マネジメント ……………………… *231*
　　　(1) ETC2.0の概要 …………………………………………………… *231*
　　　(2) 特殊車両通行許可の簡素化（特車ゴールド）………………… *232*
　　　(3) 「ETC2.0車両運行管理支援サービス」に関する社会実験 … *235*
　19.5　まとめ―日本の大型車交通マネジメントの今後の展望 ………… *237*

用 語 解 説 ………………………………………………………………………… *241*
索　　　引 ………………………………………………………………………… *249*
執筆者一覧 ………………………………………………………………………… *257*

第1部

道路課金・交通マネジメントの基本的な枠組み

第1章　維持更新時代の道路課金・交通マネジメント

　近年、わが国では高速道路無料化社会実験、各種割引などが実施されたが、必ずしも効果的ではないことがわかり、高速道路料金は「道路ストックを賢く使う取組み」の一環として、「管理主体を超えたシームレスな（初乗り料金1回徴収の）対距離課金」を基本とすることが定められた。さらに、2012年の中央自動車道笹子トンネル天井板落下事故を契機として道路老朽化に関し点検が行われ、高速道路の大規模更新・修繕を明示的に償還計画のなかに組み込むこと、地方が管理する道路も大型車の通行などによって老朽化が進んでおり、適切な維持・更新が必要なことなどが明らかとなった。

　これらの経験を通じて、「高速道路の財源調達は税ではなく、料金によるべき」「料金により混雑の平準化などが可能」「一部の道路は老朽化しており維持・更新費用の確保が必要」「道路の長寿命化のため大型車交通マネジメントが必要」という教訓を得ることができた。本章では、道路行政に対する時代の要請を再確認するとともに、これらの目的を達成するため諸外国でも導入、あるいは、検討が進むITS（Intelligent Transport Systems：高度道路交通システム）技術を活用した革新的な道路課金・交通マネジメントが有効であるとの仮説を提示したい。

1.1　時代の要請 ―道路ストックを賢く使う

　道路ストックを賢く使う方針に転換した背景として、道路整備が進み幹線道路ネットワークが充実してきたことがある。同時に、道路交通需要は旅客、貨物とも総量としては大きく伸びておらず、将来的には人口減少に歩調を併せ減っていくことも予想されている。もちろん地域差は大きいわけだが、かつてのような交通需要に対して道路供給が足りないという状況は脱しつつある。

　特に大都市圏においてこれまで遅れていた環状道路の整備が進み、同一起終点のトリップに対して複数の代替的ルートからひとつのルートが選択できる、すなわち混雑時に迂回ができるようになりつつある。首都圏では数年後に首都高速中央環状線（中央環状線）、東京外かく環状道路（外環道）、首都圏中央連絡自動車道（圏央道）からなる三環状道路が概成することが見込まれており、首都圏の主要な交通問題であり続けた首都高速道路（首都高）の渋滞を軽減で

第1章　維持更新時代の道路課金・交通マネジメント

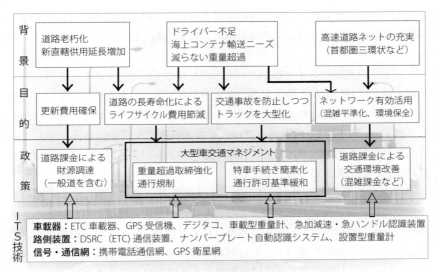

図 1.1　維持更新時代の道路課金・交通マネジメント

きる可能性が高まっている。混雑の平準化、環境負荷の低減、道路の長寿命化などのために、三環状道路ネットワークを賢く使うことが求められているのである（図 1.1）。

　道路ストックの有効活用という点では、高速道路の分担率を高めることも重要である。わが国は諸外国と比べ、高速道路料金が高くインターチェンジ間隔が長いため同分担率が低い。逆に言えば、高速道路を利用すべき長距離トリップが生活道路を含む一般道路を利用している可能性が高いといえる。

　さらに、直近の課題としてトラックのドライバー不足があり、同課題を解決するため労働生産性の高い長大トラックなどの導入が期待されている（写真 1.1）。困ったことに、実態としてはドライバー不足を補うためにトラックに法令で許容されている最大積載重量を超えて大量の荷物を積む行為が増えているわけだが、軸数の多

写真 1.1　オーストラリアの 40 フィートコンテナ 2 本積みの長大トラック

い長大トラックが認められれば各軸が支える重さ（軸重）は減るので、その意味での重量超過は減らせる（重量超過には軸重超過、総重量超過の2タイプあり）。

　トラックの大型化だけでなく、大型車が走りやすい環境を作ること（同時に生活道路では通行規制を強化すること）が重要である。輸入貨物を積んだ国際海上コンテナを内陸の物流拠点へ直送するニーズも高まっている。そのほかにも高速道路での自動運転車両の受け入れなど、道路交通需要は高度化している。道路供給も道路延長としては充足されつつあるが、道路が担う機能はさらに高度化する必要がある。

　2012年に起きた中央道の笹子トンネル天井板落下事故を契機に、道路の老朽化がクローズアップされることとなった。同事故後に橋梁をはじめとする道路施設の緊急点検が行われたが、高度成長期に建設した多くの道路施設が老朽化しており、大規模修繕、あるいは更新が必要なことがわかってきた。高速道路については、「2050年までの料金徴収により建設時の借入金を返済する」というこれまでの償還計画に「更新」という考え方は含まれていなかった。そこで、今回明らかになった当面必要となる更新投資を償還計画に組み入れ、料金徴収期間が2065年まで15年延長されたところである。

　一般道路についても更新投資の財源調達が問題となる。たとえば財政力の弱い自治体では管理している橋のすべてを更新することは断念せざるを得ないであろう。国が管理する新直轄道路もトンネル、橋など更新費用のかさむ構造物が多い点で財源調達に不安が残る。ここで、新直轄道路とは予測交通量が少なく有料道路にすると料金徴収費用がかさむという理由から無料道路として整備された（したがって税で維持・更新する）高規格道路である。ETC（Electronic Toll Collection System：自動料金支払システム）の普及により料金徴収費用は安くなっており、新直轄道路の有料化は検討に値するテーマである。

　道路の長寿命化による道路ネットワークのライフサイクル費用の縮減も重要である。道路は他の社会インフラよりビッグデータが収集しやすい。道路構造物設計データ、補修履歴、路線別車種別交通量、現在の損傷状況などを活用して、ライフサイクル費用を極小化する道路補修・更新計画、および大型車交通マネジメントを確立することが望まれる。

1.2 政策手段としての道路課金・交通マネジメント

時代の要請にこたえるための政策手段として「道路課金」「交通マネジメント」が考えられる。

本書では、道路課金を「道路の利用に応じて利用者から料金を徴収する仕組み」と広義で定義する。わが国では高速道路で走行距離に応じて料金を払っているのでなじみのある制度であるが、アメリカ、ドイツなどでは高速道路は原則無料であった。ところが、本書の各章で紹介するように、さまざまな理由から有料化する国が増えている。なお、道路課金制度としては走行距離に応じて料金が決まる対距離方式、1回ごとに同一料金を支払う均一方式、年間、月間など一定期間の道路利用に対して一定額を支払う時間方式（ビニエット方式）などがある。

一方、交通マネジメントとは大型車通行規制、大型車誘導区間、地区内速度規制などの「交通規制」、高速道路への車両進入制御など「交通管制制御」、通勤相乗り奨励など「需要マネジメント」などからなる手法である。交通マネジメントは混雑緩和を目指したロードプライシング（混雑課金：狭義の道路課金）などの経済的手法を含め定義される場合もあるが（新谷、1993）、本書では両者の違いをはっきりさせるため、道路課金は独立して扱うこととしたい。

図1.2に政策手段と目的の関係を示している。道路課金は財源調達だけを目的にしたもの、混雑緩和・環境負荷低減など交通環境改善を目的にしたもの、その両方を達成しようとするものがある。各国の道路課金制度の分析、評価にあっては、その目的を確認しておくことが重要である。一方、交通マネジメントは交通環境改善を目指したものしかない。

まず、財源調達手段としての道路課金を取り上げてみたい。わが国でも高速道路無料化論争の過程で、「高速道路の費用を税で賄うべきか、料金で賄うべきか」が問われたが、結論としては、「一般国民の納めた税ではなく、直接の受益者である利用者が負担する料金で賄うべき」に落ち着いた。高速道路の所得階層別の利用頻度を調べると、高所得層が突出して多いことがわかる。高速道路費用を税で賄

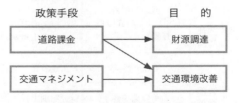

図1.2 政策手段としての道路課金・交通マネジメント

うことになれば、高所得層に対する減税を行ったことになるとの指摘（熊野、2014）も説得力を持つ。

　欧米でも自動車燃費の向上などにより道路課金への関心が高まっている。また、欧州連合（EU）では固有の事情として外国籍トラックの道路費用負担問題がある。というのも、EUでは1993年に越境手続きが不要となり国際トラック交通量が急増した。外国籍トラックは自動車保有税、燃料税を通過する国に払っていない（燃料価格が安ければ給油し、燃料税を納める可能性はあるが）。そこで当該国での走行距離に応じて料金を徴収する仕組みを導入することとなった。高速道路に料金所を新設するのは難しかったわけであるが、幸いなことにGPS（Global Positioning System：全地球測位システム）でトラックの位置を確認することにより走行距離を計測することができるようになっていた。

　日本、アメリカ、EUとも道路課金を導入しようとしている道路は、交通機能を担う幹線道路である。生活道路は接道する宅地へのアクセス機能を担っており、その費用は受益者である宅地所有者が固定資産税などで負担すべきであろう。ここで課金する幹線道路の範囲が問題となる。ドイツでは2005年に高速道路1万kmに道路課金を導入したが、トラックが連邦道路を走行するようになったため、2018年から連邦道路4万kmを課金対象に加えることにした。

　日本でもトラックに関しては主要な国道など一般道路を含めた道路課金が必要である。大型車が負担する税・料金の国際比較をしても、日本では燃料税・保有税に比べ高速道路料金が高いため、高速道路と一般道路の走行費用が大きく乖離し、大型車にとって高速道路は使いにくいものとなっている。一般道路においても適正な料金を課すことによって、一般道路と高速道路の走行費用

表 1.1　道路費用の内訳

		固定費用	可変費用 （交通量で変動）
内部費用	道路利用者 （C、Dは道路管理者へ移転）	A：車両費	B：時間費用、走行費用
		C：車両取得税、保有税、自動車重量税	D：ガソリン税、有料道路料金、混雑税、対距離課金
	道路管理者	E：建設費（更新費）	F：維持管理費（舗装など）
外部費用	その他主体	G：地価上昇、景観破壊	H：混雑、大気汚染、騒音など

(料金＋燃料費＋時間費用) の差を縮小すべきである。大型車からの税・料金増収分は、乗用車の税・料金の割引に用いることができる。

道路課金単価は、もし対距離方式を採用するなら、道路管理者の費用である建設費と維持管理費の合計を交通量 (台キロ) で除した平均費用が基本となる (表1.1)。日本もドイツもこのような考え方に基づいている。なお、EUで道路課金の方針を決めている欧州委員会は外部費用を道路課金に含めることを認める指令を出しているが、これは次に説明する「交通環境改善のための道路課金」の性格を持たせようとする試みと解釈することができる。

交通環境改善のための道路課金としてはロードプライシングが典型的な例であろう。ロードプライシングは短期限界費用価格形成原理に従い外部不経済を内部化する課金制度である (本章の補論で解説)。ただ、発表されたときは、混雑している道路の利用者に料金を課すことに対して社会的な理解が得られにくいこと、混雑する道路・時間帯を特定して、該当する利用者から料金を徴収する仕組みを構築するのが難しいことなどから、実現は困難と評価されていた。しかし、1975年には、世界で初めてシンガポールで簡便なステッカー方式のロードプライシングが導入された。その後、混雑・環境問題への関心の高まり、情報通信技術を用いた課金システムの開発などがあり、導入事例が増えている (根本、2015a)。

ロードプライシングは理論的には簡明でわかりやすい。ただ、社会的限界費用である混雑費用を利用者が負担しなければならないことを、利用者が直感的に理解することは難しい (相対的に、道路管理者の費用を賄うための平均費用の負担は理解が得られやすい)。そこで利用者目線での走行速度保証という課金額設定方法も採用されるようになっている。たとえば、シンガポールの都心部課金エリアでは、30 km/h より速度が高ければ課金額を安く、20 km/h より低ければ高くするように調節している (写真 1.2)。アメリカでも課金額の設定にあって走行速度保証の考え方を取り入れている事例は多い。道路課金は利用者が混雑に加担した

写真 1.2　シンガポールのロードプライシング

ことに対する罰金ではなく、よりよい道路サービスを得るための追加料金であるという説明をしようとしており、バリュープライシングという用語も使われるようになっている。

EUでは、道路課金に課金原理の違う道路管理者の建設・維持管理費用と大気汚染などの外部費用の両方を含めてよいこととなったため、課金額の設定は複雑になった（西川、2011）。欧州委員会の考え方は、外部費用が建設・維持管理費用を超えていることを証明することを条件として、その超過分の一部、または全部を外部費用として付加できることとした（なお、現時点では加盟国の反対で混雑に関する外部費用の課金は認められていない）。

交通環境改善のためには、伝統的には交通マネジメントが活用されてきている。たとえば、交通安全、騒音軽減などを図るため、警察権限で住宅地での速度制限・大型車通行規制などが実施されてきた。一方、道路行政のなかでも主として道路構造物を守るため通行できる車両の一般的制限値が定められ、同制限値を超える特殊車両に関しては個別に申請させ、走行ルートに支障がないことを確認して許可を出してきている。

ちなみに車両の総重量の一般的制限値は20トンであり、後で見るように国際的に見劣りする水準である。各国とも数十年かけて国際海上コンテナを牽引できる程度に一般的制限値を緩和してきている。現在EUでは同制限値は40トンだが、近年の国際海上コンテナの大型化に対応すべく、欧州委員会は加盟各国に44トンへの緩和を提案している。一般的制限値が小さいため、わが国では特殊車両の走行許可を得るための申請件数が多くなっており、民間事業者にとって負担となっている。

ただ、道路行政としても施策の転換を図っている。まず、新たに車両の総重量25トンの新規格車が自由走行できる重さ指定道路ネットワークを定めた。さらに国際海上コンテナなどの輸送に対応すべく大型車誘導区間ネットワークを定め、同ネットワーク内のみを通行する場合は特殊車両走行の申請から許可までの期間を短縮することとなった。将来的にはトラックの位置情報などを道路管理者に通知することなどを条件に、同ネットワーク内の自由走行が認められることが考えられる。

大気環境を改善するための交通規制の例としては、欧州の都市で低排出車地区が導入されている。たとえば、ロンドンでは365日、24時間、排ガス基準非適合車の中心部への乗り入れが制限されている。なお、排ガス基準を満たし

ていないトラックでも 100〜200 ポンドを支払えば乗り入れすることはできる。したがって、単なる交通規制ではなく、道路課金と組み合わせたハイブリッドな制度となっている。

アメリカの交通規制のひとつとして、通勤時の相乗りを奨励するために高速道路上に設けられた HOV レーン（High Occupancy Vehicle Lane：多乗員車レーン）がある。これは 2 人、ないし 3 人が乗車する車だけが走行できる優先車線である。しかし、実際には相乗りが思うように進まず、一般レーンが混雑する一方で多乗員車レーンがすいているという事態が生じた。そこで、最近では多乗員車レーンを、1 人乗車でも料金を払えば走行できる HOT レーン（High Occupancy Toll Lane：多乗員車は無料、少乗員車は有料レーン）に変更する都市が増えている。

1.3　ITS 情報プラットフォーム

現在に至るまで ITS 技術は進化しており、かつてより安価で高性能になった。当然、これら技術を道路課金・交通マネジメントに活用すべきであるが、その際、特定の ITS 装置・システムから得られる情報が複数の目的に利活用できるため、それらをひとつの ITS 情報プラットフォームと捉えておく必要がある。さらに、公的な道路課金・交通マネジメントに使うだけでなく、民間事業

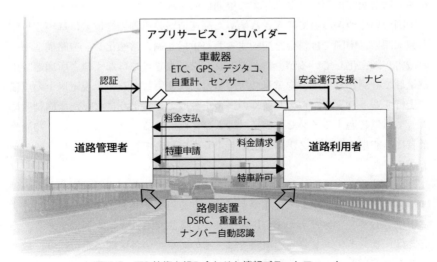

図 1.3　ITS 技術を組み合わせた情報プラットフォーム

者による道路利用者のためのアプリケーションサービス（安全走行支援、料金・時間比較ナビ、リアルタイム到着時間予測など）の開発を促す必要があり、そのためにはオープンな共通情報プラットフォームとして構築していく必要がある。

　ITS情報プラットフォームの要素技術は各種センサーを含む車載器、路側装置、信号・通信網のなかに取り入れられる（図1.3）。たとえば、ドイツの大型車対距離課金では、GPSでトラックの位置情報を把握し走行距離を算定して料金請求がなされている。料金不払いなどの取締りは道路上のガントリーに設置されたカメラによるナンバープレート自動認識によって行われている。ナンバープレート自動認識の精度は高まっており、ストックホルムの事例が示すように複数のカメラを用いれば道路課金にほぼ支障がないことがわかってきた。

　日本ではトラックの重量超過の状況の把握は、道路上に設けられた車両重量自動計測装置（WIM：Weigh in Motion）で行われている。しかし、罰金などの処分を行うためには静止状態での車両の重量計測が求められているため、重量超過と疑われる車両は高速道路入口などで停止させ計測が行われている。ただ、WIMの精度も向上しており、チェコのように同装置からの情報で行政処分を行う国も現れている。また、欧州では積載貨物の偏積を自動認識し走行を安定させる目的で車載型重量計の搭載が進んでいる。同データを規制当局に通知する法令順守車両にはさまざまな優遇措置を講じていくことが考えられる。

　中国のいくつかの省で導入され始めた高速道路の車両の総重量に基づく料金も興味深い。中国では料金を節約するため重量超過が常態化し、道路構造物への被害が顕在化しているが、料金をトラックの大きさではなく料金所通過時に重量計で計測した車両の総重量で決める方式に変更したため、規定以上の重量で走行するトラックからより多くの料金を徴収できるようになった。同制度によって重量超過するインセンティブは大きく削がれることとなったが、物流事業者にも空車のトラックが高速道路をより安い料金で利用できるというメリットが生じた。

　ITS情報プラットフォームの構築によりビッグデータが利用可能となるわけで、より高度な道路課金・交通マネジメントを目指す必要がある。紹介に値する事例として、アメリカのHOTレーンで実施されている動的課金がある。たとえば、サンディエゴの高速道路では、その時点での各区間の走行速度、数多くある高速道路進入路の交通量などのビッグデータを高速処理してHOTレー

ンの走行速度を予測して、3分ごとに料金を更新している（根本、2015b）。

　日本では道路ネットワークのライフサイクル費用を最小化するシステムの構築のニーズが高い。本書の後の章で詳しく述べるが、ETC2.0の導入により大型車の走行履歴が収集できるようになっている。橋梁等構造物設計データ、補修履歴、構造物点検データ、路線別車種別交通量などを組み合わせて、一般道路を含めた道路課金、時間帯ごとのきめ細かい大型車交通マネジメントなどを評価できるようにしていきたいものである。

　車両、道路に設置する各種センサーから多くのデータが取得できるようになったわけだが、収集されたビッグデータが、個人が特定されないようなかたちでインターネット上で公開できれば、まさにIoT（Internet of Things）技術を用いたアプリ開発に向けた条件が整うことになる。わが国では各組織が独自に収集した情報は、セキュリティ・プライバシー保護の観点から、他組織が別の目的で使うことを認めない場合が多い。社会的イノベーションを生み出すためには、リスクをうまくマネジメントできる強いリーダーシップが必要であろう。

1.4　ま　と　め

　現代の道路行政には、挑戦しがいのある課題が山積している。まず、人口減少時代において道路ストックを適切に維持管理・更新していかなければならない。その際、道路容量の縮減が避けられない地域もあるが、道路ストックを健全に維持するだけでなく大型車の一般的規制値の緩和・自動運転などに対応するため、道路機能の高度化を図っていかなければならない幹線道路も存在する。

　そのためには、受益者負担・損傷者負担などの原則にのっとり道路財源を確保する、大型車交通マネジメントによる道路の長寿命化を通じて道路ネットワークのライフサイクル費用を削減する、道路課金による渋滞の平準化などを通じて既存の道路ストックをさらに有効活用していく、さらにオープンITS情報プラットフォームを構築して民間事業者に新しいサービスの提供を促す、などを行っていくことが必要である。

　幸いなことにITS技術は進化しており、より安価にリアルタイム情報が道路課金・交通マネジメントに利活用できるようになってきた。たとえば、大型車ごとの位置、重量などに基づき料金を決めれば重量超過を防止できるほか、混

雑平準化、環境負荷低減のための経路誘導を行うことも可能である。将来的には路線別車種別走行履歴などのビッグデータを用いて、ライフサイクル費用を最小化する道路課金・交通マネジメントを評価できるようにしていきたい。

補論：ロードプライシング理論

ある都市間に人びとが通勤に用いている道路があるとする。地方自治体が道路管理者として道路サービスを提供しているわけだが、このサービスの供給・消費の過程で、地方自治体に道路建設費・維持費、道路利用者に燃料費・時間費用、第三者に騒音・大気汚染費用などが生じる。これらを年間費用に換算し年間交通量で割った交通量あたりの平均費用を計算すると、一番大きな費用項目は時間費用となる。人びとは1分あたり40円程度の価値を持つ時間を消費して道路を利用しているのである。道路利用に伴う外部不経済のなかで混雑が最も大きな費用項目となることは、金本（2007）によっても示されている。したがって、以下では時間費用に着目して費用を考える。

図1.4に道路サービス市場の需要曲線と費用曲線を示している。この道路は交通量 q_1 から混雑が生じ、道路利用者の平均通勤時間、すなわち社会的平均費用が増加する。社会的平均費用は新たに道路を利用しようとする人が負担しなければならない費用なので、その人にとって私的限界費用でもある。したがって、支払意思額を示す需要曲線と私的限界費用の交点 A で交通量は均衡する。しかし、この人が新たに道路を利用することとなったため、その他の道路利用者の時間費用も少しずつ増加することとなった。社会的限界費用は交通量が1単位増えることによる道路利用者の費用増加なので、q_2 で交通量が1単位増えれば社会的限界費用から支払意思額を引いた AF の純損失が生じたことになる。

混雑に伴って増える時間費用は騒音・大気汚染費用と同じ外部不経済に分類される。新たに道路を利用し

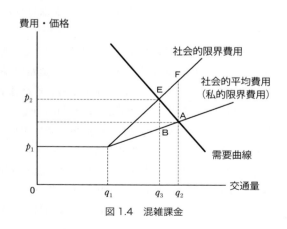

図1.4　混雑課金

始めた人は混雑の原因者であり、被害者でもある。道路利用者グループ内の影響なので、必ずしも「第三者に及ぶ悪影響」と言えない面はある。しかし、上で見たように本人は道路利用の意思決定に際し、他の利用者への影響を考慮しておらず、それが非効率をもたらしている。そのような点で、他の外部不経済と同じ性質を有しているのである。

最適な交通量は社会的限界費用と需要曲線が交わる E に対応する q_3 である。過剰な交通量 q_2 を q_3 に減らすためには、社会的限界費用と私的限界費用の差分である EB を混雑課金として道路利用者に負担させる必要がある（私的限界費用曲線を EB だけ上方へシフトさせ、道路利用者が直面する価格を p_2 とする）。交通量が減れば、三角形 EAF だけ資源配分上の無駄がなくなる。なお、竹内（2008）がロードプライシングの理論をわかりやすく解説している。

ロードプライシングは最適な交通量を実現するために料金を課すことを提案したものであり、混雑課金収入を得たいためではない。したがって、課金収入分だけ他の自動車関係税を減税することが考えられる。資源配分を効率的にする良い税として混雑課金を導入し、その収入分だけ資源配分をゆがめる税、たとえば自動車の購入を不必要に減らす自動車取得税を減らすことができれば、「二重の配当」を得ることができる。

なお、この理論では短期の問題を扱っている。すなわち、道路容量（車線数）は固定され、混雑に応じて容量を増加することは考えていない。混雑時の最適道路容量、その容量を達成するための料金を決める理論はピーク・ロード・プライシングの理論と呼ばれている。同理論に従えば、非混雑時には短期限界費用のうち本人が負担する時間費用を除いた道路維持管理費、混雑時には長期限界費用として道路建設費を加えた費用を料金として課す必要がある。

さらに、道路容量を扱った長期問題に関して、「混雑課金収入は最適容量の維持管理更新費用に等しい」との仮説が提示されたが、近年、他の道路が限界費用価格形成をしていない場合や、道路サービスの供給に規模の経済性がある場合などについて研究が進められ、同仮説の成立可能性について厳密な検討が必要なことが明らかになっている（Verhoef & Mohring、2009）。いずれにしても、人口減少時代では長期最適な道路容量は現在の道路容量より少ない可能性が高いので、道路容量縮減の政策に関しても理論的な整理が必要である。

【参考文献】
1) 金本良嗣(2007)『道路特定財源の経済分析』日本交通政策研究会
2) 竹内健蔵(2008)『交通経済学入門』有斐閣ブックス
3) 根本敏則(2015a)「情報通信技術で蘇るロードプライシングの理論―シンガポールとアメリカの事例から―」、経済セミナー
4) 根本敏則(2015b)「ダイナミック・プライシングと高速バスによるHOVレーン活性化」高速道路と自動車、Vol.58, No.2
5) Verhoef, E.T. & Mohring, H. (2009) Self-Financing Roads, *International Journal of Sustainable Transportation*, No 3
6) 新谷洋二(1993)『都市交通計画』技報堂出版
7) 熊野英生(2014)「たくさんの問題を抱えていた高速道路無料化」、高速道路と自動車、1月号
8) 西川了一(2011)「重量貨物車の道路利用課金に関するユーロビニエット指令の動向と我が国への示唆」、運輸政策研究、Vol.14, No.1

第 2 章　道路課金システムとは

　道路課金システムは道路建設や維持管理の資金調達施策として多くの国で導入され、またいくつかの都市においては渋滞緩和施策として導入されている。本章では、今後導入が計画されている新たな課金施策も含めて各国の課金施策とその技術について紹介する。

2.1　道路課金施策

(1) 有料道路課金

　従来の道路課金施策として最も多くの国で採用されている施策である。有料道路の建設は、自動車の高速移動により人や物の移動時間を短縮し、社会経済の発展に大きく寄与してきた。有料道路建設には多大な資金が必要であり、通常、道路事業者は金融機関より建設資金を借り入れて道路建設を行い、有料道路の利用者より通行料金を徴収して、借り入れ金の返済に充てている。

　この通行料金の徴収は、従来は有人により行っていたが、1987 年に世界で初めてノルウェーのオーレサンド・トンネルで無線通信による ETC（自動料金支払システム）の運用が開始された。これ以降、欧米を中心に導入が進み、日本においても 2000 年より運用開始され、現在 50 か国を超える国で導入されている。

(2) 大型車課金

　大型車課金は道路舗装などへ与えるダメージが大きい大型車に対して課金し、道路の建設維持管理の財源とする施策である。1993 年 EU 指令により、道路の建設および維持管理費用の回収を目的として、大型車の走行に課金することが可能になった。その後、幾度か EU 指令が出され、1999 年に対距離で課金すること、また、2011 年に環境への影響を考慮して課金額を変動させることが可能になった。

　これらの EU 指令に刺激され、スイスは EU メンバーではないが、2001 年より環境保全も目的とした大型車対距離課金を開始した。その後、EU メンバー国においても 2004 年にオーストリア、2005 年にドイツ、2007 年にチェコで運用が始まった。これ以降の各国での大型車課金の導入状況を表 2.1 に示す。フ

表 2.1 欧州における大型車課金の導入状況（スイスは環境保全課金も兼ねている）

導入国	開始年 （予定年）	課金対象 道路延長	課金対象の 車両総重量	課金方式	踏側機 （台）	課金事業者	備　考
スイス	2001年	1,730km	3.5トン以上	自律型 （オドメータ）	209（SL） 337（ML）	FCA (Federal Customs Ad.)	GPSは補助的 に使用
オーストリア	2004年	2,100km	3.5トン以上	DSRC	2828（ML）	ASFiNAG	
ドイツ	2005年 （2018年）	12,000km (55,000km)	12トン以上 (7.7トン以上)	自律型 （GNSS）	6745（ML） 300か所	TollCollect	2018年に連邦 道路へ拡大
チェコ	2007年	1,100km	3.5トン以上	DSRC	1481（ML）	Premid	
スロバキア	2010年	2,400km	3.5トン以上	自律型 （GNSS）	1132（ML）	SkyToll	
ポーランド	2011年	1,500km	3.5トン以上	DSRC	424（ML）	viaToll	
フランス	(2015年1月)	4,000km	3.5トン以上	自律型	1038（ML） 173か所	Ecomouv (Autostrade)	反対運動によ り無期延期
ハンガリー	2013年7月	6,500km	3.5トン以上	自律型	74か所		
ロシア	2015年11月	50,800km	12トン以上	自律型	481か所	RT-Invest	
ベルギー	2016年4月	3,000km	3.5トン以上	自律型	40か所	Satelic, Axxes	
スロベニア	(2017年7月)	600km	3.5トン以上	DSRC		DARS	Qfreeが受注

注1：路側装置はすべてCEN-DSRC方式、（SL：Single Lane, ML：Multi-Lane）
　2：自律型における路側装置は不正通行チェック、位置補正用として使用

ランスではエコタックスとして2014年より運用が行われる計画であったが、運送事業者（特に個人事業者）の反対運動により現在無期延期の状態である。

(3) 都市内混雑課金

都市内混雑課金は、域内渋滞解消を目的として流入交通量を抑制するために課金負荷をかけるもので、シンガポールでは1998年、ロンドンでは2003年、ストックホルムでは2006年より運用が行われており、交通量削減とともに環境改善も成果として公表されている。また課金収入はシンガポールでは一般財源として、ロンドンでは公共交通整備として使用され、オスロでは道路建設財源として使用されているなど、都市により収入使途が異なる。

これ以降、アラブ首長国連邦のドバイでは2007年に、スウェーデンのヨーテボリでは2013年に運用が始まった。日本においては東京都、鎌倉市、京都市で検討されているが、種々の課題があり実用化までには至っていない。

(4) 環境対策課金

大型車課金とも重複する部分があるが、スイスではドイツ〜イタリア間のト

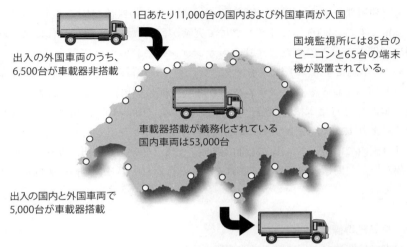

図 2.1　スイスの環境対策課金

ラック輸送でスイス国内の道路と環境に与える影響が大きいと判断し、2001年に車両総重量3.5トン以上の大型貨物車に対して課金運用を開始した。課金収入は、アルプスを縦断する鉄道トンネルの建設費用に充てられており、貨物輸送をトラックから鉄道にシフトすることで環境を保全する狙いがある（図2.1）。

欧州においては低排出車地区（LEZ：Low Emission Zone）と呼ばれる、おもに大型車を対象とした課金による都市内へのアクセス規制も導入されている。（詳細は11.5項を参照）

また、日本の首都高、阪神高速において商業地区・住宅地区を迂回する湾岸線（海岸線）を通行する大型車両に対し、通行料金を割り引く環境ロードプライシングが行われており、これも環境対策課金である。

(5) 道路利用課金

道路利用課金とは、将来の燃料税、車両保有税等の代替として検討されている施策である。2009年にオランダにて実験が行われたが、政権交代により計画は延期となった。またアメリカのオレゴン州においては2005～2007年に285台の車両により第Ⅰ期パイロットプログラムが行われ、引き続く2011年の第Ⅱ期パイロットプログラムにより課金技術の実用性が検証された。その後、2013年6月に本格的実用化を目指した法案（Bill 810）が可決され、2015年7月より1,200名の協力者によるパイロットプログラムが行われた。またアメリカ国内ではオレゴン州の計画に賛同する州（ワシントン州、カリフォルニア州など）で同様なパイロットプログラムが行われている。今後の動向が注目されている。

(6) 経路誘導課金

日本では渋滞のない快適な道路交通を実現すべく首都圏において環状道路が整備されている。数年後には3本の環状道路と9本の放射状道路が繋がり、ネットワーク化される予定である。混雑する都心部を避けて外側環状ルートを通行する車両には優遇処置（料金格差等）を設け、都心部の交通量を削減する

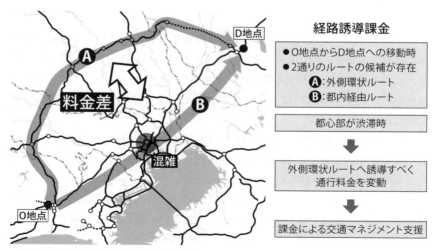

（出所：国土交通省、ISO/TC204/WG5）

図2.2　日本の経路誘導課金イメージ

交通マネジメントを行うことが検討されている。

首都圏内の走行で目的地への経路が複数存在する場合、利用者は走行時間と課金額により経路を選択できる（図 2.2）。

入口、出口の確認は DSRC（Dedicated Short Range Communication：専用狭域通信）路側装置で行うが、GNSS（Global Navigation Satellite System：衛星測位システム）によるプローブデータ（自動車が走行した位置や車速などを用いて生成された道路交通情報）は ITS（Intelligent Transport Systems：高度道路交通システム）スポット路側装置によりアップロードされ、走行経路の確認手段として使用される。

また、環境対策課金として紹介した日本の首都高、阪神高速で大型車を対象に実施されている環境ロードプライシングも経路誘導型課金の一例である。

(7) アメリカの高速走行車線課金

アメリカの州際高速道路は連邦道路信託基金により建設されてきた経緯もあり、基本的に無料であるが、渋滞対策等として増設された車線では高速走行を保証する代わりに課金を行う HOT レーンの運用が広がっている。また一定乗員数以上の乗用車は、無料でこの高速車線の通行が可能で HOV レーンとも呼ばれている。

2.2　道路課金システムの機能

(1) 道路課金システムを構成する機能

道路課金システムを構成する機能は大別すると次の 4 項目であり、通信は車載器と路側装置、それにセンターシステムを結び付ける媒体である。これらの関係は図 2.3 に示すとおりである。

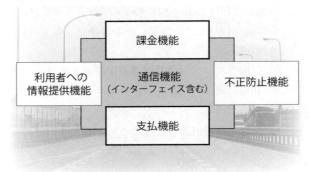

（出所：ISO/TC204/WG5）

図 2.3　道路課金システムの機能構成

① 課金機能
② 支払機能
③ 利用者への情報提供機能
④ 不正防止機能

(2) 課金機能

道路課金システムのなかで中核となるのが課金機能であり、使用する通信技術によりDSRC方式と自律（GNSS）方式に大別される。課金額を決定するのは走行距離、車種、料金率の各パラメータの組み合わせであり、走行距離を除き各国の課金施策により定義が異なる。

たとえば、大型車課金における車種区分は舗装への損傷度を考慮し、軸数を基本としている。一方、都市内混雑課金については、シンガポールの例では混雑への影響度合いとして、車両の道路への投影面積を基準[1]に課金額を決定している。

① 走行距離

走行距離は課金額に直接影響を与える項目であり、この計測には2通りの方法があって計測精度に対する要求レベルは高い。ひとつはオドメータのような車両センサーにより走行距離を直接計測する方法で、もうひとつは路側装置やGNSSなどの車両外のシステムとの連動処理により走行距離を推定する方法である。

② 料金率情報

料金率情報は下記に示すデータ項目より構成され、課金施策に基づいてこれらの組み合わせにより走行距離単価を定義する。

a) 車種
b) 利用者クラス（課金地域内居住者・地域外居住者・身体障がい者）
c) 利用日時
d) 利用場所
e) 交通状況（混雑の程度など）

---

[1] 乗用車を1PCU（Passenger Car Unit）とし、単車は0.5PCU、小型貨物車と小型バスは1.5PCU、大型貨物車と大型バスは2PCUであり、この比率で課金額が設定されている。

(3) 支払機能

　これは課金額が決定された後の実際の支払い決済を行う機能で、日本を含めアジア諸国で運用されている車載器決済方式と、欧米で運用されているセンター決済方式がある。

① 車載器決済方式

　　課金額の決定を路側装置または車載器で行い、支払い決済を IC カードで行う方法で、下記の決済方法がある。この車載器決済では車の所有者と支払者が区別できるため、支払いに対する選択幅が向上するとともに、プリペイドカードの場合は、無記名支払いが可能である。

　a) クレジットカード決済
　b) プリペイドカード決済
　c) その他

② センター決済方式

　　あらかじめ課金サービス事業者のセンター装置内に利用者口座を開設するとともに決済する金融機関を登録する方法で、下記の決済方法がある。

　a) プリペイド決済
　b) ポストペイ決済
　c) その他

(4) 情報提供機能

　これは利用者へ利用前に料金率（料金表）、あるいは利用後に料金額を提供する機能で、利用者へのサービス機能として重要である。

　有料道路課金で均一区間料金制の場合や、また都市内混雑課金で地域の境界線（コードンライン）を越えた時に課金するコードン制の場合は、路側の料金表示板でも提供可能であるが、大型車課金など距離課金制の場合は、現在の料金率と累計料金額を車載器に表示する機能が必要である。

　また経路誘導型課金やアメリカの HOT レーンなどでは、経路選択のために料金率を利用者へ通知する機能が重要である。

(5) 不正防止機能

① 課金逃れ

　　道路課金システムとして課金逃れに対する不正防止策は不可欠な機能であ

る。課金逃れを検知した場合、発進制御機を用いて物理的に通行を阻止する方法とナンバープレートを撮影して事後に違反金徴収を行う方法がある。近年マルチレーン・フリーフローでの道路課金システムが多くなってきており、この場合は後者の方法しか対応ができない。

2.3 道路課金システムの技術

(1) 通信技術

道路課金システムの中核となる技術が通信技術であり、課金方式としては日本のETCでも採用されているDSRC方式と、GNSS測位と広域通信（セルラー通信）を使用する自律方式がある。

DSRC方式では路側装置の設置場所を基点として、1基点での均一課金、2基点間の距離に対応した距離課金を行っている。自律方式ではGNSSの測位情報と道路地図情報をもとに走行距離を求め、課金を行っている。

これらの課金方式以外にRFID（Radio Frequency IDentication）と呼ばれる簡易式のタグ方式と、通信媒体に赤外線を使用した方式がある。これらの通信技術は各道路課金に対して共通的に使用されている。世界各国での使用状況を表2.2に示す。

表2.2 道路課金と通信技術

通信技術 道路課金種別	RFID	DSRC パッシブ方式	DSRC アクティブ方式	赤外線	自律型 (CN/GNSS)	自律型 (オドメータ)
1. 有料道路課金	アメリカ、メキシコ、台湾、インド	欧州、豪州、南アフリカ、チリほか	日本、韓国、中国	マレーシア、韓国、インドネシア		
2. 大型車課金		オーストリア、チェコ、ポーランド			ドイツ、ロシアスロバキアほか	
3. 都市内渋滞課金	ドバイ	オスロ、ベルゲン、ストックホルム、シンガポール			(シンガポール*1)	
4. 環境対策課金				日本	スイス	
5. 道路利用課金					(オランダ*2)	(アメリカ*3)
6. 経路誘導課金				日本		
7. 高速走行車線課金	アメリカ					

注1：システムトライアル（2012）
　2：実証実験（2011）
　3：実証実験（2015）

(2) 通信技術とその比較
① 各種通信技術の特徴

　使用する通信技術は通信距離、通信精度、支払方法、車載器の価格に大きく影響する。したがって通信技術は導入国や運用事業者の方針と要件、および周辺国や隣接する運用事業者との相互運用性も加味して決定される。実績では全世界の車載器の3分の2はDSRC方式であり、今後も継続するものと想定される。一方、シンガポールのように路側装置が基本的に不要で課金対象道路やエリアの変更が容易に設定できる自律方式への移行を検討している国もある。また自律方式の車載器はGNSS受信機能と広域通信機能、それに補助用の狭域通信機能を持つため、課金以外にも交通情報提供や安全運転支援などのITSサービスへの拡張性があり、今後普及が予想される。

　一方台湾のように車載器の普及率を上げるため、従来の赤外線方式から車載器価格が安いRFIDへの移行、イスタンブールのようにDSRCパッシブ方式からRFIDへの移行も行われている。通信技術の比較を表2.3に示す。

表 2.3　通信技術の比較

方式 項目	RFID（タグ）	DSRC パッシブ	DSRC アクティブ	赤外線	自律型 (GNSS+Cellular)
通信イメージ	Dedicated Short Range Communication (915MHz)	Dedicated Short Range Communication (5.8GHz)	Dedicated Short Range Communication (5.8GHz)	Infrared Ray Communication	GPS Satellite / GSM / DSRC or IR for enforcement
周波数	915MHz帯	5.8GHz帯	5.8GHz帯	赤外線	GNSS/セルラー通信
通信距離	～10 m	～10 m	～30 m	～10 m	広域通信
通信精度	低～中 (99-99.9%)	中 (99.9%)	高 (≧99.99%)	中 (99.5%)	中 (99.5-99.9%)
ITSへの適応性	限定	限定	適用可能	限定	適用可能
カード支払い	不可能	困難	可能	可能	可能
車載器価格 (参考のみ)	低 (US$ 2-3)	中程度の下 (US$ 20-30)	中程度の高 (40-90 US$)	中程度 (US$ 30-40)	高 (US$ 100-200)
適用国	アメリカ、メキシコ、台湾、インド	欧州、豪州、南アフリカ、チリ、シンガポールほか	日本、韓国、中国	マレーシア、韓国、インドネシア	ドイツ、スロバキア
適用標準	ISO/IEC 18000C	ITU-R M.1453-2 ISO 15628/14906	ITU-R M.1453-2 ISO 15628/14906	ISO 21214	ISO 17575

（出所：ISO/TC204/WG5）

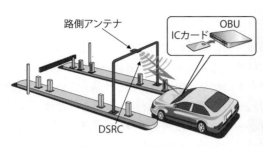

（a）料金所ゲートのシングルレーン構成　　　（b）本線のマルチレーン構成
（出所：ISO/TC204/WG5）

図 2.4　DSRC 方式の路側装置

② DSRC 方式による課金

　DSRC 方式とは路側アンテナと車載器間との狭域通信（DSRC）により課金処理を行う方式であり、路側装置（RSE）の構成は、図 2.4 のとおり 2 種類がある。

1）シングルレーン構成（料金所ゲート）

　シングルレーンの場合は、アイランド上に設置された路側装置による車両 1 台ごとの順次処理となり、課金処理が終了すると発進制御装置の阻止棒が「開」となり発進が可能となる。このため車両は徐行もしくは一旦停止を行う必要があり、処理能力は最大でも 800 台／時間程度である。

2）マルチレーン構成（本線等）

　マルチレーンの場合は門型ガントリー上に設置された路側装置により、複数車両に対する同時処理となり、不正通行車両対策用のエンフォースメント・カメラが不可欠となる。車両は減速する必要がないため、処理能力は車線あたり 1,600 台／時間程度で、シングルレーン構成の 2 倍になる。

③ 課金方法

　DSRC の狭域性を活用したもので、道路が線状や単純なネットワーク構成である場合は有効であり、課金方法については次のバリエーションがある。

・ポイント課金（均一区間料金道路）
・2 点間距離課金（多区間料金道路）
・経路含めた距離課金（経路を含めた多区間料金道路）

　いずれも課金もしくは経路確認を行う地点には路側アンテナを設置する必

第2章 道路課金システムとは

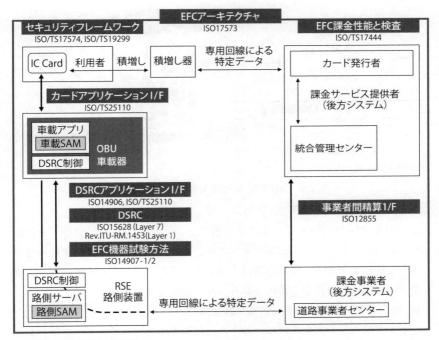

(出所:ISO/TC204/WG5)

図 2.5 DSRC 方式運用システム

要がある。一般道において面的な広がりを持つ道路ネットワークを対象として課金を行う場合は、路側アンテナ数が増大する。課金エリアを変更する場合は課金ポイントの変更工事を行う必要がある。

なお、経路情報の把握には DSRC のみでも可能であるが、これに GNSS の測位情報も加えてさらに信頼度を高める技術開発が日本で行われている (ITS スポットによる経路把握課金)。

④ 運用システム

DSRC 方式による道路課金の運用システムは、図 2.5 に示すとおりであり、各装置・機器の接続インターフェイス部には相互運用を行うための ISO 標準が存在する。

⑤ 自律（GNSS）方式による課金

車載器は GNSS の測位情報を用いて課金対象の道路もしくはエリア地図

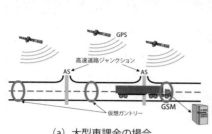 

　(a) 大型車課金の場合　　　　(b) 都市内渋滞課金の場合

（出所：ISO/TC204/WG5）

図 2.6　自律方式（GNSS 距離課金）イメージ

上の自車位置を把握する。またビル街やトンネル等の GNSS 信号が受信困難な場合は、ジャイロや加速度センサー、それにマップマッチング技術等により位置補正を行う。課金方法は大型車課金で使用されているセクション課金と、都市内混雑課金で使用されるエリア課金がある（図 2.6）。

1) セクション課金（おもに大型車課金用途）

　ドイツの大型車課金を例にとると、自動車専用道路のインターチェンジ間（図 2.6 では AS）の道路をセクションと呼び、各セクション単位で地図上に仮想ガントリーが設定されている。車載器がこれらの仮想ガントリー通過を検知すると、当該セクションに設定されている料金額（セクションの距離に比例）と車種により課金額を決定し、広域通信（図では GSM）でセンターへ通知する。

2) エリア課金（おもに都市内混雑課金用途）

　都市内混雑課金の場合は、車載器が課金対象エリア進入を検知すると走行距離の積算を開始し、エリア退出検知までの走行距離と車種により課金額を決定し、セルラー通信でセンターへ通知する。車載器に挿入されたカードによる支払いを行う場合は、この時引き去り処理が行われる。

3) 課金方法

　GNSS の測位情報を基準とするものであるが、測位誤差の影響を最小とするため通常は地図データを参照し、課金ポイントもしくは課金エリアの特定を行う。測位誤差が大きい地点では課金対象道路と非課金対象道路との識別が困難となり、課金ミスや誤課金の原因となるため、課金性能要件を逸脱す

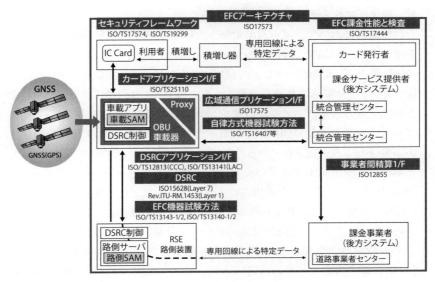

(出所：ISO/TC204/WG5)

図2.7　自律方式（GNSS距離課金）運用システム

るような場所ではDSRCによる位置補正を行う必要がある。またドイツでは車載器とデジタル・タコグラフが接続されており、バックアップ用として使用されている。

　課金のベースとなる距離は地図上の道路長となるので、課金ポイントが正しく認識できれば常に一定額の課金額となる特徴がある。課金対象道路の追加や削除等がある場合は、車載器内の地図データベースを更新することで対応可能で、DSRC方式に比べて容易である。日本においては2018年より準天頂衛星が実用化される予定であり、上記のような測位誤差が原因となる課金ミスや誤課金は少なくなると想定される。

4）運用システム

　自律方式（GNSS距離課金）による道路課金の運用システムは、図2.7に示すとおりである。各装置・機器の接続インターフェイス部には相互運用を行うためのISO標準が存在する。図2.5の「DSRC方式運用システム」との違いはGNSSによる測位と、車載器とセンター間通信のセルラー通信が追加されていることである。

⑥ 自律（オドメータ）方式による課金

自律方式において、課金対象道路またはエリアの識別を GNSS 測位情報を用いて行い、CAN（Controller Area Network）経由で取得したオドメータの計測値を走行距離データとして使用するもので、走行距離データは広域通信でセンターへ転送され集計処理される。利用者へは月単位で道路利用料金を請求する方式で、アメリカのオレゴン州で実用化を目指した社会実験が 2015 年 7 月より 6 か月間実施された。また、カリフォルニア州では同様に 2016 年 7 月より実施されている。

車載ユニットは GNSS 受信モジュールと広域通信モジュールを内蔵し、OBD-II ポートに挿入され使用される。オプションとしてスマートフォンとの接続も可能であり、課金対象エリア内での走行距離の表示等を行う。

ただし、オドメータ情報は車軸の回転数を計測しているため、装着するタイヤの種類や空気圧により実際の走行距離と誤差が出る可能性がある。GNSS は課金対象エリアの特定[2]（州内／州外、公道／私道）に使用される

表 2.4　DSRC 方式と自律方式の比較

項　目	DSRC 方式	自律方式	備　考
1. 課金処理	DSRC による路車間通信	GNSS 測位とマップ・マッチング処理	
2. 課金処理通知	固定網通信で路側装置よりセンターへ	セルラー通信で車載器より直接センターへ	
3. 課金精度	高（99.9%〜99.999%）	中（99.9%：ドイツ、99.5%：スロバキア、99.75%：フランス）	
4. 課金ポイントの追加	路側装置の新規設置が必要	地図データと課金パラメータの更新	
5. DSRC の用途	課金処理 エンフォースメント用（必要場所）	位置補正（必要場所） エンフォースメント用（必要場所）	
6. 適用道路	高速道路 （線状の単純なネットワーク）	高速道路／一般道路（面状の複雑なネットワーク）	
7. 適応道路の種別	有料道路（高速道路） 一般道路（幹線国道等）	一般道路（全道路） 有料道路（高速道路）	
8. 適用課金タイプ	ポイント課金 コードン課金	ポイント課金 コードン課金、エリア内距離課金	
9. 車載器価格	中（2 千円〜1 万円）	高（数万円）	欧米では貸与が主流
10. 付加価値サービス	DSRC 利活用による限定されたサービス	GNSS（位置情報）、セルラー通信も活用した拡張サービス	

（出所：ISO/TC204/WG5）

---

[2] 課金対象道路は実施州の公道に限定される。

ため、通常の測位誤差はあまり問題とならない。

スイスではデジタル・タコグラフと車載器が接続され、CANより出力されるオドメータ情報を用いて走行距離を計測している。GNSSは走行距離の確認に使用されている。

⑦　DSRC方式と自律方式の比較

DSRC方式と自律方式との比較を表2.4に示す。要約するとDSRC方式は高速道路（線状の単純なネットワーク）で高精度での課金に適している。一方自律方式は高速道路から一般道路（面的に広がった複雑なネットワーク）課金に、また、課金エリアの変更に柔軟に対応できる。

(3) ISOにおける標準化

道路課金に関し国内レベルや国際地域レベルでの相互運用を図るためには、

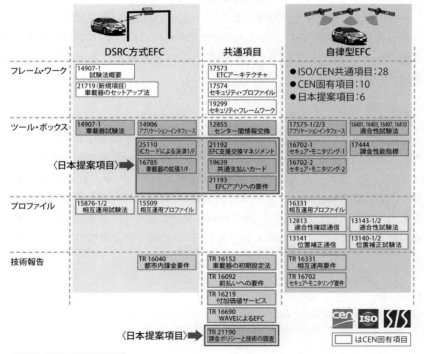

（出所：ISO/TC204/WG5）

図2.8　ISO/TC204/WG5における道路課金の標準化（数字はISO番号）

通信規格以外にもセキュリティ、各装置間のインターフェイス、データ定義等の標準化を行う必要がある。ISO/TC204 が ITS 全体に関する標準化を行っているが、このなかの WG5 が EFC（Electronic Fee Collection）と呼ばれる課金に関する標準化を担当している。

標準化の対象は図 2.8 に示すとおり、DSRC 方式 EFC と自律方式 EFC、また、これらの共通項目が横方向に記載されている。縦方向は下記の種別に分類されている。

- フレーム・ワーク：各標準化テーマのアーキテクチャ等の枠組みを規定する標準
- ツール・ボックス：各 EFC 導入国でデータ項目や決済方式等を選択できるように、基本事項を規定する標準
- プロファイル：EFC 導入国間で相互運用を行うために、データ項目、決済方式、セキュリティを含む詳細事項を規定する標準
- 技術報告：標準化テーマを決めるための技術動向等の調査報告

なお各 ISO 標準の EFC システムへの具体的適用については図 2.5「DSRC 方式運用システム」と、図 2.7「自律方式（GNSS 距離課金）運用システム」を参照されたい。

2.4　ま　と　め

道路課金システムは、各種道路課金施策を実現する手段として世界中で広く導入されている。その技術の標準化も進み、国際的な相互運用も実現されようとしている。また、今まで課金分野では使用されていなかったオドメータを使った道路課金や、プローブデータを活用した経路誘導型課金等の新規課金施策も実現されようとしており、課金技術の発達に従って、さまざまな課金施策が可能となっていく。日本においても ETC2.0 に続く課金技術の検討が望まれる。

【参考文献】
1) 大型車対距離課金に関する研究、日交研シリーズ A-571 第一章
2) European Conference on Ministers of Transport (ECMT) on Road Charging System, 2006
3) 西川了一（2015）「チェコおよびオーストリアにおける重量貨物車課金と過積載取締まりの現状と動向」『高速道路と自動車』第 58 巻第 4 号

第3章 大型車交通マネジメントとは

　大型貨物車は、車両の寸法が大きいこと、重量が大きいこと、排出ガスの量が多いことなどの特徴を持ち、道路交通、道路施設、沿道住民などに与える影響が大きい。このため、各国はその社会的な負の影響をできるだけ小さくしつつ、輸送効率を高めるために、車両の寸法と重量に最大値を設定、最大値を超える車両は審査を経て通行を許可、違反車は取締り、通行に規制、走行に課金などのさまざまな施策を講じている。ここでは、それらの大型車交通マネジメントの仕組みを概観する。

3.1　車両の重量と寸法の最大値

(1) 車両の重量と寸法の一般的制限値

　道路施設の保全、交通安全の確保などを目的として、各国で車両の形状別に車両の寸法（幅、高さ、長さ）と重量（総重量、軸重）の最大値を定めている。図 3.1 に代表的な車両の形状を示す。表 3.1 は日本と主要な欧米諸国において定められている、車両の寸法と重量の最大値の概要である。実際には軸数、軸距（車軸間の距離）、駆動軸、国際海上コンテナ積載車両、ダブルタイヤ・シングルタイヤ、エアサスペンションなどの道路に優しい懸架装置装着車など、細かい条件によって最大値が定められている。これらの最大値以下の車両であれば、通行許可を受けることなく全道路網を自由に通行することができる（自由走行）。逆に最大値を超える車両は特殊車両と呼ばれ、道路上を走行させる場合は特殊車両通行許可を取得する必要がある。

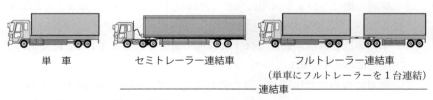

　　単　車　　　セミトレーラー連結車　　　フルトレーラー連結車
　　　　　　　　　　　　　　　　　　　（単車にフルトレーラーを1台連結）
　　　　　　　　　　　　　　　　　連結車

（出所：国土交通省中部地方整備）

図 3.1　代表的な車両の形状

表 3.1　主要国における車両の寸法と重量の最大値の概要

	長さ (m)			幅 (m)	高さ (m)	軸重 (トン)	総重量（トン）	
	単車	連結車					単車	連結車
		セミトレ	フルトレ					
日　本	12.0	16.5[(1)] 12.0	18.0[(1)] 12.0	2.5	4.1[(2)] 3.8	10.0[(3)]	25.0[(4)] 20.0	36.0[(1)] 27.0
EU指令 96/53/EC	12.0	16.5	18.75	2.55	4.0	10.0/11.5	26.0/25.0	40/44
フランス	12.0	16.5	18.75	2.55	規定なし	13/12	26.0	44
イギリス	12.0	16.5	18.75	2.55	規定なし	10.0/11.5	26.0	40/44
ドイツ	12.0	16.5	18.75	2.55	4.0	10.0/11.5	26.0	40/44
オランダ	12.0	16.5	18.75	22.5	4.0	10.0/11.5	30.5/21.5	50.0
スウェーデン	24.0	25.25	25.25	2.55	規定なし	10.0/11.5	26.0	48.0/60.0
アメリカ	12.2 18.3	16.8 規定なし	18.3 規定なし	2.44 2.74	3.96 4.57	8.2 10.4	軸数・軸距による計算式	上限36.3 53.1

注1：(1) 高速自動車国道，(2) 高さ指定道路，(3) 隣接荷重の制限あり，(4) 重さ指定道路の最大値
　2：数字／数字は条件によって値が異なることを示す．
　3：各種重量は，サスペンションの種類，シングル・ダブルタイヤなどの条件が伴う．
　4：欧州諸国においては冷凍・冷蔵車の車幅は 2.60 m
　5：セミトレ：セミトレーラー連結車，フルトレ：フルトレーラー連結車
　6：アメリカは州によって値が異なる．上段は最小値，下段は最大値を表す．連結車の長さについては規定がない州が多数あるが，規定がある州のなかでの最大値は 25.91 m（ワイオミング州のフルトレーラー連結車）である．

表 3.1 を見ると次の特徴がある．

① 車両の長さ，幅，高さは国間に大きな差はなく，多くの国では長さは単車の場合は 12 m，セミトレーラー連結車は 16.5 m，フルトレーラー連結車は 18～18.75 m である．スウェーデンでは特に大きい．

② 車両の幅についても国間に大きな差はなく，多くの国では 2.5～2.55 m である．

③ 車両の高さは欧米諸国では 4 m 程度であるが，日本では 3.8 m であり，国際的にみてやや低い．

④ 軸重については国間に大きな差はなく，多くの国では 10 トンである．欧米の多くの国では駆動輪は少し大きく 11.5 トンである．フランスは総重量 40 トン以上では 12 トン，総重量 40 トン未満は 13 トンであり，他国に比較して大きい．

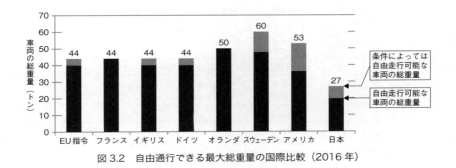

図3.2 自由通行できる最大総重量の国際比較（2016年）

⑤ 総重量は国によって最大値が異なる。欧州諸国は40トンまたは44トンであり、国際海上コンテナ積載車両は44トンとしている国が多い。一方、アメリカは連邦では36.3トン以上とすることを各州に要求している。しかし、州によって最大値が異なり、36.3～53.1トンの範囲にある。日本では一般道路では20トン、セミトレーラー連結車は27トン、重さ指定道路では25トン、高速道路では36トンである。各国において自由に通行できる車両の最大総重量を比較すると図3.2のようになり、欧米諸国と比較してわが国の値は小さい。

⑥ 日本では一般道路、重さ指定道路、高さ指定道路、高速自動車国道など、道路区分によって車両の寸法や重量の最大値が異なる。このように道路区分によって値が異なるのは主要国のなかでは日本とアメリカだけである。日本には2016年現在約122万kmの道路があり、そのうち都道府県道以上の幹線道路は約19万kmある。高速自動車国道と重さ指定道路は、合わせて約62,200km、高さ指定道路は約48,800kmである。重量や寸法が大きな車両が走行できる道路は限られる。

日本においては重さ・高さ指定道路や高速道路では一般道路より最大総重量が大きくなっている。しかし、出発地や目的地がこのような道路の沿道にあることは少なく、多くの場合は一般道路の沿道に出発地や目的地がある。このため、一般道路の重さや高さを超える車両を走行させる時は特殊車両通行許可の取得が必要になる。

欧米諸国ではおおむね、すべての幹線道路で一般的制限値の車両が自由に通行できる。たとえば、フランスやドイツにおいては総重量40～44トンの車両が全道路を許可なく自由に通行できる。一方、わが国では許可なく自由に通行

表 3.2 特殊車両通行許可の対象となる車両の制限値

		制限値
寸法	幅	2.5 m
	高さ	3.8 m、高さ指定道路は 4.1 m
	長さ	セミトレーラーは 18 m フルトレーラーは 21 m
重量	総重量	44 トン
	軸重	10 トン、 エアサスペンション装着車の駆動軸は 11.5 トン

できる車両の総重量は一般車両が20トン、セミトレーラー連結車が27トンであり、フランスやドイツとの差は大きい。

(2) 日本における車両の大型化への対応策

日本では、欧米主要国と比較して、特に総重量と高さの最大値が小さい。このような状況を背景として、重さ指定道路・高さ指定道路を設定して他の道路よりもやや大きい総重量と高さの最大値を設定している。また、特殊車両の通行許可基準を緩和し、表3.2に示すように、総重量44トン、駆動軸重11.5トン、高さ4.1m、長さ21mまでの車両の通行を許可する対象としている。表3.2の制限値以下の車両は、通行を申請した経路を当該車両が支障なく、安全・円滑に通行できることが確認されれば通行が許可される。

さらに、国土交通省では、深刻なドライバー不足が進行するトラック輸送の省人化を推進するため、「ダブル連結トラック」の特殊車両通行許可基準（車両長）を最大25mまで緩和する検討を行っている。

(3) 最大総重量の歴史的変化

歴史的に見ると、1940年〜1950年頃は欧州諸国においても、最大総重量は20トン程度であった。その後、貨物輸送の需要増加に応じて最大総重量を徐々に上げ、近年になって40〜44トンに達した。同時に道路の舗装や橋梁の補強を行ってきた。日本では1961年に車両制限令が発出され、総重量の最大値が20トンに定められた以降は、1971年の改正においてセミトレーラー連結車に限って総重量の最大値を27トンにすることが追加され、その後は変化がない。一般的制限値を変更することなく、車両の大型化に対応するために特殊

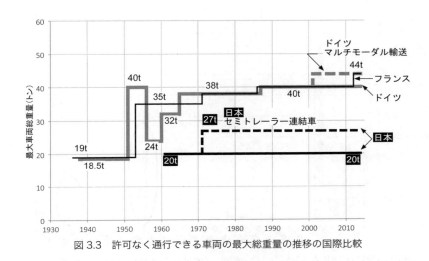

図 3.3 許可なく通行できる車両の最大総重量の推移の国際比較

車両通行許可制度における許可条件を緩和、重さ指定道路の設定、大型車誘導区間の設定などに努力が払われてきた。道路施設の保全、交通安全の確保のためには、自由走行とするよりは、総重量が大きい車両は、道路管理者の管理下に置いて道路施設への悪影響を小さく保ちつつ、大型車の利用を促進しようとしている。

(4) 総重量の制限値が車両の大型化の制約

1993 年に車両制限令が改正され、高速自動車国道および重さ指定道路で許可なく通行可能な車両総重量が 20 トンから 25 トンに引き上げられた。その結果、車両総重量 20 トンの車両数が減少し、車両総重量 25 トンの車両数が増加した。図 3.4 を見ると総重量の一般的制限が 20 トンであった時期には、総重量 20 トンを超える保有車両が少なかった。重さ指定道路が設定され、総重量 20 〜 25 トンの車両の利用がしやすくなると、総重量 24 〜 25 トンの車両が増加し、19 〜 20 トンの車両が減少している。このことから、総重量が大きい車両の利用ニーズが大きいことがわかる。

特殊車両通行許可の許可件数は 2012 年に年間 32 万件[1] である。一方、ドイツでは同年に年間 35 万件[2] である。ドイツでは総重量の一般的制限値は 40 ト

---

[1] 国土交通省資料
[2] ドイツ政府資料、ブランデンブルク州インタビュー

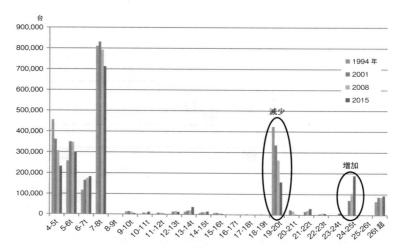

（出所：(財)自動車検査登録協会「諸分類別　自動車保有車両数」をもとに作成）

図3.4　日本における車両総重量別の貨物車保有台の推移

ン、マルチモーダル貨物の積載車は44トンであり、日本よりもはるかに大きい値である。また、ドイツの人口は日本の3分の2であるが、特殊車両の通行許可件数は両国ともほぼ同じである。総重量の一般的制限値が大きい国でも、それよりもさらに大きい車両の走行需要がある。このことからも総重量が大きい車両の利用需要が大きいことがわかる。

3.2　特殊車両の通行管理

前節3.1で説明した車両の寸法と重量の最大値を超える車両を道路上で走行させる場合は通行許可を取得する。この許可を特殊車両通行許可と呼んでいる。許可の申請から交付までの手続きの概要を図3.5に示す。

海外諸国においても同様の手続きがある。図3.6はドイツのブランデンブルク州における許可手続きである。両国ともにインターネットを利用してオンラインで許可申請・許可証の発行を行っており、両国ともに約9割の申請がオンラインシステムを利用している。関係機関の協議や他の道路管理者との協議など、日本と同様の手続きである。ただし、ドイツでは図3.6に示すように通行許可の申請手続きの前段階で重量・寸法・最小回転半径など検査を受けて、当該車両の審査証を得る。この審査証を添えて走行許可の申請を行う手続きは日

第3章　大型車交通マネジメントとは

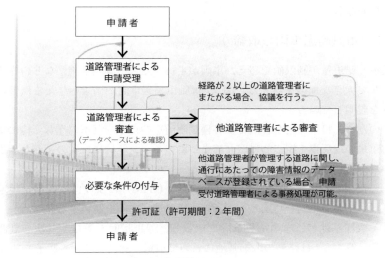

（出所：国土交通省関東地方整備局資料）

図 3.5　日本の特殊車両通行許可手続きの概要

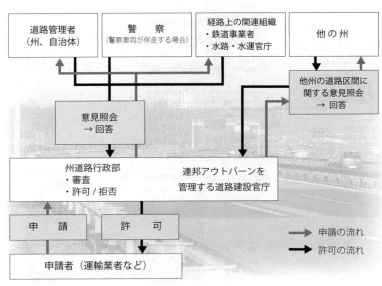

（出所：ドイツ・ブランデンブルク州資料）

図 3.6　ドイツ・ブランデンブルク州の特殊車両通行許可申請手続き

本とは異なる。

3.3 重量超過車両の取締り

軸重、総重量が制限値を超えた車両が走行すると、舗装や橋梁などの構造物に対して大きな損傷を与える。図3.7は軸重超過車両が橋梁へ与える損傷の大きさを説明している。

このため、日本を含む各国では各種制限値を超える違反車のうち、特に軸重と総重量の違反車を重点的に取り締まっている。一般的には次のような手法が用いられている。

① 目視もしくは車両重量自動計測装置（WIM）により、最大重量超過の疑いがある車両を特定し、下流の取締基地に車両を誘導する。
② 取締基地で、車両を重量計に積載し、静止状態で重量や寸法を計測する。写真3.1は路外の取締基地において重量を計測している様子である。
③ 違反した場合は是正指導、罰金を課すなどが行われる。

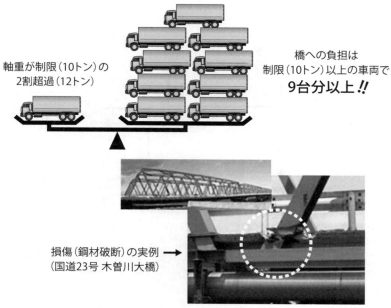

（出所：国土交通省関東地方整備局東京国道事務所の資料より作成）

図3.7 軸重超過車両が橋梁へ与える損傷の大きさを説明

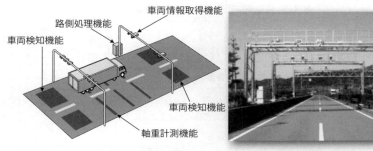

(a) 車両重量自動計測装置の概念図　　(b) 車両重量自動計測装置の写真

（出所：国土交通省関東地方整備局資料）

図 3.8　走行中車両の寸法と重量を自動的に計測する装置

（出所：国土交通省近畿地方整備局資料）

写真 3.1　取締基地における取締りの様子

3.4　貨物車交通マネジメントの全体像

　日本および欧米主要国において行われている貨物車交通マネジメントに含まれるさまざまな施策を表 3.3 に整理して示した。

表 3.3 貨物車交通マネジメントの施策構成

対象地域	政策目的	分類	施策 規：規制と取締り 金：課金 イ：インフラ整備 協：関係者の協働 誘：インセンティブによる誘導	①輸送の効率化	②交通の円滑化	③環境負荷の低減	④交通安全の向上	⑤暮らしの質向上	⑥都市景観の向上	⑦道路インフラの保全
おもに市街地が対象	a 地域への流入・通過抑制	規	地域への進入規制			○	○	○	○	
		金	地域への進入に対する課金			○	○	○	○	
		イ	環状道路・バイパス整備による通過交通排除	○	○	○	○	○	○	
	b 地域内の通行適正化	規	貨物車が走行する道路（トラックルート）の指定			○	○	○	○	
		規	貨物車の通行規制（区間、時間）				○	○	○	
	c 荷捌き適正化	イ	荷捌きスペース（駐車場、荷捌きベイ等）の整備	○	○					
		協	共同輸配送	○						
		規	配送時間帯の指定	○	○					
	d 物流施設の立地適正化	誘	土地利用計画、立地誘導	○					○	
		誘	物流施設の集約化	○						
	e 環境負荷（騒音・排出ガス）の低減	金	環境性能の低い車両の通行誘導（料金施策）			○				
		規	環境性能の低い車両の地域への進入規制			○		○		
		金	環境性能の低い車両の地域への進入に課金			○		○		
		協	共同輸配送			○				
		規	通行帯指定		○		○			
全国・都市間が対象	f 広域交通の通行適正化	規	貨物車が走行する道路の指定				○		○	○
		イ	物流基幹ネットワークの整備	○						○
	g 車両の重量と寸法の最大値の設定	規	長さ・重量等の最大値の設定、その緩和	○	○	○				
	h 重量・寸法超過車両の削減	規	取締り強化、厳罰化				○			○
		規	IT（WIM、OBW）による取締り効率化				○			○
	i 危険物運搬の適正化	規	水底・長大トンネル等の通行規制				○			
	j 走行距離の削減	金	課金（対距離）	○	○	○				
	k インフラ整備・維持管理費用の負担の適正化	金	課金（対距離）							○

実現しようとする社会は次の項目で代表される。

① 輸送の効率化
② 交通の円滑化
③ 環境負荷の低減
④ 交通安全の向上
⑤ 暮らしの質向上
⑥ 都市景観の向上
⑦ 道路インフラの保全

上記を実現するために、次のような政策目的が設定される。

a　地域への流入・通過抑制
　　b　地域内の通行適正化
　　c　荷捌き適正化
　　d　物流施設の立地適正化
　　e　環境負荷（騒音・排出ガス）の低減
　　f　広域交通の通行適正化
　　g　車両の重量と寸法の最大値の設定
　　h　重量・寸法超過車両の削減
　　i　危険物運搬の適正化
　　j　走行距離の削減
　　k　インフラ整備・維持管理費用の負担の適正化
　具体的には、規制と取締り、課金、インフラ整備、関係者の協働、インセンティブによる誘導に区分されるさまざまな施策が行われている。
　都市圏を対象として行われている典型的な施策を図に示すと、次頁の図3.9のようなイメージになる。

3.5　ま　と　め

　輸送コストを下げ、人手不足に対応するため、日本を含めて各国で貨物車の大型化を進めている。一方で、大型貨物車は小型貨物車に比較して環境負荷が大きく、道路損傷への影響も大きい。このような一見相反する特性が同時に実現するように、次のようなさまざまな施策が組み合わせて講じられている。

① 車両の大型化：車軸を多くすることにより軸重を増加させない、エアサスペンションなどの路面に優しい懸架装置を装着する、軸距（車軸間の距離）を大きくすることなどによって路面への衝撃を和らげるなどの工夫を行って、車両総重量を増加させることを可能にする。

② 大型車両走行の適正化：総重量、軸重、寸法の最大値を超える車両は特殊車両通行許可制度の下で、希望する走行経路を審査し、許可し、許可条件を違反して走行する車両は取り締まるなどの管理を道路管理者が行うことによって、道路施設を保全し、交通安全を確保する。

③ 交通流の適正化：大型貨物車が走行可能な道路の指定（トラックルート）、進入を抑制する地区を指定、大型貨物車が出入りする物流施設の立地誘導などの交通流の適正化対策によって地域住民への影響を小さくす

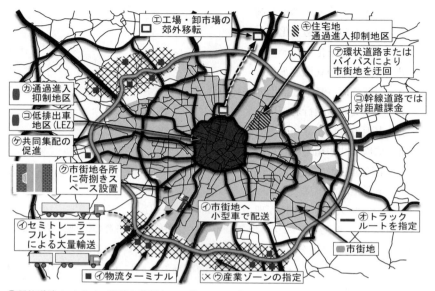

㋐環状道路やバイパス整備を基盤として貨物車の市街地通過や市街地内走行を抑制
㋑積替機能を持つ物流ターミナルが郊外に立地し、そこを拠点に都市間における大型の連結車による大量輸送、市街地における小型車による戸口への（共同）配送を行うシステムを構築
㋒産業ゾーンを指定し、物流ターミナルの立地整序化
㋓市街地内において貨物車走行抑制施策を実施し、産業施設の郊外移転を促進する。市街地が商業・事務所・住居が主体の土地利用に移行

㋔トラックルートを指定し貨物車が走行しやすいように改良することで貨物車交通を幹線道路に集約
㋕地区を指定し貨物車の通過や進入を抑制し、都心の業務や商業活動を活性化
㋖同様に、住宅地を静穏化
㋗適切に配置された荷捌きスペースが配送活動を円滑にするとともに混雑を緩和
㋘低排出ゾーンを指定し、規制や優遇によって環境に優しい車両の利用や共同集配を促進
㋙幹線道路に対距離課金を適用し、道路費用を徴収するとともに混雑や環境を改善

注：仮想の都市

図 3.9　都市圏における貨物車交通マネジメント全体像のイメージ

る。
④　環境に優しい車両の利用促進：低排出車地区（LEZ）、低排出車の課金軽減などによって環境負荷が大きい車両の利用を抑制、環境に優しい車両の利用を促進する。
⑤　影響の程度に応じた負担：車両の道路損傷の程度に応じて課金し、道路の建設維持管理費を徴収する。

日本では、自由走行可能な車両総重量の増大、低排出車地区の指定・大型車流入禁止地区の指定・トラックルートの指定などの大型車の通行に対する対策、道路課金などの負担の適正化などに関して課題が多い。今後の施策展開が待たれる。

【参考文献】
1) 各国における車両の寸法と重量に関する法律
2) 車両制限令（わが国の車両の寸法と重量に関する法令）
3) 国土交通省関東地方整備局「特殊車両通行許可制度について」
http://www.ktr.mlit.go.jp/road/sinsei/index00000004.html
4) 国土交通省関東地方整備局（2016）『特殊車両通行ハンドブック2016』
5) 国土交通省近畿地方整備局兵庫国道事務所「兵庫国道事業概要」
6) 池田武司（2016）「特殊車両の通行許可に関する最新事情」『国際交通安全学会誌 Vol.41, No. 1』
7) (財)自動車検査登録協会「諸分類別自動車保有車両数」
8) 国土交通省関東地方整備局東京国道事務所資料
9) 国土交通省近畿地方整備局資料
10) 国土交通省中部地方整備局「特殊車両は通行許可が必要です」
11) 今西芳一・谷口栄一（2016）「海外諸都市における貨物車交通マネジメント」『雑誌道路 2016年3月』

第 2 部

諸外国の道路課金

第4章 シンガポール、ロンドン、ストックホルムの混雑緩和を目的とした道路課金

第2章で述べられたとおり、都市内課金は人口密度が高く、混雑する都市中心部の渋滞解消や流入交通を抑制するために、都市内の交通あるいは、都市内に進入する交通に対して課金を行うものである。前者はエリア課金と呼ばれ、ロンドン中心部で行われている例が知られている。後者はコードン課金と呼ばれ、シンガポールとストックホルムが有名である。本章では、シンガポール、ロンドン、ストックホルムの各事例について概要を紹介する。

4.1 シンガポール

(1) 課金導入の経緯

シンガポールでは1971年の研究において、将来予測される交通量に見合っただけの道路を建設することは不可能であるとの結論が出され、都心部の交通量・渋滞を抑制することが課題となっていた。こうしたなか、1975年6月から地区進入許可制度（ALS：Area Licensing Scheme）が導入された。ALSは、中心ビジネス地区（CBD）内に制限区域を設け、制限区域内にアクセスする車両に課金を行う制度である。制限区域の広さは、当初6.1 km^{2}であったが、1998年までには7.25 km^{2}に拡大された。制限区域とそれ以外の地域の境界線が走る道路31か所にガントリー[1]が設けられ、制限区域内にアクセスする課金対象車両は、許可証をフロントガラス（2輪車の場合はハンドル）に提示する必要があった。許可証は、ガントリーに通じる道路脇のブース、ガソリンスタンド、郵便局などで販売されていた。許可証のチェックはガントリーに配置された係官の目視によって行われ、許可証がない場合にはナンバーが控えられ、後日、罰金が請求される仕組みであった。

課金対象時間は、ALS導入当初には月～土曜日の午前7時半から午前9時半までであったが、課金終了直後の時間帯に交通量が著しく増大したため、午前10時15分まで拡大された。また、通勤による渋滞を抑制することが目的であったため、日曜日には課金は行われなかった。1989年6月にALSの見直しが行われ、午後のピーク時である午後4時半から午後7時も課金対象時間とさ

---

[1] 門型の構造物（写真1.2参照）

れた。さらに、1994年1月には、それまで課金されていなかったオフピーク時（月～金曜日の午前10時15分から午後4時半まで、および土曜日の午前10時15分から午後3時まで）にも課金がなされるよう見直された。また、課金は1日1回であり、当日有効な許可証があれば何度でもガントリーを通過することが可能であった。

課金対象車両は当初は基本的に乗用車のみ（3人以上が乗った乗用車は課金対象外）であったが、1975年のうちにタクシーが課金対象に加えられ、その後、1989年の見直しで、路線バスを除くほとんどの車両が課金対象とされた。これは、課金時間帯の変更にも見られるように、通勤時以外の時間帯において、渋滞を抑制しようとしたためである。

課金額は、当初、乗用車は3シンガポールドルであったが、1980年に5シンガポールドルに値上げされた。しかし、1989年に課金対象車両が拡大された際に3シンガポールドルに減額された。また、1994年に導入されたオフピーク時の課金は2シンガポールドルであった。また、月間許可証は60シンガポールドルであった。

このように、1975年の導入から徐々に運用を拡大してきたALSであったが、いくつかの短所もあった。第一に、許可証の確認が係官の目視で行われていたため、多数の人員と多額の費用を要したこと、係官の労働環境が過酷であったことである。さらに、課金対象車両の拡大やピーク時・オフピーク時の区別、日／月間許可証の別などから、許可証の種類が増大（最終的には16種類となった）し、適正に用いられているかを目視によって確認することが困難になっていった。第二に、1枚の許可証で1日何度でもガントリーを通過できたため、禁止されていた許可証の売買が広範に行われていたことである。第三に、課金開始直前および課金終了直後の時間帯の交通量の増大を避けることができなかったことである。

以上の短所を克服するため、1998年に電子的道路課金（ERP：Electronic Road Pricing）が導入されることになった。ERPは、ALSにおける支払いを自動化したものであるが、1日1度しか課金されないALSと異なり、ガントリーを通過するたびに（1日に何度でも）課金される。

(2) 課金徴収システム

シンガポールのERPは、DSRCを用いた課金システムである。また、取締

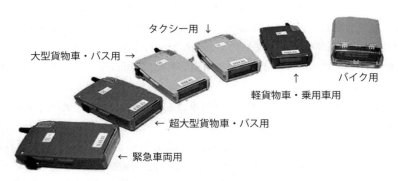

（出所：Land Transport Authority ホームページ）

図 4.1　車載器（第二世代）

りのために ANPR（ナンバープレート自動認識）が用いられている。

　ERP の対象車両には、車載器の搭載が義務づけられている。車載器は車種によって異なり、現在 5 種類がある。車載器の搭載率は、政府の緻密な告知・宣伝活動、限定の無料設置期間の設定もあり、1998 年の ERP 開始時点ですでに 98％に達していた。車載器には、あらかじめ入金したカードあるいは指定のクレジットカードが挿入され、ガントリーを通過するたびに支払いがなされる。以前は、カードの残高不足は、即取締りの対象となったが、2008 年以降に登場した第二世代の車載器（図 4.1）では、残高不足を自動的に検知し、ガントリーを通過する前にあらかじめ決めておいた金額を自動的に入金できるようになった。

　ガントリーは 2 基 1 組になっており、最初のガントリーで現在時刻、その時の課金額等が表示されるとともに、車載器と交信し、車載器の正当性の確認、料金の計算などが行われる。2 基目のガントリーでは、課金の確認、車両の通過検知などが行われる。

　車載器の未搭載や残高不足の場合には、第一のガントリーに取り付けられたカメラにより車両後部を撮影する。撮影されたデータは、道路脇の設備を通してセンターのコンピュータシステムに送られ、後日、自動車の所有者に支払い請求がなされる。車載器の未搭載の場合には、反則金 70 シンガポールドルを支払わねばならない。残高不足の場合には、ERP の料金と手数料 10 シンガポールドルを 2 週間以内に支払わなければならない。ただし、複数の電子的方

法で支払う場合には手数料は 8 シンガポールドルに減額される。期日内に料金と手数料とが支払われない場合、「交通違反の通知」がなされ、反則金 70 シンガポールドルを 28 日以内に支払わなければならない。この期日内にも支払いがなされない場合には、書類送検される。

(3) 課金対象エリアおよび課金対象車両

シンガポールの ERP においては、CBD およびそれをとり囲む環状道路、高速道路に課金ポイントであるガントリーが設置されている。ガントリー数は導入時の 1998 年には 33 であったが、その後増大し、2016 年現在では 77 か所（CBD29、環状道路 10、高速道路 38）となっている。また、対象車両は、路線バス、緊急車両を除くすべての車両である。

(4) 課金時間帯および課金額

シンガポールの ERP は、平日（月～金曜日）の午前 7 時から午後 8 時までの間で、ガントリーごとに課金時間帯が設定されている。また、課金時間帯は、30 分を、5 分、20 分、5 分（たとえば、午前 7 時台であれば 7:00 ～ 7:05、7:05 ～ 7:25、7:25 ～ 7:30）に分け、課金額の急激な変動により課金額変更時間の前後に交通が集中しないような措置がとられている。たとえば、あるガントリーでは午前 8 時 5 分から 2 シンガポールドルが課されるようになるが、移行時間として午前 8 時からの 5 分間は 1 シンガポールドルが課される（午前 8 時以前は無料）。また、元旦、太陰暦の元旦、ラマダン明けの祝日、ヒンドゥー教の元旦、クリスマスの各祝日の前日は午後 1 時までで課金が終了する。課金額は、表 4.1 のとおりである。

課金額の水準は、各ガントリーを通過する交通の 85 パーセンタイル速度をもとに、3 か月ごとに調整されている。すなわち、一般道の場合、あるガント

表 4.1 課金額（2016 年 8 月 1 日から 11 月 6 日の課金額）

車　種	課金額（シンガポールドル、無料の場合を除く）		
	最　小	最　大	刻み幅
軽貨物車・乗用車	0.5	6.0	0.5
大型貨物車	0.75	9.0	0.75
超大型貨物車	1.0	12.0	1.0

（出所：One Motoring に掲載の課金額表から作成）

リーを通過する交通の速度の 85 パーセンタイル値が 20 km/h を下回った場合には値上げされ、30 km/h を上回った場合には値下げされる。同様に、高速道路および環状道路については、同様に、45 km/h を下回った場合には値上げされ、65 km/h を上回った場合には値下げされる。

(5) 課金の効果

1975 年に ALS が導入された際には、制限区域内の交通量は 44％減少した。その後、1988 年の見直しまでに、車両登録台数は約 1.5 倍に増加し、減少幅は 31％に縮小したものの、1989 年に課金対象車両が拡大された際にふたたび交通量は減少した。その後、漸増したものの、1998 年の EPR 実施によってふたたび 10 〜 15％の減少が見られた。

また、ERP からの収入は 2014 年には 1 億 5,200 万シンガポールドルであった。なお、この収入は一般財源となる。

(6) 次世代ロードプライシングの検討

シンガポール政府は、現在、シンガポールの中心業務地区と高速道路の一部で実施している混雑課金を将来、シンガポール全土に拡大することを検討している。そのためにガントリーの設置等に巨額の費用がかかる現在の DSRC 方式の代わりに、GPS を用いて車両の走行を把握する方式を検討している。2012 年には GPS を用いた課金システムの実証実験を行い、一定の成果を得ている。

なお、シンガポール政府は 2020 年までに ERP の課金方式を GPS による測位を用いた ERP2.0 に発展させる予定である。

4.2　ロンドン

(1) 課金導入の経緯

イギリスにおける道路課金の検討は 1960 年代から行われている。1962 年に政府により設置されたスミード委員会は、1964 年に報告書を発表した。同報告書では、混雑する道路での混雑課金の有効性が認められたものの、当時の技術ではそれを実行することは「未知数」であるとされた。以降、何度か道路課金の実施が検討されたが、技術的問題や低所得者層への影響などから見送られてきた。1991 年から 1995 年には、政府ロンドン事務局（中央政府の機関）が、

グレーター・ロンドンをとり囲む環状道路である M25 内の混雑課金について調査する「ロンドン混雑課金研究プログラム」を実施した。同プログラムの報告書は 1995 年に発表され、課金が混雑を緩和する有力な方法であることが認められたが、技術的信頼性、管理機構の複雑さ、人びとの反応などのリスクがあるとされた。

1997 年に政権が保守党から労働党のブレア政権に変わると、同政権は道路課金を交通政策の主要課題として位置づけた。1999 年には同政権の下でグレーター・ロンドン・オーソリティ法が制定され、広域行政機関であるグレーター・ロンドン・オーソリティが創設[2]されるとともに、その一機関であるロンドン交通局に道路課金を実施する権限が付与された。この動きと呼応し、政府ロンドン事務局は、1998 年から 2000 年にかけて、セントラル・ロンドンにおける課金計画を検討するために、行政機関、関連団体、有識者、コンサルタントから構成される独立ワーキンググループ（ROCOL）を設立した。同グループの報告書は 2000 年に発表され、「セントラル・ロンドンは、最も混雑が激しく、迂回ルートおよび代替的公共交通機関が存在するため、道路利用者課金を開始する地域として適切である」との結論が出された。2000 年 5 月には、マニフェストで混雑課金の実施を明記した労働党のケン・リヴィングストンがロンドン市長に当選し、同年 7 月にはロンドン交通局の混雑課金チームによる混雑課金計画策定のための作業が開始され、2003 年 2 月に混雑課金が本格実施されるに至った。

(2) 課金徴収システム

課金エリアの入口は標識で示されており（写真 4.1）、同エリア内に進入する車両のドライバーは、支払い対象の車両について

写真 4.1 課金エリア入口

---

[2] グレーター・ロンドン全域を治める行政機関としては、1986 年までグレーター・ロンドン・カウンシル（Greater London Council）が存在したが、サッチャー政権の下で廃止された。それ以降、グレーター・ロンドン全域を治める行政機関は存在せず、ロンドンは 30 あまりのバラ（Borough、行政区）から構成されていた。

ナンバーを登録し、事前または進入した日の深夜0時までに課金額を支払わなければならない。支払いは、オンラインまたは電話により行うことができる（進入の10日前までであれば郵便でも支払い可能）。2003年の混雑課金導入から2006年

表4.2 支払い方法の割合（2016年1月1日～3月31日）

支払い方法	割合
ショート・メッセージ・サービス（SMS）	0.31%
自動音声応答（IVR）	0.42%
電話	2.48%
郵便	4.06%
インターネット	17.11%
Fleet Auto Pay	35.05%
Auto Pay	40.57%

（出所：Transport for London (2016)）

までは事前の支払いのみが認められていたが、2006年からは進入した日の翌日の午前0時までに支払うことが認められるようになった。いずれの場合も、利用者自らが支払いを行う必要があったが、2011年1月に自動支払いを行うことのできる「Auto Pay」が導入された。これは、利用者がAuto Payに事前登録した場合には、登録したクレジットカードを通じて支払いが行われる仕組みである。また、2015年6月からは、5台以上の車両を有する企業を対象に「Fleet Auto Pay」が導入され、Auto Payと同様に、デビットカードを通じた自動支払いを行うことができるようになった。各支払い方法の割合は表4.2のとおりであり、現在では多くの人が自動支払いを選択している。

いずれの支払い方法を選択した場合にも、課金エリア内への車両の進入はANPRにより記録される。このため、シンガポールのERPと異なり、車載器は必要ない。Auto PayまたはFleet Auto Payに登録していない車両については、事前に支払いが行われているか、あるいは進入した日の翌日の午前0時までに支払いが行われるかが、ANPRによって収集されたデータをもとに確認され、支払いが行われていない場合には反則金の告知が送付される。反則金の金額は、130ポンドであるが、14日以内に支払えば65ポンドに減額される。また、反則金の告知を受け取ってから28日以内に支払わない場合には195ポンドに増額される。

(3) 課金対象エリアおよび課金対象車両

課金対象エリアは、2003年の導入から2016年までに2度変更された。（図4.2）2004年のロンドン市長選挙において課金エリアの拡大を公約としていた

第 4 章　シンガポール、ロンドン、ストックホルムの混雑緩和を目的とした道路課金　53

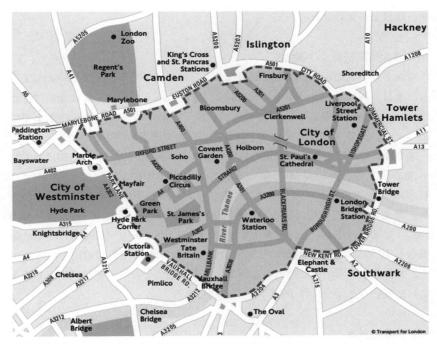

（出所：Transport for London 2014）

図 4.2　2016 年現在の混雑課金エリア

リヴィングストン市長が再選され、2007 年に当初の課金エリアの西側に課金エリアが拡大された。これにより、約 21 km² であった課金エリアは約 38 km² に拡大された。しかし、2008 年の市長選挙で混雑課金の西方拡大エリアについて市民からの意見を聴取することを公約として当選した保守党のボリス・ジョンソンは、コンサルテーションの結果、拡大エリアの廃止を支持する意見が多くみられたため、拡大エリアを 2011 年に廃止した。これにより、課金対象エリアは 2003 年の課金開始当時とほぼ同様の区域に戻された。

　課金対象車両は、課金エリアに進入するすべての車両であるが、①バイク、自転車、②ロンドンの認可を受けたタクシー、③自動車税を免税されている緊急車両、④国防省の車両、⑤自動車税を免税されている NHS（国民保険サービス）の車両、⑥自動車税を免税されている障がい者が運転する車両、⑦自動車税を免税されている障がい者を乗せるための車両、⑧9 席以上を有するバ

ス、は課金が免除される。

(4) 課金時間帯および課金額

ロンドンの混雑課金の課金時間帯は、平日の午前7時から午後6時までである。土日、祝祭日および年末年始（12月25日から1月1日）には課金は行われない。課金時間帯については導入当初は、午前7時から午後6時半までであったが、2007年のエリア拡大と同時に現在の時間帯に変更された。

課金額についても数度、変更されている。基本課金額は、導入当初は5ポンドであったが、その後2005年に8ポンド、2011年に10ポンド、2014年に11.50ポンドと引き上げられてきている。また、Auto Payに登録しているか否か、課金エリア内の住民か否かなどにより課金額は異なる。たとえば、Auto Payに登録した場合、1日の課金額は10.50ポンドであり（Fleet Auto Payの場合も10.50ポンド）、課金エリア内の住民には90％の割引が適用される。また、課金対象エリア内に進入する前ではなく、進入した日の翌日（午前0時まで）に支払った場合には14ポンドが科せられる。

(5) 課金の効果

課金の効果については、ロンドン交通局が導入から6年間にわたりモニタリングを行った。それによれば、道路工事などの影響もあり、課金の影響だけを摘出するのは難しいながらも、課金エリア内への乗用車の流入量の減少、公共交通（バス）利用者の増大が見られたとされている。たとえば、課金導入以前と2005年を比較すると、乗用車のエリア内への流入量は21％減少した。

課金収入は、2015年で2億5,740万ポンドであり、このうち9,010万ポンドが混雑課金の運営のために用いられ、残りは路線バスの拡充など、ロンドンの交通の改善のために用いられている。

4.3　ストックホルム

(1) 課金導入の経緯

スウェーデンでは、1950年代から1960年代にかけて自動車交通が増加し、1970年代以降には都市部における自動車交通の削減が政策的なテーマとなった。しかし、自動車交通を削減することについて市民から支持は得られていたものの、具体的な方法については合意に至らなかった。1980年代には、ス

トックホルム中心部に進入する際にフロントガラスにチケットを提示するかたちでの課金が提案されたものの、導入には至らなかった。さらに、1992年に「ストックホルム地域におけるインフラ整備と環境に関する協定」（デニス協定）が3政党（保守党、自由党、社会民主労働党）の間で結ばれ、交通インフラ整備の大部分の費用を道路課金収入で賄うことが提案されたが、政治的な対立や市民の反対によって1997年に同協定は破棄された。

2001年、政府は、ストックホルム地域の交通問題を長期的に解決するために、ストックホルム委員会を設置し、混雑課金の法的枠組みを含む、課金の実施に向けた調査を行った。法的枠組みが問題となったのは、1997年調査において混雑課金は租税とみなされると結論が出されたが、スウェーデン憲法の規定では、課税を行うことができるのは中央政府に限られるためである。最終的に、ストックホルム市の混雑課金は混雑税として実現することになる。

調査期間中の2002年秋に総選挙および地方選挙が行われ、社会民主労働党、左翼党、緑の党の連立政権が中央、ストックホルムの両方で成立した。この際に、キャスティングボートを握った緑の党が主張していたストックホルムにおける混雑課税の社会実験の実施が連立合意に盛り込まれた。2003年にはストックホルム市議会が、市中心部に流入する自動車から混雑税を徴収する社会実験を行うことを決定し、また2004年には国会が混雑税に関する法律を制定した。

実際の社会実験は2006年1月から6月にかけて行われ、課税を行うだけではなく、公共交通サービスの改善も併せて行われた[3]。また、インターネットや紙媒体などのメディアを通じた混雑税の必要性や効果の説明が積極的に行われた。この結果、当初は混雑課税に敵対的であった世論が変化し、同年9月の住民投票ではストックホルム市民の51.3%が混雑課税の本格導入に賛成したことにより[4]、2007年8月から混雑課税が本格導入されることとなった。

(2) 課金徴収システム

ストックホルムの課金徴収システムはANPRを活用している。2006年の社

---

[3] たとえば、バス路線のサービス拡大や、新たなバス車両の導入、鉄道路線の改善、パーク・アンド・ライド施設の拡充などである。
[4] ストックホルム市周辺の14自治体も住民投票を実施し、60.1%の住民が反対したが、この住民投票には法的拘束力はなかった。

会実験の際には、車載器を用いた DSRC 方式も併用していたが、後に、ANPR の信頼性が高いことが確認され、本格実施の際には ANPR 方式に統一された。

　課税対象地域に繋がる道路の 20 か所にコントロール・ポイントが設けられており、コントロール・ポイントを通過する車両は ANPR によりナンバーを読みとられ、スウェーデン交通庁により登録データとの照合が行われる。また、コントロール・ポイント通過時に、支払うべき金額が電光掲示板に表示される。毎月、車両所有者にコントロール・ポイントの通過回数と合計金額が記された請求書が送付され、請求書を受け取った車両所有者は、コントロール・ポイントを通過した翌月の月末までに支払いを行わなければならない。期日内に支払いが行われない場合、500 スウェーデン・クローナの課徴金が加算される。また、5,000 スウェーデン・クローナ以上課徴金を、6 か月以上、滞納した場合、車両の使用が禁じられる。

(3) 課金対象エリアおよび課金対象車両

　課税対象区域は、ストックホルム市中心部である（図 4.3 の破線で示されたゾーンの内側）。

　また、2016 年 1 月 1 日からは、ストックホルム市西部を南北に通過する「Essingeleden」（バイパス）の通行にも課税されるようになったが、同バイパスで課税すべきか否かは社会実験の時から問題となっていた。2003 年初頭のストックホルム市議会の案では Essingeleden も課税対象とされていたが、2003 年前半に検討を行った結果、ストックホルム地域を南北に結ぶ唯一の高速道路に課税すべきではないとの意見が認められ、社会実験および本格導入以後も課税対象外とされていた。しかし、その後 Essingeleden の交通量が増加し、Essingeleden およびその周辺の道路で渋滞が多く発生するようになったため、2016 年 1 月 1 日より Essingeleden も課税対象にされることとなった。

　課税対象車両は、車両総重量 14 トン未満の乗用車（タクシーを含む）、貨物車、バスである。ただし、緊急用車両、車両総重量 14 トン以上のバス等は課金対象外である。

(4) 課金時間帯および課金額

　ストックホルムの混雑税は、平日の午前 6 時から午後 6 時 29 分までにコントロール・ポイントを通過した車両に課される。土・日曜日、祝日、および 7

第 4 章 シンガポール、ロンドン、ストックホルムの混雑緩和を目的とした道路課金　57

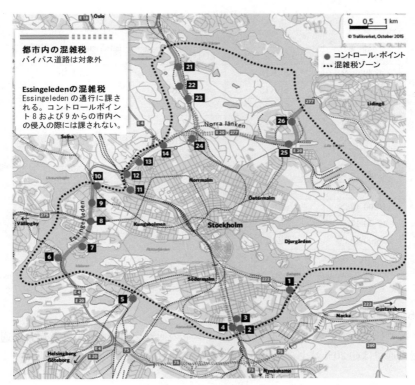

（出所：Swedish Transport Agency 2015 より作成）

図 4.3　ストックホルム混雑税の課税区域およびコントロール・ポイント

月には課税は行われない。

　課税額は、表 4.3 のとおりである。社会実験および本格導入時には、コントロール・ポイントを通過する交通量を 10 ～ 15％削減することを想定した金額を交通モデルによって算出して定められた。また、混雑時間帯には課金額が高く、交通量の少ない時間帯には課金額が低くなっている。2016 年 1 月 1 日以降、交通を他の時間帯に誘導し、公共交通の利用を増加させ、市内の混雑をより減少させるために、課金額が引き上げられた。

　1 日の課税額には上限が設けられており、1 日の間に何度コントロール・ポイントを通過したとしても、105 スウェーデン・クローナ以上は課税されることはない（2015 年 12 月までは 60 スウェーデン・クローナ）。

表 4.3　ストックホルムの混雑税課税額

時間帯	中心部課税額		Essingeleden 課税額
	2015 年 12 月まで	2016 年 1 月から	
6:30-6:59	SEK10	SEK15	SEK15
7:00-7:29	SEK15	SEK25	SEK22
7:30-8:29	SEK20	SEK35	SEK30
8:30-8:59	SEK15	SEK25	SEK22
9:00-9:29	SEK10	SEK15	SEK15
9:30-14:59		SEK11	SEK11
15:00-15:29		SEK15	SEK15
15:30-15:59	SEK15	SEK25	SEK22
16:00-17:29	SEK20	SEK35	SEK30
17:30-17:59	SEK15	SEK25	SEK22
18:00-18:29	SEK10	SEK15	SEK15

注：SEK：スウェーデン・クローナ

（出所：Swedish Transport Agency 2015）

（5）課金の効果

混雑税導入前後のコントロール・ポイントの通過交通量を比較した場合、通過交通量は約 20％減少し、その水準が維持されている（表 4.4）。

表 4.4　混雑課税導入前後のコントロール・ポイントにおける交通量

年	2007	2008	2009	2010	2011	2012	2013
交通量減少 （2005 年比較）	-20.9%	-20.7%	-21.9%	-21.7%	-22.3%	-21.4%	-22.1%

注：2007 ～ 2011 年については外部要因（燃料価格、就労者数、インフレーション等）を除いた試算結果

（出所：Eliasson, Jonas 2014）

混雑税収入は、2011 年に 8 億 200 万スウェーデン・クローナ、2012 年に 8 億 1,200 万スウェーデン・クローナであった。収入は、ストックホルムの地下鉄建設、バイパス建設等に用いられている。

4.4 まとめ

シンガポール、ロンドン、ストックホルムの例を見ると、都市内道路の混雑緩和を目的とした道路課金は混雑緩和に有効であることがわかる。

混雑緩和のための道路課金は早くから提唱されていたが、政治的な反対と技術的な制約からなかなか導入されなかった。しかし、技術の進歩によりこうした状況に変化が現れた。

1998年にシンガポールが初めて電子的道路課金を導入した際は、DSRCを用いていたためガントリーの設置が必要であった。2003年に混雑課金を導入したロンドンではナンバープレート自動認識カメラによりエリア内の移動すべてに課金することができるようになった。2006年に社会実験を行い2007年から本格的に導入しているストックホルムでは当初、DSRCとナンバープレート自動認識カメラの両方を使用していたが、ナンバープレート自動認識カメラの認識制度が十分に高いことが証明されると、本格実施の際にはDSRC方式はとりやめ、カメラ方式のみのシステムに変更している。

さらに、シンガポールでは将来のシンガポール全土への道路課金の拡大を見据えてGPSを活用した課金システムを検討している。こうした技術が実用されるようになると、現在よりも少ない費用で柔軟な課金システムを実現できるようになることが期待される。

【参考文献】
1) Eliasson, Jonas (2014), The Stockholm congestion charges: an overview, CTS Working Paper 2014: 7
2) Government Office for London, *The London Congestion Charging Research Programme, Final Report*
3) Gullberg, Anders & Isaksson, Karolina (eds.) (2009), *Congestion Taxes in City Traffic; Lessons learnt from the Stockholm Trial*
4) Kian-Keong Chin (2005), Road Pricing – Singapore's 30 Years of Experience, CESifo DICE Report 3/2005
5) Land Transport Authority HP (https://www.lta.gov.sg/content/ltaweb/en/roads-and-motoring/managing-traffic-and-congestion/electronic-road-pricing-erp.html)
6) Menon, Gopianath and Loh, Nadiah (2015), Singapore's Road Pricing Journey – Lessons Learnt and Ways Forward
7) ROCOL (2000), *Road Charging Options for London: A Technical Assessment* Swedish Tax Agency (2015), Taxes in Sweden 2015, An English Summary of Tax Statistical Yearbook of

Sweden
8) Swedish Transport Agency (2015), On 1 January 2016, congestion taxes in Stockholm will be raised and congestion tax will be levied on Essingeleden
9) Transport for London (2016a), Annual Report and Statement of Accounts 2015/16
10) Transport for London (2008), Central London Congestion Charging, Impacts monitoring, Sixth Annual Report
11) Transport for London (2011), Congestion Charge Auto Pay account membership reaches 100,000
12) Transport for London (2016), Congestion Charging & Low Emission Zone Key Fact Sheet, 01 January 2016 to 31 March 2016
13) Transport for London (2014), What do you need to know about Congestion Charging?
14) Transport for London (2015), What you need to know about Congestion Charging Fleet Auto Pay
15) 福田大輔「ストックホルムにおける道路混雑課金恒久実施までの計画・施策調整プロセス」

第5章 アメリカの渋滞緩和を目的とした道路課金

アメリカでは混雑マネジメント施策の一部として相乗り促進を進めてきた。また、それを支援する施策としてHOVレーン（High Occupancy Vehicle lanes）を各地に整備してきた。HOVレーンは2人または3人以上が乗車する車両のみが利用できる車線であり、一般車線が混雑している場合でも高速度に走行することができる。ところが、HOVレーンを利用する交通量は少なく、他の一般車線が激しく混雑しているという状況が多く見られるようになり、一部の州ではHOVレーンを廃止するようになった。そこで考案されたのが、料金を支払えば1人乗りの車両もHOVレーンを利用できるという施策であり、それがHOTレーン（High Occupancy Toll lanes）である。当初は定額料金であったものが、その後に混雑が激しくなると料金を機動的に上げる変動料金に進化していった。本章ではHOTレーンとその周辺のさまざまな施策の組み合わせを紹介し、HOTレーンの有効性と課題を説明する。

5.1 HOVレーンからHOTレーンへ

(1) HOVレーン

道路交通の混雑問題を緩和する伝統的な方策は新規道路の整備である。しかし、道路交通容量の増加よりも交通需要の増加の方が速く、道路整備が追いつかない。また、高コストや環境負荷を考慮すると、既存道路の運用による交通サービスの向上に関心が向けられる。そのひとつの方法として、既存あるいは新設道路の一部の車線を多乗員車[1]のみが走行できる車線（HOVレーン）とすることが考案された。このようにすると、多くの人が乗っている車両に円滑で信頼性の高い交通サービスを提供することによって、通行する車両数ではなく通行する人数を考えた場合に効率よく交通サービスが向上すると考えられた。

アメリカでは交通需要マネジメントの主要な施策として相乗り[2]の促進を行ってきた。相乗りを促進するインセンティブ施策のひとつとして高速道路に

---

[1] 多乗員車の乗車人数は個々のHOVレーンによって異なる、多くは2人以上であるが、3人以上としている場合もある。同様に、少乗員車の乗車人数は多くは1人であるが、2人以下の場合もある。
[2] 相乗りとは出発地、目的地、移動時刻が類似する複数の人が集まって1台の車に乗車することにより、自動車交通量の削減を図る施策である。

おいてHOVレーンを多くの高速道路区間で設置している。

　HOVレーンの整備は1970年代に始まり、当初はバスとバンプール車[3]のみが利用できた。その後、3人以上乗車している乗用車に拡大された。さらに、乗車人数の条件が2人以上に緩和される例が多くなってきた。現在では全米に150区間以上のHOVレーンが整備されている。

　ところが、相乗りには自分の行動を他の人に合わせるなどの煩わしさがある。多乗員車の数は期待したほどは伸びず、HOVレーンにはわずかな交通量しかないという状況が続いた。このため、HOVレーンがあるからその他の車線の混雑が激しくなるという苦情も寄せられるようになり、HOVレーンを廃止するという政策転換を迫られた。しかし、廃止は交通需要マネジメントの観点からは、相乗りの促進を放棄することになるので、政策の後退になる。

(2) HOTレーンの導入

　多乗員車利用のインセンティブは残しつつHOVレーンを有効に利用する新たな施策としてHOTレーンが考案された。HOTレーンは構造物またはマーキングで分離された車線であり、交通容量に余裕のあるHOVレーンを、自由速度[4]を維持しつつ少乗員車[5]にも利用させる方策である。多くのHOTレーンは次のように運用されている。

- 2人または3人以上乗車している車両（HOV：多乗員車）は無料で利用できる。
- HOVの要件を満たさない車両（non-HOV：少乗員車）は料金を支払って利用できる。
- ピーク時においても、混雑しない交通流を実現する。

当初は有料であることに対する不満も予想されたが、所要時間が短縮できることから料金を支払って利用する者が増加した。

　2012年現在では、表5.1、図5.1に示す区間でHOTレーンが設置されている。SR-91（州道91号）は建設当初からHOTレーンを設置した例であり、最初のHOTレーンである。I-15（州際高速道路5号）ではHOVレーンをHOTレーンに転用し、利用の少ないHOVレーンを安いコストで有効活用できることが

---

[3] 相乗りの小型バス
[4] 個々の車両が他の車両に影響されることなく走行したときに実現する速度
[5] 1人または2人が乗っている車両

第5章 アメリカの渋滞緩和を目的とした道路課金

表 5.1 供用中の HOT レーンの例

(2012 年現在)

路線名等	位 置	延 長 (マイル)	導入時期 (年)	変動料金
SR-91	カリフォルニア州 オレンジ郡	10	1995	1.30〜9.75 ドル
I-15 ExpressLanes	カリフォルニア州 サンディエゴ	20	1998、1996/98、 2012	0.50〜8.00 ドル
US-290	テキサス州 ヒューストン	14	2012	1.00〜4.50 ドル
I-394	ミネソタ州 ミネアポリス	11	2005	0.25〜8.00 ドル
I-10, I-110 Metro ExpressLanes	カリフォルニア州 ロサンゼルス	14.2 (I-10) 10.8 (I-110)	2013 (I-10) 2012 (I-110)	0.25〜1.40 ドル/マイル
I-85 ExpressLanes	ジョージア州 アトランタ	15.5	2011	0.01〜0.32 ドル/マイル
I-95 ExpressLanes	フロリダ州 マイアミ	9.5 (延長予定)	2008（北向き） 2010（南向き）	0.25〜7.10 ドル/マイル

注：I：Interstate highway（州際高速道路）、SR：State Route（州道）

（出所：参考文献 1）

図 5.1　アメリカの混雑課金道路の位置（Ⓗが HOT レーンを持つ施設の位置である）

(3) ダイナミック・プライシングの導入

交通量が増加するとHOTレーンの自由速度が守れなくなる。そこで、混雑時間帯には料金を徐々に上げていく施策が講じられた。

たとえばSR-91では、過去4度にわたって料金を値上げした。さらに進んで、混雑に応じて料金を変動させるダイナミック・プライシングも導入されている。たとえば、Ⅰ-15では交通量が多くなるとダイナミック・プライシングが発動され、6分ごとに25セントずつ変動し、8ドル付近まで上昇する。

(出所：FHWA、USDOT)

写真5.1　Ⅰ-15の交通状況
中央車線がHOTレーン

Ⅰ-15の交通状況を写真5.1で見ると、一般車線は混雑しているが、HOTレーンは交通がスムーズに流れていることがわかる。

(4) 連邦政府の補助事業

多くのHOTレーンはバリュープライシング試験事業（VPPP[6,7]：Value Pricing Pilot Program）に基づいて整備された。VPPPはSAFETEA-LU[8]の中に位置づけられた連邦政府の補助事業である。HOTレーンはこのVPPPに位置づけられており、15州においてHOTレーン事業を試験的に実施し、その有効性を評価しようとした。その後、SAFETEA-LUにおいて、HOTレーン事業は主要な事業に位置づけられて、すべての州においてHOTレーンを整備することが可能となった。

---

[6] 1991年に連邦政府によって創設された混雑課金試験事業である。この事業によって課金による混雑緩和の効果、たとえば、運転者の行動変化、交通量の変化、公共交通利用への転換、大気質の改善などを検証しようとした。
[7] バリュープライシングとは利用者が意識する価値に合わせた価格設定という意味である。混雑していないHOTレーンは利用する価値があると意識する人が料金を支払って利用する。
[8] 2005年から2009年を計画期間とする中期交通計画。正式名はSafe, Accountable, Flexible, Efficient Transportation Equity Act: A Legacy for Usersである。

5.2 HOTレーンの意義

簡単な試算を用いて、HOVレーンとHOTレーンの効果を見てみる。図5.2において、片側4車線で自由走行速度が100 km/hの高速道路を仮定する。図(a)はすべて一般車線とした場合である。通勤交通が多いピーク時を想定し、やや混雑しており60 km/hで走行しているとする。この図には40台の車両を描いている。アメリカの通勤交通の平均乗車人数は1.13人[9]である。これにあわせて、図中の40台の車両のほとんどは1人乗りであり、2人以上乗車して

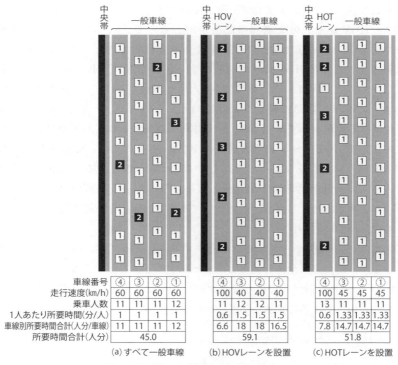

図5.2 一般車線をHOVレーン・HOTレーンに転換した場合の交通サービスの変化イメージ

---

[9] 2009 National Household Travel Survey, USDOT

いる多乗員車は5台である。この場合、平均乗車人数は1.15人となる。

　図(b)のように、中央帯側の1車線をHOVレーンとする。この車線を走行できる車両は5台であり、HOVレーンは混雑がなく走行速度は100 km/hとなる。一方、一般車線の交通量は多く、混雑が激しく、走行速度が40 km/hになる。1 km走行あたりの所要時間は、すべて一般車線の場合は1人あたり平均1分である。HOVレーンを設置すると多乗員車は0.6分に短くなるが、一般車線を走行する車両は1.5分に長くなる。40台の所要時間合計はすべて一般車線の場合は45分であったが、HOVレーンを設置すると59.1分になる。このように、HOVレーンは多乗員車のサービスを高めるが、一般車線のサービスを低下させ、全体としてはサービスが低下する。

　次に、HOVレーンの交通容量に余裕があるので、図(c)のようにHOVレーンをHOTレーンに転換する。一般車線を走行していた一部の1人乗り車両は料金を支払ってHOTレーンを利用する。ところが、HOTレーンは自由速度を保つことを保証しているので、1人乗り車両がHOTレーンに多く移らないように混雑に応じて料金を上げていく。このため、一般車線からHOTレーンに移る車両がわずかであり、一般車線の混雑の緩和もわずかである。図(c)においてHOTレーンの走行速度は100 km/hを維持し、一般車線の交通量が少し減り、走行速度が少し上がって45 km/hと仮定する。全車両に搭乗している人の合計所要時間は51.8分となり、HOVレーン設置の場合よりも所要時間が短縮される。しかし、依然としてすべての車線を一般車線とする場合よりも合計所要時間が長い。

　このように、HOTレーンはそれを利用する人にとっては高いサービスを享受できるが、走行車両全体を見るとサービスが低下するという問題を抱えている。HOTレーンは料金を支払って高サービスを受ける選択肢を道路利用者に提供するというところに意義がある。

5.3　HOTレーンの事例

　以下ではHOTレーンの事例として、I-15 Express Lanesについて解説する。

　I-15 Express lanesは図5.3に示すようにカリフォルニア州サンディエゴの北部に存する州際高速道路15号(I-15)上の約32 kmの区間に設置されたHOTレーンである。料金額が混雑の程度に応じて変動する対距離課金制、パーク・アンド・バスライド駐車場を介した高速バス利用促進などの施策を具

第5章　アメリカの渋滞緩和を目的とした道路課金　　67

備しており、アメリカ国内で最も先進的なHOTレーンのひとつである。

① HOTレーン整備の経緯

I-15 Express lanesは次のような経緯で整備された。当初はHOVレーンが整備され、そのHOTレーンに転換され、ステッカー方式の定額料金制であったものが、後に変動対距離課金制に進化した。

- 1988年にHOVレーンを設置（13 km）。
- 1996年に定額料金制（ステッカー）HOTレーンに移行。
- 1998年に変動料金制に移行。
- 2012年までにシステムを拡張（32 km、対距離課金制へ移行）。

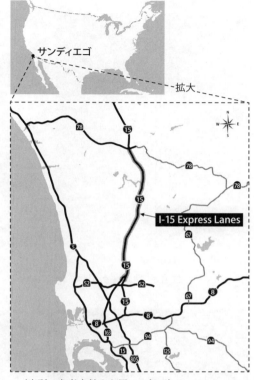

（出所：参考文献2を用いて加工）

図5.3　I-15 Express Lanesの位置

② 横断面構成

I-15 Express Lanesの断面は、一般車線12車線（片方向は6車線）、HOTレーン4車線（両方向）で構成されている。図5.4に示すように、2003年当時には一般車線10車線（片方向は5車線）、HOVレーン2車線（両方向）で構成されていた。その後、前述のような横断構成に再構築された。道路の概観を写真5.2に示す。

③ HOTレーンの運用に用いる施設

I-15 Express LanesではHOTレーンとして運用するために、次の施設を整備している。

- 写真5.3に示すように、一般道路とHOTレーンを直接連絡するランプが設置されている。

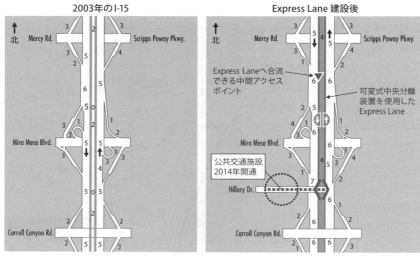

注：図中の数字は車線数

図 5.4　道路構成の推移（左：HOV レーン、右：HOT レーン）

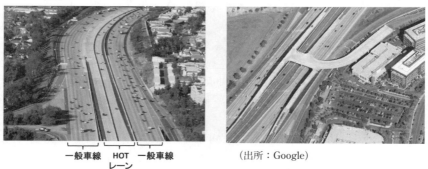

（出所：SANDAG）

写真 5.2　道路の概観

（出所：Google）

写真 5.3　一般道路と HOT レーンの直接連絡路

- 写真 5.4 に示すように、一般道から公共交通ステーションに入る道路があり、乗用車からバスへ乗換えられる。連絡バスはランプを通って HOT レーンに入ることができる。
- 図 5.5 に示すように、一般車線と HOT レーンを同一平面の車線移動によって連絡する中間アクセスポイントが設置されている。

第5章 アメリカの渋滞緩和を目的とした道路課金

- 写真5.5に示すように、HOTレーンの入口手前に可変料金表示版が設置されており、現在の所要時間、料金等が表示される。
- 写真5.6に示すように、DSRC通信に

（出所：SANDAG）

写真5.4　一般道、公共交通ステーション連絡路
駐車場があり、バス、カープール、バンプールへの乗換ができる。

よって課金する設備がガントリーに設置されている。

④　料金の額設定と徴収の仕組み

料金額の設定とその徴収は次のような手順によって行われ、料金額は6分ごとに更新される。

1) 速度の計測
   - 路面埋め込みループ感知器によってHOTレーンと一般車線の走行速度を常時観測している。
   - 直近12分間の平均走行速度を計算する。
2) 料金水準の計算
   - HOTレーンを利用することによる時間短縮便益（短縮時間×時間価値）[8]を計算する。
   - 時間短縮便益を区間延長で除した額（セント/マイル）を計算する。
3) 料金額の調整
   - 0.05〜1.0ドル/マイルの幅に納める。
4) 料金の表示
   - 主要区間の料金と所要時間（×まで×ドル、×分）を電光板に表示する。
5) 料金の徴収
   - HOTレーンの入口付近にガントリーが設置されており、その下を車両が通過した時に料金が自動徴収（DSRC方式）される。
   - FasTrak[9]車載器搭載時に登録されたプリペイド専用口座から料金が

---

[8] 単位時間（たとえば1分間）を短縮するために支払ってもよいと考える金額。
[9] DSRC通信によって料金を自動徴収する車載端末器。

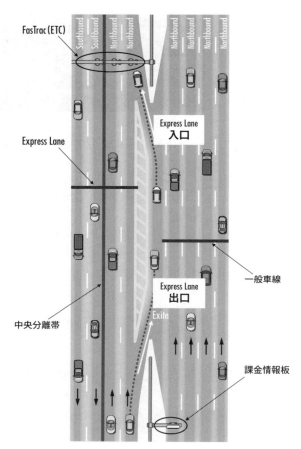

(出所:参考文献2)

図 5.5　HOT レーン中間出入区間概念図

(出所:SANDAG)

写真 5.5　可変料金表示版(6 分ごとに更新)

(出所:SANDAG)

写真 5.6　ガントリー(DSRC 通信によって通過時に料金を徴収)

第 5 章　アメリカの渋滞緩和を目的とした道路課金

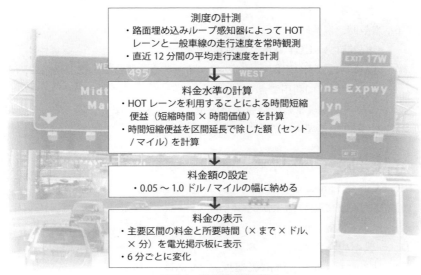

図 5.6　料金額設定手順

■　料金額の設定の流れ

■　HOT レーン利用と料金徴収の流れ

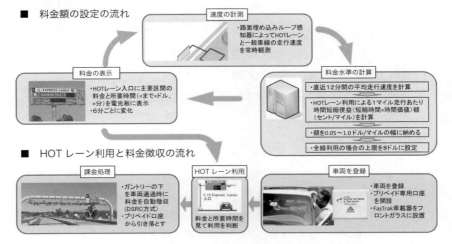

図 5.7　料金額の設定、HOT レーン利用と料金徴収の流れ

引き落される。
6) 事故時、混雑時
・事故時にはHOTレーンを無料開放する。
・混雑時にはHOVレーンに移行する。すなわち、2人以上乗車車両等のみが無料で利用できる。

図5.6に示す手順によって料金額が設定されている。また、図5.7のように速度計測から課金処理までの作業が流れている。

5.4　HOTレーンの効果評価

I-15 Express LanesではHOTレーンの設置によって次の効果が発現した。

① 一般車線が混雑している場合も、Express Laneは自由流速度を維持しており、時間の短縮、所要時間信頼性が高い高水準のサービスを選択できる。

② 変動料金へ移行後には図5.8に示すように、Express Laneの交通量が増加し、一般車線の交通量が減少した。一般車線においても混雑が緩和された。

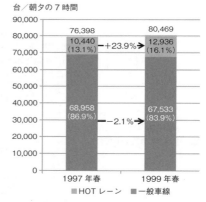

注：朝3時間、夕4時間、計7時間

図5.8　変動料金制への移行（1998年）前後の平均ピーク時(注)交通量の変化

5.5　ま と め

HOTレーンはアメリカ固有の施策であり、次の概念の下で実施されている。
① 交通需要マネジメントの施策のひとつである相乗りの利用を促進することを目的としたHOVレーン
② 混雑マネジメントの概念に基づいて混雑する交通状況のなかで高サービスを享受する選択肢の提供
③ 交通容量に余裕があるHOVレーンを1人乗り車両も利用できるようにすることで交通容量を有効利用
④ バリュープライシングに基づく価格設定

道路区間の交通運用を、①全車線が一般車線、②一部の車線をHOVレーンとする、③一部の車線をHOTレーンとすることを考え、総所要時間を評価指標としてサービス水準を評価すると、①の全車線を一般車線とするのが最も総所要時間が短くなる。混雑マネジメントは渋滞緩和策とは同義ではなく、HOTレーンのなかには道路の交通混雑を全体として緩和しようとする概念は含まれない。HOTレーンは道路利用者に対して「料金を支払うことによって高サービスを享受する選択肢」を提供している。さらに、HOTレーンの高サービスを維持するために変動料金制に発展している。

【参考文献】
1) GAO (2012) "TRAFFIC CONGESTION Road Pricing Can Help Reduce Congestion, but Equity Concerns May Grow"
2) SANDAG (2002) "I-15 Managed Lanes Value Pricing Planning Study"
3) SANDAG (San Diego's Regional Planning Agency) 資料
4) 今西芳一、根本敏則「米国における最近の高速道路料金施策－HOVレーンからHOTレーンへの移行」『建設オピニオン』2005年9月号
5) US Department of Transportation, Federal Highway Administration (FHWA) の各種資料

第6章　アメリカの財源確保を目的とした道路課金

道路の整備・維持管理に必要な財源は、主として燃料税により対応してきたが、将来的に道路の老朽化等に起因する維持管理費が増加する一方、ハイブリッド車等の燃費効率が高い自動車の普及に伴う税収の減少が想定されている。また、電気自動車の急速な普及に伴い道路利用者による負担の公平性も懸念されている。これに対応するために欧米諸国では、走行距離に応じた道路課金の検討が進められている。本章では、アメリカの各州で試行されている走行距離に応じた道路課金施策とシステムについて紹介する。

6.1　はじめに

アメリカの連邦道路信託基金は燃料税を主たる財源とし、州際高速道路を維持管理する各州へ配分されている。また、各州も独自に連邦と同程度の税率の燃料税を課している。ところが近年、自動車の燃費が向上したことから連邦、州とも財源不足に陥っている。財源を確保する手段が求められているわけだが、各州で着目されているのが走行距離課金である。

この大きな方向性を示す契機になったのが、全米陸上交通インフラ資金調達委員会の提言である。同委員会は、SAFETEA-LU（2005-2009 の陸上交通予算法）の条項に基づいて設置され、将来の道路や公共交通のニーズ、陸上交通の必要な財源規模および資金調達のための代替的な手法について検討し、"Paying Our Way – A New Framework for Transportation Finance" と題して提言をまとめている。同提言では、さまざまな状態を想定し

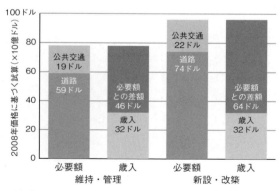

(出所：Paying Our Way 2009)

図6.1　連邦政府における将来の歳入・歳出バランスの算定（2008年を基準）

て燃料税と道路インフラへの長期的な必要経費（新設・改築費、維持・管理費等）のバランスを試算した結果を提示している。図6.1には、2008～2035年の間の連邦レベルの維持・管理費と新設・改築費の年平均必要経費と歳入およびその差額の推定値を示す。連邦レベルの道路関連に必要な経費の年間必要額が約1,330億ドルに対して、歳入はその4分の1程度の約320億ドル程度と予測している。

また長期的には、現在の燃料税に依存する制度は、電気自動車や燃料効率の高い自動車の普及などにより持続可能性が低いことから、2020年までに、本格的に走行距離課金に移行する準備を開始すべきであるとしている。同委員会によれば、現在の道路サービス水準を維持するためには、連邦補助道路に課金する場合で、小型車におおむね2.3セント/走行マイル（燃料税：48.4セント/ガロンの同等）の課金が必要と試算している。

同委員会の検討と並行して、走行距離課金に関するパイロットプログラムが、表6.1に示すようにワシントン州、オレゴン州、ミネソタ州の3地域で実施されている。また、アイオワ大学が主体となって、仮想的な課金シミュレーション手法を組み合わせた実証的実験も全米12州を対象として実施されている。

表6.1　アメリカのおもな走行距離課金パイロットプログラム

	ワシントン州	オレゴン州	ミネソタ州
実施時期	2005-2005	I期：2005-2007 II期：2012-2013	2011-2012
課金車両数	400台	I期：285台 II期：88台	約500台
走行距離課金水準	0～50(セント/走行マイル) 時間帯、曜日、道路種別差別化	0～1.2(セント/走行マイル) 一部、渋滞区間、時間の差別化	2.1(セント/走行マイル) スマートフォン使用者は割引
走行距離の計測	GPS付車載器	GPS付車載器	GPS付スマートフォン　OBD-IIで走行距離を補完
通信方式	携帯電話で車載器から送信	ガソリンスタンドのアンテナへ車載器から送信	携帯電話で車載器から送信
プライバシー保護対策	車載器には走行時間が記録されない	車載器には走行距離のみ記録	課金に必要なデータだけを送信

本章では、ワシントン州のパイロットプログラムおよび、タスクフォースを立ち上げ具体的な走行距離課金の制度設計を検討しているオレゴン州やミネソタ州のパイロットプログラムの概要と制度化に向けた検討について解説する。

6.2 ワシントン州シアトル都心部の走行距離課金の検討

(1) パイロットプログラムの概要および課金対象

ワシントン州広域行政圏 PSRC（ピュージェット・サウンド地域評議会）では、2005年4月〜2006年3月の期間で交通需要の調整、課金技術の利用可能性の検討、車両行動のデータ収集および分析を目的としたパイロットプログラムを実施した。パイロットプログラムの対象道路は、中央ピュージェット・サウンド地域の幹線道路・非幹線道路であり、6時〜22時までの時間帯を対象とした。このパイロットプログラムには、台数400台の乗用車ユーザーが参加した。課金水準は、社会的限界費用（混雑費用）に基づいて0〜50セント/走行マイルを設定した。また、走行課金水準は、時間帯、曜日（平日・休日）により可変させて設定している（図6.2参照）。週末は平日の約半分の水準、夜間および早朝は無料である。本パイロットプログラム全体で310万ドルが支出され、このうちの80％の資金が連邦道路庁からの補助により賄われた。

(2) 課金方式

パイロットプログラムにおける課金・徴収方法は、参加者の車に図6.2に示す車載器を無料で取り付け（主要パートナーであるシーメンス社より無料提供の車載器を取り付け）、GPSによる車両位置情報等により車載器が走行距離や走行時間を計測、課金額を計算し、その情報をGSM（携帯電話に使用されている通信方式）により中央コンピュータへ送信する方式を採用した。

このパイロットプログラムでは、対象道路上の走行距離に応じて課金するシス

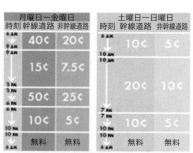

（出所：ピュージェット・サウンド地域評議会提供資料）

図6.2 シアトル都心部における走行距離料金と車載器

第6章 アメリカの財源確保を目的とした道路課金　77

テムであり、車載器がGPSに基づいた走行距離を記録、課金額を計算し、それらの情報が中央コンピュータへと送信される。なお、パイロットプログラム期間中は、システムの精度を検証するため、走行時間も記録され、中央コンピュータへと送信された。

(3) 課金精度の検証

GPSが検知した位置情報と、車載器にストックされている道路ネットワークのノード位置情報をマッチングし、走行位置を特定する。課金道路上の走行距離は、マッチングにより得られた座標から計算する。パイロット期間中の車載器には課金対象地域内の8,000のリンク情報が記録されている。また、走行中のドライバーには車載器画面および音声通知により、リアルタイムで場所・時間ごとの課金額が通知された。GPSが検知した位置情報と車載器にストックされている道路ネットワークのノード位置情報をマッチングし、走行位置の測定を補正するため、GPS単体での位置、距離の把握よりも精度が高い。これらの結果、GPSに基づく課金システムに関する技術が信頼できることが確認された。また、パイロットプログラムの参加者の行動を分析した結果、走行距離課金により、参加者の1週間あたりの自動車トリップが7％減少、走行距離が12％減少、運転時間が8％減少したという結果が得られた。

ピュージェット・サウンド地域評議会によると、課金による収入は、交通インフラ整備に支出することに加えて、車載器には走行時間は記録されないようにするなどのシステムの構築方法の工夫により、プライバシーの保護も可能であると結論づけている。

6.3　オレゴン州の走行距離課金の検討

(1) 第Ⅰ期パイロットプログラムの概要

オレゴン州は、図6.3に示すように2003年の燃料税の状況で推移した場合と比較して、ガソリン車の著しい燃費向上と電気自動車やプラグイン・ハイブリッド車の普及による燃料税収の長期的な減少が推測されることから、道路の長期的な財源確保を検討するため、2001年に州立法議会は法案を採択し「道路利用者料金タスクフォース」を設立した。タスクフォースの役割は、受益者負担に基づき、自動車の燃料効率向上が将来的な道路サービス水準の維持に与える悪影響を最小限にとどめるための税制度を計画することである。タスク

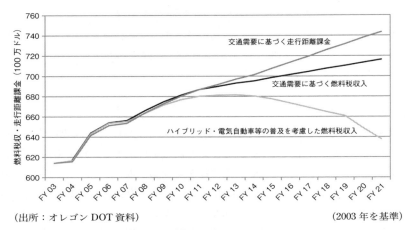

(出所:オレゴンDOT資料)　　　　　　　　　　　　　　　(2003年を基準)

図6.3　オレゴン州の交通需要、燃料税および走行距離課金の将来予測

フォースは、2003年3月に現行燃料税の代替案として最も公平で信頼できる課金方式として、走行距離に対する課金の導入を提言した。その後、2005年から2007年までの間、ポートランド都市圏を対象に約300名、285台の参加のもとパイロットプログラム(第Ⅰ期)が実施された。

課金水準は、当時のオレゴン州の燃料税率(24セント/ガロン)を乗用車の平均燃料効率(20マイル/ガロン)で除し、州燃料税の水準と同程度の税収になるように設定し、0〜1.2セント/走行マイルを基本とした。また、一部グループに対し、渋滞エリアや時間(平日7:00〜9:00、16:00〜18:00)で差別化を図ったパイロットプログラムも行った。

(2) 課金方式

タスクフォースは、実験に参加する車両にGPSによる位置検知機能がある車載器を配布した。車載器等は参加者に対し、無料で取り付けた(実際には州政府が209ドルの車載器と55ドルの取り付け費用を負担)。車載器には、地図データが搭載されており、課金対象エリアであるポートランド都市圏の位置情報および混雑地域の位置情報が記録される。図6.4に車載器の表示事例を示すが、GPSの位置情報と走行距離計に接続されたセンサーの走行距離情報により州内・州外の走行距離が記録される。また混雑課金に対する実験も併せて行うため、混雑時間帯の走行距離も集計される。通過時刻の記録も技術上可能で

あるが、プライバシーを考慮し、車載器には走行時間は記録されない仕組みとなっている。

走行距離に応じた課金は、図6.5に示すとおりガソリンスタンド（以下GS）に設置された機器と車載器が狭域通信（DSRC 2.45GHz）により走行距離データが転送され、GSの機器により課金額に換算、請求される（GSでは、燃料税額も請求書に印字）とともに州当局の中央センターに転送される手順で行われる。なお、走行距離課金と燃料税の二重支払いを避けるため、GSでの徴収が採用された。

また、最終レポートによると、GPSによる距離把握の精度は、誤差1％以内であった。

（出所：オレゴンDOT資料より作成）

図6.4　オレゴン州における車載器の表示例（州内・州外、時間帯別料金）

（出所：オレゴンDOT資料より作成）

図6.5　オレゴン社会実験のガソリンスタンド（GS）課金システム

(3) 第Ⅰ期パイロットプログラムの総括と法制度に向けた検討

　最終レポートによると、技術的に燃料税から走行距離課金への移行は可能で、時間帯・地域によって課金水準を差別化することにより、ピーク時間帯の交通量が 22％ 削減された。また、走行距離課金方式への移行の賛否に関しては、参加者の 91％ が賛意と非常に高い結果となった。

　同州では、第Ⅰ期パイロットプログラム以降走行距離課金の法制度を継続的に検討し、2011 年には、2014 年製以降の電気自動車とプラグイン・ハイブリッド車に対して 0.6 セント / 走行マイルの走行距離課金を適用することなどを盛り込んだ法律の原案を検討した。なお、このスキームによるとオレゴン州全体で走行距離課金に移行する際には、新車のみに車載器の取り付けを義務づけし、全員が車載器を搭載する仕組みへと移行する内容であった。

(4) 実践に向けた第Ⅱ期パイロットプログラム

　オレゴン州は、上記の第Ⅰ期のパイロットプログラム後、タスクフォースにおいてプライバシーへの配慮方策、隣接する州との連携等とする継続的な検討を進めてきた成果を評価して、2011 年オレゴン州議会は、走行距離課金を立法化するための新しいパイロットプログラムを指示した。走行距離を追跡する方策では、プライバシーが最大の懸案であったが、オレゴン州 DOT は第Ⅱ期パイロットプログラムでこれを克服すべく、ドライバーが選択できるプロジェクトを展開することとした。基本システムとして、GPS による位置情報に依存しない方法とし、以下の 4 つの方式を検証することとしている。

① 基本システム：GPS 位置情報のない、全走行距離を単純に追跡する機器
② 上記①＋スマートフォンとの組み合わせ
③ GPS を含む距離・位置検知ユニット
④ 運転者が単に毎年オドメータをチェックし、走行距離あたりの料金を支払う。

　タスクフォースによると、ドライバーは、政府が GPS を車に搭載し追跡することに抵抗感が強い。しかし、ドライバー自身がオプションから選択する場合、その抵抗は克服される可能性が高いこと、スマートフォン、GPS などの機器を使う方法を採用する場合、民間企業がデータを収集、決済する方をドライバーは好むことを確認している。

(5) 走行距離課金の法制化と実用化

オレゴン州議会は 2013 年、全米のなかで初めて走行距離課金の本格導入に関する州上院法案 810 を承認した。この州法では、ボランタリーなドライバーを応募することを基本として走行距離課金プログラムを確立するものである。オレゴン州の立法のおもな事項は以下のとおりである。

① 課金水準は、歳入中立の原則から 1.5 セント / 走行マイルとすること
② 課金可能な走行距離のために使用した燃料に対して払った燃料税の払い戻し、あるいは差し引き精算をすること
③ 走行距離の報告には各種の選択肢があること
④ GPS（位置情報）は要求仕様にしないこと
⑤ 民間セクターの参画が可能なオプションがあること
⑥ 個人が特定される情報が保護されること

その後、2015 年 7 月より "OReGO" と称し、実用化予定台数を 5,000 台と限定して本格的に走行距離課金を開始した。

(6) オレゴン州周辺の州の動向

カルフォルニア州では、オレゴン州と同様の問題認識から 2014 年 9 月に州知事が道路利用課金法案（SB1077）を承認し、2017 年 1 月のパイロットプログラムを目指して準備に着手した。

また、2013 年にオレゴン州、ワシントン州、カルフォルニア州を中心に WRUCC（Western Road Usage Charge Consortium: 西部道路利用課金協議会）が発足し、オレゴン州が先行実施する走行課金の運用面、技術面の課題の情報共有と、将来相互運用を行う場合の精算方法について検討することにしている。WRUCC には、ハワイ州も含めて 12 州が加盟している。

6.4　ミネソタ州の走行距離課金の検討

(1) 走行距離課金への問題認識とパイロットプログラム

ミネソタ州は、オレゴン州と同様に将来に向けた道路財源の確保のためにタスクフォースを設置して、走行距離課金の検討を進めている。2011 年 11 月にまとめたレポートによれば、ガソリン車と電気自動車では負担に対する不公平が生じるとともに（表 6.2 参照）、税収の低下とそれに伴う道路の維持管理・改築への財源不足が明らかである。そこで、タスクフォースは、パイロットプ

表6.2 各車種間の年間税額（州・連邦）の試算比較

車　種	トラック		乗用車		ハイブリット車		電気自動車	
燃費（マイル/ガロン）	20		30		40		—	
税　種	州	連邦	州	連邦	州	連邦	州	連邦
2.0万マイル/年	$280	$184	$187	$123	$140	$92	$0	$0
1.5万マイル/年	$210	$140	$140	$92	$105	$69	$0	$0
1.0万マイル/年	$140	$92	$93	$61	$70	$46	$0	$0

注：州の燃料税：$0.28/ガロン、連邦の燃料税：$0.184/ガロン
（出所：ミネソタ走行距離課金委員会報告書）

ログラムの実施とともに、先行事例を参考に、走行距離課金の課題を整理し、当面の方向性についての提言をまとめた。

(2) 走行距離課金のシステム概要

同州のパイロットプログラムは、ミネソタ都市圏を対象とし、約500台の参加車両で実施された。特徴として、スマートフォンのGPS機能と通信機能が活用されている。走行距離課金の流れは、以下の①〜④に示すとおりである。

① スマートフォンで取得したGPS情報をもとに走行距離の計測、課金額の算出を行うとともに、OBD-Ⅱ（第二世代車載自己診断）において測定した速度と時間で走行距離を補完
② GPSで取得されたGISデータと照合し、走行した地域を確定
③ 課金に必要なデータだけをスマートフォンから通信センターに毎月自動的に送信
④ データをもとに課金額を請求

なお、本パイロットプログラムでは、スマートフォンは参加者に無料で配布され、課金レートは、ツインシティー（ミネアポリスとセント・ポール）内の混雑ピーク時間帯で3セント/走行マイル、その他の時間帯およびツインシティー以外地域では1セント/走行マイルに設定された。

スマートフォンを採用した理由として、スマートフォン自体に位置検知および通信機能が装備されていることに加えて、将来的な導入を見通して低コストで汎用的であることがあげられる。

(3) 走行距離課金の課題整理と方向性

ミネソタ州では、走行距離課金の政策展開、技術開発の方向性等を整理し、以下のように提言をまとめた。

① 燃料源が、電気・ガソリン・ガソリン - 電気ハイブリッドが混在するなか、すべてのユーザーが、燃料の種類に関係なく道路の維持・整備の財源を公正に負担。

② 燃料税の歳入と道路の維持管理、整備のための費用との間のギャップに対処するために走行距離課金を導入するかどうかについては、慎重な議論が必要。

③ 連邦全体での走行距離課金制度の構築が必要であり、当面は、隣接する州が連携して実証試験を実施。

④ 走行距離課金は、専ら道路交通システムの財源として活用。

⑤ 初期の実装システムは、単純なものから開始し、機能と付加サービスを順次拡張。

⑥ プライバシー保護への配慮と対策。

ミネソタでの走行距離課金の社会実験の結果と総括については、文献 4 が詳しい。

なお、スマートフォンの走行距離課金システムへの適用に関しては、スマートフォンの機種により位置精度の差異、直射日光による高温状況下での誤動作、虚偽申請・報告の不正等が懸念されていることから、スマートフォンによるシステムの実装についてはさらなる技術的な検討が必要である。

（出所：ミネソタ DOT 資料に加筆）

写真 6.1　ミネソタ州でのスマートフォン利用の状況と課金アプリケーション

6.5 まとめ

アメリカでは、道路インフラの整備、維持管理に必要な経費は今後とも増加していく。一方、燃費効率が高い自動車と電気自動車の急速な普及が進むことから、将来的な財源確保、負担の公平性の観点から走行距離課金の関心が高まっている。しかしながら、HOTレーンなどの混雑緩和を目的とした施策のような全米での広がりには至っておらず、本章で紹介したように、オレゴン州を中心とした西海岸地域およびミネソタ州が主体となって牽引している。また、現在のところ、各州内の走行距離に応じて確実に課金できるかなど技術的な検討をするためのパイロットプログラムによる実施が中心となっている。

また、アメリカでは欧州とは異なり、乗用車走行を想定した走行距離課金が検討されているため、プライバシー保護への配慮が欠かせない。そのため、GPSを利用しないシステム、GPSデータの処理・管理を厳格化するシステムなどが検討されている。また、プライバシー保護のほか、不正防止対策や信頼のあるシステムの構築等、本格的に走行距離課金を導入するための課題も多い。さらに、欧州の大型車のみを対象とする走行距離課金と異なり、対象とする利用者が非常に多いことから、利用者の受容性についても継続的に検討することが必要である。特に自動車依存度が高い地方部での導入にあたっては、既存の燃料税より負担が少ない走行距離課金水準の設定も重要となる。

さて、本章で紹介したようにオレゴン州は、先駆的かつ継続的にパイロットプログラムによる走行距離課金施策の導入の検討を続け、その成果を生かして2015年7月から"OReGO"と称して実装事業を開始した。オレゴン州の"OReGO"の展開次第では隣接する州との連携に広がる可能性が高いと考えられる。さらに、2016年7月からカリフォルニア州で新たにパイロットプログラムが始まるなど、検討を始める州はさらに増えている。

各州の抱える課題は共通しており、各州のパイロットプログラムの経験が積み重なれば、ひとつのシステムに収れんしていくとともに利用者への理解が広がることが期待される。

【参考文献】
1) Federal Highway Administration (2005) : Safe, Accountable, Flexible, Efficient Transportation Equity Act : A Legacy for Users: A Summary of Highway Provisions

2) Federal Highway Administration (2008) :Performance and Accountability Report FY2007
3) Minnesota DOT (2011) : Report of Minnesota's Mileage-Based User Fee Policy Task Force
4) Minnesota DOT (2013) : Connected Vehicle for Safety, Mobility and User Fees - Evaluation of the Minnesota Road Fee Test
5) National Surface Transportation Infrastructure Financing Commission (2009) : Paying Our Way - A New Framework for Transportation Finance
6) Oregon DOT (2007) : Oregon's Mileage Fee Concept and Road User Fee Pilot Program Final Report
7) Oregon DOT (2013) : Road User Charge Pilot Program 2013 &Per Mile Charge Policy in Oregon
8) U. S. Government Accountability Office (GAO) (2012) : Traffic Congestion Road Pricing Can Help Reduce Congestion, but Equity Concerns May Grow
9) U. S. Government Accountability Office (GAO) (2013) : Mileage Fee Could Be More Equitable and Efficient Than Gas Tax
10) U. S. Government Accountability Office (GAO) (2013) : Highway Trust Fund Pilot Program Could Help Determine the Viability of Mileage Fees for Certain Vehicles
11) Walker, J. (2011) : The Acceptability of Road Pricing, RAC Foundation
12) 西川了一（2009）、米国陸上交通インフラ資金調達委員会報告書「私たちの道には自分で支払おう」－交通資金調達のための新たな枠組みー、運輸政策研究、Vol.12、No.3、pp. 37–43。
13) 根本敏則、味水佑毅『対距離課金による道路整備』第1章、第6章、日本交通政策研究会研究双書、勁草書房
14) 牧野浩志、山本巧、山内照夫（2005）「米国陸上交通長期法 SAFETEA-LU と米国 ITS の動向」『道路』778 号、pp.71-75。
15) 藤井聡（2006）「ロードプライシングの公共受容におけるフレーミング効果」－公衆の「倫理性」を前提とした広報活動に関する基礎的研究－、土木学会論文集 D、Vol.62、No.2、pp 239-249。
16) 關哲雄、庭田文近『ロード・プライシングー理論と政策』日本交通政策研究会研究双書、勁草書房

第7章　欧州の大型車課金

　欧州では近年、道路の老朽化に伴い増大する維持更新費用の財源確保や環境改善あるいは競争の歪みの排除を目的として、従来は無料で通行できた高速道路や幹線道路を利用する大型貨物車に対して課金を行う国が増えている。ここでは欧州における大型車課金の歴史と制度、代表事例としてのドイツの大型車課金制度について概説する。

7.1　欧州の大型車課金の歴史

　欧州の高速道路は、フランス、イタリア、スペインなどでは日本と同様に料金収入により整備費用を償還する有料道路方式で整備してきた。ドイツ、イギリス、北欧諸国などその他の多くの国では税金を財源に道路を整備してきた。税金を財源に整備した高速道路は一般道路と同様に無料で通行することができたのである。しかし、近年、従来は無料で通行できた高速道路や幹線道路を利用する大型貨物車に対して課金を行う国が増えている。各国が大型車課金を導入する目的は、道路の老朽化に伴い増大する維持更新費用の財源確保や、課金による交通の抑制と課金収入による鉄道整備等を通じた環境改善などがあげられる。

　また、欧州共通の枠組みとして、欧州連合（EU）の市場統合政策の一環としての競争の歪みの排除もあげられる。1990年代以降、冷戦終結に伴う東西交流の活発化や、EUの創設を定めたマーストリヒト条約の発効（1993年）、EU域内の通行の自由を保障するシェンゲン協定の発効（1995年）などにより、EU域内の貨物交通量は増加し続けた（図7.1）。こうした状況のなかで、運輸事業者が負担すべき自動車関係税や高速道路通行料金が国により相違することが、欧州統一市場の競争を歪めるものとして問題となってきた。このため、欧州理事会は、各国の燃料税や自動車税に関する枠組みを定め、各国の運輸事業者の租税負担をある程度平準化すると同時に、加盟国が大型貨物車について共通の枠組みに従った課金を行えるようにすることで、競争の歪みを排除しようとしたのである。

　欧州における大型車課金はEU指令に定められた枠組みに従い、各国政府が制定する国内法のもとに実施されている。以下では、大型車課金に関するEU

第7章 欧州の大型車課金

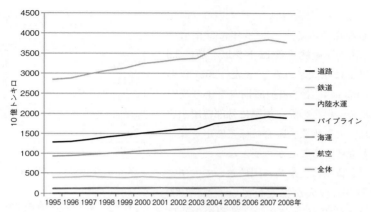

（出所：European Commission 2015b より作成）

図 7.1　EU 域内のモード別貨物交通の推移（単位：トンキロ）

指令の変遷を概説する。

　大型車課金に関する最初の EU 指令は、1993 年指令第 89 号（Council Directive 93/89/EEC[1]、「ユーロビニエット指令」とも呼ばれる）である。同指令は、加盟国間の競争の歪みを排除することを目的として、加盟国がその高速道路または高速道路と同等の規格の道路において、利用時間に基づく課金（user charge）または利用距離に基づく課金（toll[2]）を実施できることを定めた。課金額に関しては、利用時間に基づく課金については年あたりの上限額が定められた。2 地点間の距離に基づく課金については、当該道路インフラの建設・運営費用に基づくものとされた。

　この後、同指令は、当初の目的である市場競争の歪みの排除のほか、「利用者負担原則」、「汚染者負担原則」を実現するため、改定を重ね内容が精緻化されてきている。これらの改定を踏まえて、1999 年には新たな指令 1999 年指令第 62 号（Directive 1999/62/EC[3]）が制定された。1999 年指令はその後、数度

---

[1] Council Directive 93/89/EEC of 25 October 1993 on the application by Member States of taxes on certain vehicles used for the carriage of goods by road and tolls and charges for the use of certain infrastructures
[2] 1993 年指令では、toll は「車両がインフラストラクチャ上の 2 地点間の距離を移動したことに対する特定の金額」と定義されている。
[3] Directive 1999/62/EC of the European Parliament and of the Council of 17 June 1999 on the charging of heavy goods vehicles for the use of certain infrastructures

の改定を経て、現在にいたっている。改定のおもな点をみると、2006年には指令の対象車両が車両総重量12トン以上から3.5トン以上に拡大された[4]。また、2011年の改定では、「汚染者負担原則」をより反映するため、料金の算定根拠に外部費用が追加され、大気汚染、騒音に係る費用を課金額に上乗せすることが可能となった[5]。

表7.1 大気汚染の外部費用の最大値
（ユーロセント／台キロ）

	郊外道路	都市間道路
EURO 0	16	13
EURO I	11	8
EURO II	9	8
EURO III	7	6
EURO IV	4	4
EURO V	3	2

（出所：Directive 1999/62/EC）

上記を背景に、欧州各国において大型貨物車課金の導入が拡大していった。1993年指令以前の1985年には、欧州の中心に位置し通過交通の多い（EU加盟国ではない）スイスにおいて、すでに1年分の通行料を事前に支払うことを義務づけた課金制度が導入されていたが、1993年指令に基づき、EU加盟国のドイツ、ベルギー、オランダ、ルクセンブルク、デンマークの5か国で課金制度が導入された。この際に導入された課金は、いずれも利用時間に基づく課金であり、ユーロビニエット制度と呼ばれる。

表7.2 騒音の外部費用の最大値
（ユーロセント／台キロ）

	昼　間	夜　間
郊外道路	1.1	2
都市間道路	0.13	0.23

（出所：Directive 1999/62/E）

対距離課金の導入はこれより遅れて、2001年にスイスで導入された。続いて、2004年にオーストリアで、2005年にはドイツで対距離課金制度が導入された。現在ではこのほかに、チェコ、スロバキア、ハンガリー、ポーランドにおいてもEU指令の枠組みに従った対距離課金制度が導入されている。

7.2　大型車課金を導入している国とその制度の概要

現在、欧州で導入されている大型車課金制度にはEU指令で規定されているように、ビニエット方式（利用時間に基づく課金）と対距離課金形式がある

---

[4] Directive 2006/38/EC of the European Parliament and of the Council of 17 May 2006 amending Directive 1999/62/EC on the charging of heavy goods vehicles for the use of certain infrastructures
[5] Directive 2011/76/EU of the European Parliament and of the Council of 27 September 2011 amending Directive 1999/62/EC on the charging of heavy goods vehicles for the use of certain infrastructures

第 7 章　欧州の大型車課金

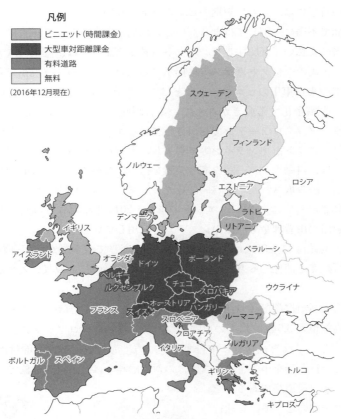

（出所：European Commission 2015a より作成）

図 7.2　EU の大型車課金導入地域

（図 7.2）。

　1999 年指令で加盟国は、年、月、週、日単位のビニエットを準備しなければならないとされている。通常 1 年間有効なビニエットは当該国で登録され、当該国で運用される車両について購入されることが多く、それより短期のものについては、外国から来て当該国の道路網を利用する車両について購入されることが多い。また、ビニエットの価格については 1999 年指令において、年間のビニエット料金を基準として、1 か月あたりの料金は 10%、1 週間あたりの料金は 5%、1 日あたりの料金は 2% を超えてはならないことが定められてい

る。この背景には、おもに短期のビニエットを利用すると考えられる外国車両を料金面で不当に差別してはならないとの原則が存在する。

利用者の支払いを証明するビニエット（納税済証紙）は、従来、ステッカーなどで、車両のフロントガラス等に掲示する場合が多かった（現在でも、オーストリアの乗用車用のビニエットなどはこの方式である）。しかし、近年、ビニエットを電子化する動きが進んでいる。現在、デンマーク、ルクセンブルク、オランダ、スウェーデンで利用されているユーロビニエットの場合、対象車両はビニエットをオンライン等で購入し、ナンバーを登録する。課金対象道路網上では、自動ナンバー読み取り装置を搭載した車両等による取締りが行われている。読み取られたナンバーが登録データベースに照合され、支払いの有無が確認される[6]。ユーロビニエットのほか、2014年に導入されたイギリスの大型車道路利用者課金も同様のシステムを採用している[7]。

一方、対距離課金形式は、走行した距離に応じて課金額が決定される方式で、走行距離を捕捉する方法の違いによりいくつかの料金徴収システムが見られる。

2001年に全国の道路に対距離課金を導入したスイスでは、スイスで登録された車両総重量3.5トン以上の車両については車載のタコグラフにより走行距離を測定し、それを税務署に申告する。一方、海外登録車は国境付近の税関ゲートで走行距離を申告する。スイスの対距離課金は全道路が対象で、高速道路であるか一般道路であるかを問わずに国内のどの道路を通行しても課金される。車載器に登録された車両情報（車両総重量等）と実際の車両の状況が一致しているかは、税関の取締り用車両や、道路に設置されたガントリーと車載器間のDSRC通信によりチェックされる[8]。タコグラフによる課金は、スイス

（出所：ASFiNAG 資料）

写真 7.1　オーストリアの高速道路上に設置されたガントリー

---

[6] AGES 社ウェブサイト（http://www.ages.de/de/eurovignette.html）
[7] HGV Road User Levy Act 2013, C. 7
[8] Schweizerische Eidgenossenschaft (2013)

第 7 章　欧州の大型車課金

のほかにニュージーランドで採用されているが、欧州ではスイスのみがこの方式を採っている。

　2004 年に高速道路に対距離課金を導入したオーストリアのシステムは、課金対象道路にガントリーを設け、課金対象車両に車載器を搭載し、車両がガントリーを通過する際にゲートと車載器間で DSRC を用いて通信し、課金を行うものである。車載器は小型のもので、フロントガラスなどに装着する[9]。同様のシステム（写真 7.1）は、チェコ[10]やポーランド[11]でも用いられている。

　2005 年にドイツで導入されたシステムは、車載器に GPS、DSRC、GSM（携帯用通信）が備えられている。リアルタイムで車両の位置情報を把握し、その情報と車載器にあらかじめ入力された地図データとのマッチングを行い走行経路を特定する。そのデータを GSM でセンターに情報を発信して課金する先進的な仕組みであった。後に、同様のシステムは、スロバキア[12]やハンガリー[13]でも採用されている。

7.3　ドイツの大型車課金制度

　2016 年現在、ドイツではアウトバーンのほぼ全区間に加え、片側 2 車線以上の連邦道路[14]を走行する車両総重量 7.5 トン以上の大型貨物車に対距離課金が行われている。以下に、欧州における大型車課金の代表事例として、ドイツの大型車課金制度の仕組みを概説する。

　ドイツでは 1980 年代末からアウトバーンおよび連邦道路での大型貨物車に対する課金が検討され、1990 年 4 月には「大型貨物車による連邦長距離道路の利用料金に関する法律」[15]が制定された。同法は同時に自動車税法を改定し、ドイツで登録された車両については自動車税減税を行うことも定めていた。しかし、同年 7 月、欧州司法裁判所により、この規定が国籍によらず EU 市民を

---

[9] ASFiNAG ウェブサイト（http://www.asfinag.at/）
[10] MYTO CZ (undated)
[11] via Toll ウェブサイト（https://www.viatoll.pl/en）
[12] MYTO ウェブサイト（https://www.emyto.sk/web/guest）
[13] National Toll Payment Services PLC (2016)
[14] 連邦道のうち課金対象となっているのは、①連邦が建設責任者であり、②バイパスではなく、③各方向に 2 車線以上の車線を有し、④中央分離帯またはその他の建築物で分離され、⑤アウトバーンまたは課金対象の連邦道に直接接続するか、接続しない場合には最低でも 4 km の延長を有する道路である。（連邦長距離道路課金法第 1 条第 1 項第 2 番）
[15] Gesetz über Gebühren für die Benutzung von Bundesfernstraßen mit schweren Lastfahrzeugen, vom 30. April 1990.

平等に扱うことを定めた EU 法に違反すると判定されたため、大型車課金は実施されなかった。

その後、1993 年に時間による課金を可能にするユーロビニエット指令が制定された。1995 年、同指令に基づき、ベルギー、オランダ、ルクセンブルク、デンマークとともに、ユーロビニエットと呼ばれる 5 か国共通のビニエット方式による大型貨物車（車両総重量 12 トン以上）を対象とした課金を導入した（1998 年にスウェーデンも参加）。

さらに、EU の 1999 年指令が制定されると、ドイツ政府は 2001 年にアウトバーンにおいて大型貨物車を対象とした対距離課金を導入するための法案を閣議決定した。議会での審議を経た後、2002 年 4 月には「大型貨物車による連邦アウトバーンの利用に関して区間に応じた料金を導入するための法律」（アウトバーン課金法)[16] を制定した。この法律に基づき、2005 年には GPS を利用した自動徴収方式による対距離課金システムに移行した。その後、対象道路や課金対象車両を拡大し、外部費用を課金額に上乗せするなど、「利用者負担原則」、「汚染者負担原則」の観点から見直しを続けている。

ドイツの大型車課金の徴収業務を行っているのは、連邦交通省と契約した民間事業者であるトールコレクト（Toll Collect）社である。同社が運用しているシステムは、GPS 機能を搭載した車載器によって課金対象車両が走行したルートと走行距離を把握し、課金額算定した後、GSM を用いてそのデータをトールコレクト社に送付し、同社が利用者から課金を徴収するものである（図7.3）。

2005 年 1 月の導入以来、ドイツの大型車課金の対象は拡大されてきた。まず、課金対象道路については、当初アウトバーンのみであったが、2007 年には迂回交通抑制のためにアウトバーンと並行する一部連邦道路に拡大された。さらに、2012 年 8 月からは「連邦アウトバーンおよび連邦道路の利用に関して区間に応じた料金を徴収するための法律」（連邦長距離道路課金法)[17] に基づき、4 車線以上の連邦道路のうち 1,135 km が課金対象とされ、2015 年 7 月からはさらに約 1,000 km の連邦道路が課金対象とされた（図 7.4）。2018 年 7 月

---

[16] Gesetz zur Einführung von streckenbezogenen Gebühren für die Benutzung von Bundesautobahnen mit schweren Nutzfahrzeugen, vom 5. April 2002

[17] Gesetz über die Erhebung von streckenbezogenen Gebühren für die Benutzung von Bundesautobahnen und Bundesstraßen, vom 12.07.2011

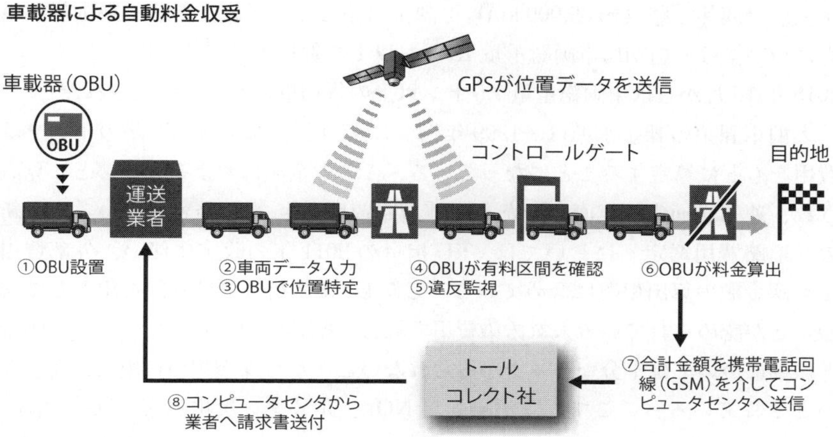

第 7 章　欧州の大型車課金　　　　　　　　　　　　　　　93

車載器による自動料金収受

車載器（OBU）　　　　　　　　　　GPSが位置データを送信

　　　　　　　　　　　　　　コントロールゲート　　　目的地

①OBU設置　②車両データ入力　④OBUが有料区間を確認　⑥OBUが料金算出
　　　　　　③OBUで位置特定　⑤違反監視

　　　　　　　　　　　　　トール
　　　　　　　　　　　　コレクト社

⑧コンピュータセンタから　　　　　⑦合計金額を携帯電話回
　業者へ請求書送付　　　　　　　　線（GSM）を介してコン
　　　　　　　　　　　　　　　　　ピュータセンタへ送信

（出所：Toll Collect 2015 より作成）

図 7.3　ドイツ大型車課金の仕組み

　　　　　　大型車課金対象区間…………12,949km
　　　　　　大型車課金対象の連邦道路…約2,400km

（出所：Bundesanstalt für Straßenwesen 2015 より作成）

図 7.4　ドイツ大型車貨物課金の対象道路

からは全連邦道路（約 39,000 km）も課金対象となる予定である。課金対象車両については、当初は車両総重量 12 トン以上の貨物車が対象とされていたが、2015 年 10 月からは車両総重量 7.5 トン以上の貨物車に対象が拡大された。

大型車課金の課金水準は、1999 年指令に基づき、課金対象道路のインフラ費用をもとに算定することになっている。この課金額はおよそ 5 年ごとに見直され、連邦交通省は見直しのために「道路費用鑑定」[18]を発表している。最新の「道路費用鑑定」においては、EU 指令の 2011 年の改定に伴い、外部費用をも課金額の算出根拠に含めている。しかし、EU 指令では外部費用として含むことが認められている大気汚染費用と騒音・振動に関する費用のうち、騒音と振動については十分なデータが得られないことから課金額の算出には含まないとされている。ここで大気汚染とは NOx、非メタン炭化水素、SO_2、NH_3、PM_{10} および $PM_{2.5}$ である。

推計された大気汚染の外部費用は、EU 指令に定められた外部費用の最大値を大幅に上回るものであった。このため、推計した金額ではなく EU の最大額を適用することとなった（表 7.3）。

この結果、2015 年 10 月 1 日以降は、以下のような排出クラスおよび車軸数に基づく区分に基づいて、表 7.4 に示した課金額が課されている。

大型車課金からの収入は、年間およそ 45 億ユーロ（2014 年）である。ここから、トールコレクト社に支払われる運営費用等を除いた金額は、連邦長距離道路の改善を目的として用いられることが連邦長距離道路課金法に定められている。2014 年にはおよそ 33 億ユーロが連邦長距離道路へ支出されている[19]。これは、ドイツの連邦長距離道路整備費用の約半分にあたり、大きな割合を占めている。また、ドイツ政府は従来の租税による道路整備から利用者負担によ

表 7.3　大気汚染の外部費用を考慮した課金単価（ユーロセント / 台キロ）

	車両の環境性能（Euro 0 〜 VI）					
	0、I	II	III	IV	V	VI
道路費用のみ	12.3					
外部費用	8.0	7.0	6.0	3.0	2.0	0
合　　計	20.3	19.3	18.3	15.3	14.3	12.3

（出所：Bundesministerium für Verkehr und digitale Infrastruktur（2014））

---
[18] Bundesministerium für Verkehr und digitale Infrastruktur (2014)
[19] Bundesministerium der Finanzen (2015)

表 7.4　ドイツの大型車課金の課金額（2015 年 10 月 1 日以降）

排出クラス		課金カテゴリ
Euro VI		カテゴリ A 2 軸：8.1 セント /km 3 軸：11.3 セント /km 4 軸：11.7 セント /km 5 軸以上：13.5 セント /km
Euro V/EEV		カテゴリ B 2 軸：10.2 セント /km 3 軸：13.4 セント /km 4 軸：13.8 セント /km 5 軸以上：15.6 セント /km
Euro IV	Euro III で PMK 2 以上のフィルタを有する	カテゴリ C 2 軸：11.3 セント /km 3 軸：14.5 セント /km 4 軸：14.9 セント /km 5 軸以上：16.7 セント /km
Euro III	Euro II で PMK 1 以上のフィルタを有する	カテゴリ D 2 軸：14.4 セント /km 3 軸：17.6 セント /km 4 軸：18.0 セント /km 5 軸以上：19.8 セント /km
Euro II		カテゴリ E 2 軸：15.4 セント /km 3 軸：18.6 セント /km 4 軸：19.0 セント /km 5 軸以上：20.8 セント /km
Euro I/Euro 0		カテゴリ F 2 軸：16.4 セント /km 3 軸：19.6 セント /km 4 軸：20.0 セント /km 5 軸以上：21.8 セント /km

（出所：Bundesministerium für Verkehr und digitale Infrastruktur 2015）

る道路整備へと制度変更することを目指しており（EU としても同様の方針をとっている）、大型貨物車だけではなく、車両総重量3.5 トン未満の乗用車等についてもビニエット方式による課金の導入を目指している。

7.4　大型車課金の導入を断念した事例

上述のように欧州では大型車課金を導入する国が増加しているが、大型車課金の導入が計画されていたものの、導入に至らなかった国もある。

オランダでは、将来の交通量の増加に対応するため、2000年の国家交通運輸計画において、2006年までに対距離課金を導入するとの目標が明らかにされた。その後、幅広い関係者（利害団体、地方自治体等）が参加し検討が重ねられ、2006年のモビリティ政策文書で、課金の実施、それに応じた自動車税と車両購入税の廃止が明記された。また、2007年に締結された第4次バルケネンデ政府の連立合意文書において、2012年までに課金を導入することが合意された。

オランダの課金計画は、大型貨物車だけでなくすべての車両のすべての走行について走行距離に応じて課金しようとするものであった。課金対象車両には車載器の搭載が義務づけられ、衛星技術を用いて車両の走行距離が把握されるシステムであった。

課金は、基礎料金と、ラッシュ時追加料金の2種類から構成された。前者は車両によるすべての走行について課され、車両総重量、排気性能などにより差別化されている。後者は構造的な混雑が存在する、もしくは今後存在すると予測される場所におけるボトルネックの解消のために特定の場所および時間に課されるものであった。

課金額の決定においては、道路利用者の負担の中立性が重視された。課金の導入に伴い自動車関係税を廃止すると同時に、課金導入以前と課金導入以後で道路利用者の負担が増加しないように設定された。また、課金からの収入は交通インフラの特定財源であるインフラ基金に繰り入れられることとされ、その分一般財源からインフラ基金への支出が減らされる予定であった。

当初、2012年までに対距離課金制度が導入される予定であったが、早くも2007年には交通・公共事業・水利大臣から2012年までに課金制度をすべての道路利用者を対象にすべての道路で実施することは不可能であるとの意見が出された。2012年には大型貨物車を対象として課金制度を導入し、2012年後半から徐々に乗用車にも拡大し、完全な導入は2017年までに行うものとされた[20]。2009年には対距離課金制度を導入するための法案が作成されたが、2010年の総選挙により政権が代わると導入は中止された。

フランスでも大型車課金の導入が試みられた。フランスの高速道路の多くは、日本と同様に有料であるが、無料区間、国道、県道などを走行する車両総

---

[20] Ministerie van Verkeer en Waterstaat (undated)

重量3.5トン以上の貨物車を対象に、貨物交通の鉄道へのモーダルシフトの促進、交通インフラ整備資金の確保を目的として、エコタックスと呼ばれる課金を2014年4月に導入する予定であった。課金の方法は、ドイツと同様に、GPS機能を用いて車両の位置情報を把握し、走行ルート・走行距離を算出するシステムが用いられることが決められていた。また、課金額は、車両の車軸数、車両総重量、排出性能により区分され、遠隔地（ブルターニュ州など）では30％もしくは50％の割引が行われる予定であった。しかし、2013年夏から秋にかけて、欧州域内で厳しい競争にさらされている農業事業者と運輸事業者がさらなる負担増・競争条件の悪化をおそれ、すでに設置されていたガントリーを破壊するなど激しい反対運動を展開したため、導入は無期限に延期された。

7.5　ま　と　め

1990年代以降、欧州では大型貨物車の高速道路の走行に対して課金する動きが広く拡がり、現在は一部の国を除いてほとんどの国で大型貨物車の高速道路の走行に対して何らかのかたちで課金を行っている。さらに、ドイツのように高速道路以外にも課金対象道路を拡大する動きも見られる。

課金収入が道路整備の財源に充てられており、道路の老朽化など必要とされる道路費用が増加するなか、貴重な財源となっている。

また、今後は大気汚染等の外部費用を課金額に上乗せするなども検討されている。

【参考文献】
1) Bundesanstalt für Straßenwesen, *Maut auf Bundesstraßen ab 1.7. 2015*
2) Bundesministerium der Finanzen (2015), *Haushaltsrechnung des Bundes für das Haushaltsjahr 2014*
3) Bundesministerium für Verkehr und digitale Infrastruktur (2014), *Berechnung der Wegenkosten für das Bundesfernstraßennetz sowie der externen kosten nach Maßgabe der Richtlinie 1999/62/EG für die Jahre 2013 bis 2017*, 2014
4) Bundesministerium für Verkehr und digitale Infrastruktur (2015), Gebührenstruktur LKW-Maut ab 1. Oktober 2015
5) European Commission (2015a), Charging of Heavy Goods Vehicles in the EU
6) European Commission (2015b), *EU transport in figures, Statistical Pocketbook 2015*, Publication Office of the European Union

7) London Councils (2011), London Lorry Control Scheme, Conditions Considered for Attachment to a Permission (PERMIT)
8) Ministerie van Verkeer en Waterstaat (undated), Rules for Charging a Pay-By-Use Price for Driving with a Motor Vehicle [Dutch Road Pricing Act], Explanatory Memorandum
9) MYTO CZ (undated), *e-Toll Guide*
10) National Toll Payment Services PLC (2016), *E-Toll User Guide*
11) Schweizerische Eidgenossenschaft (2013), *Leistungsabhängige Schwerverkehrsabgabe, LSVA – Übersicht, Ausgabe 2013*
12) Toll Collect (2015), *Nutzerinfromationen; Lkw-Maut in Detutchland, Akutualisierte Auflage 2015*

第8章　道路課金システムの相互運用

　欧米では ISO や CEN（欧州標準化機構）等の標準規格が制定される前の 1990 年以前より ETC が導入されてきたこともあり、ETC システムの相互運用が重要であるにもかかわらず、達成されていない状況である。本章では欧州とアメリカにおける相互運用化への取組みと動向を記載する。

8.1　相互運用が求められる理由

　道路課金システムの対象範囲が地域（州）から国へ、さらに多国間に広がってくると、「1 つの車載器・1 つの料金支払契約」で有料道路の利用が可能となる相互運用の確保が非常に重要な課題となってくる。このために国家標準や国際標準が存在するのであるが、各国の政策やシステムの導入経緯・時期により実態が異なっている。

　日本では国内における相互運用を大前提に、通信規格については（一社）電波産業会（ARIB）、データ定義と関連機器の仕様等については道路会社（当時の四道路公団）、車載器相互接続性試験要領書は（一社）ITS サービス高度化機構によって、2001 年の ETC 本格導入までにそれぞれ策定された。さらに現地フィールドにおける相互運用試験と試行運用がこの前年 4 月からモニター向けの千葉地区運用で行われたことから、数多くのメーカー製車載器が市場に存在していたにもかかわらず、相互運用に関して現在まで問題は起きていない。

　一方、欧州では ETC 用路車間通信の周波数 5.8 GHz 帯と通信方式は CEN で標準化されたが、一部の国で CEN 規格の制定前に ETC が導入されたことと、相互運用に必要なデータ定義とセキュリティ定義において国により差異があることにより、数か国を除いて欧州全域での相互運用はできておらず、欧州各国を横断する長距離トラックは通行する各国の車載器を取り付ける必要があった。このため 2004 年に欧州統一電子式道路課金サービス（EETS：European Electronic Toll Service）の必要性が欧州委員会で決議され、EU 指令（Directive 2004/52/EC）が公布された。

　アメリカでは 1988 年頃より、ETC 用路車間通信周波数は 915 MHz 帯で同じであるものの、通信プロトコル等の方式が異なる ETC が北東部、南部フロリダ、テキサス、西海岸でそれぞれ導入が行われ、互換性がない状態で運用が

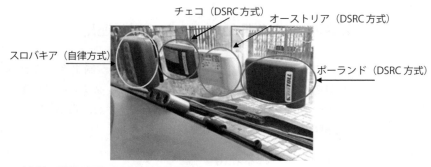

（出所：TC204/WG5 国内分科会資料）
写真 8.1　欧州の長距離トラックフロントガラス部に設置された多くの車載器

拡大していった。このうち北東部地区では相互運用を目指した道路事業者がE-ZPass Interagency Group（IAG）を結成し、E-ZPassと呼ばれる統一車載器で相互運用が可能となったが、その他の地域は異なった方式のETCが依然として存在し、アメリカ全土までは拡大していない。

8.2　EETS と REETS-TEN

(1) 概　　要

欧州のETCの互換性の欠如という問題から、欧州委員会が2004年に欧州で統一した電子式課金サービスEETSを実現するため、EU指令（Directive 2004/52/EC）を公布したことは、前節で記載した。この指令によれば2012年10月以降、3.5トン以上の大型車は1台の車載器で欧州各国の課金サービスを得られるはずであった。このために1台の車載器で対応するためのRCI（Road Charging Interoperability）プロジェクトによる実証実験も実施されたが、統一化することができなかった。

EETSでは道路課金の各ステークホルダー（道路事業者、サービス提供者、利用者）の権利と義務を規定していたものの、長年イタリア、フランス、スペイン、オーストリア、ドイツなどでそれぞれ独自のシステムで運用されてきたものを一気に欧州全域統一システムに置き換えていくことが実行上難しかったのである。そこで欧州委員会ではこの現状を打破するために"A stepwise approach"（少しずつ進める取組み）ということで「EETSの設置を地域(Regional)からの取組み」と「TEN-T（Trans-European Transport Network：欧州横断

運輸ネットワーク)の資金の活用」により統一化を図っていくことを模索し、オーストリア道路会社 ASFINAG 社がコーディネーター役となって調整を行った末、プロジェクト名「REETS-TEN」を2013年3月提案し、本プロジェクトは2013年6月に参加国間で認可され、9月にプロジェクトが開始された。

REETS の対象はオーストリア、デンマーク、フランス、ドイツ、イタリア、ポーランド、スペイン、スイスの8か国である(図8.1)。この

(出所:http://www.reets.eu/)

図8.1 REETS 対象国

プロジェクトのコンソーシアムとして、8か国のおもな課金事業者または課金事業者協会(表8.1)と、さらに12の課金サービス会社がある。この課金サービス会社は AETIS (Association of European Toll and Interoperable Service) からの参加メンバーである。なお AETIS は将来の EETS プロバイダとしてのニーズに答えられる活動をしようとする、車載器・カード発行する料金徴収会社や燃料供給会社からなる協会である。

REETS の検討内容とスケジュールについては、当初の2013年9月〜2014年6月までは統一化のための初期分析フェーズで、WP(ワーキングパーティ)1は契約フレームワーク、WP2は認証、WP3は KPI (Key Performance Indicators:重要業績評価指標)、WP4は料金インターフェイスなどを分析する。その後の配備フェーズで試験と配備となりそのなかで互換性マネージメントを検討する全体構成で、2015年12月までに終えることとなっていたものである。具体的に期待される成果としては、データ交換フォーマットの不明部分を決めること、EETS プロバイダのビジネス面での不確定要素を減じるためにプロバイダの役割部分の具体化、共通試験手順等を提案することである。

表 8.1　課金事業者のコンソーシアム

道路事業者または道路事業者協会名	業　種　名	国
ASECAP	欧州有料道路管理者協会	
ASFINAG	高速道路会社	オーストリア
AUTOSTRADE	高速道路会社	イタリア
AUTOSTRADE TECH	高速道路 ITS 技術マネージメント	イタリア
Federal Ministry of Transport & Digital Infrastructure	ドイツ交通・デジタルインフラ省	ドイツ
Federal Council, Swiss Government	スイス連邦参事会	スイス
SINELEC	高速道路会社	イタリア
AISCAT	イタリア道路コンセション協会	イタリア
AETIS c Toll and Interoperable Services	ETC 相互運用サービス協会	
GDDKIA	ポーランド国道・高速道路局	ポーランド
Sund & Balt	道路会社（オレサンド橋等管理）	スウェーデン
SEOPAN	スペイン有料道路会社協会	スペイン
Ministry of Fomento	スペイン開発省	スペイン
SALT	高速道路会社	イタリア
ASFA	高速道路会社	フランス
Ministry of Environment, Energy, & Marine	フランス環境・エネルギー・海洋省	フランス

（出所：http://www.reets.eu/ のコンソーシアム図をもとに編集）

(2) WP（ワーキング パーティ）重要業績評価指標について

　REETS 作業班 WP3 の KPI 調査の目的は、各 TC（Toll Charger：課金事業者）、SP（サービスプロバイダ）を対象として 12 項目の KPI を調べることによって、現在の問題（例：同じ路車間通信 DSRC 方式を使用していてもどこが問題でつながらないかなど、ETC システム構成のなかでの問題個所自体が不明）を把握し、具体的な交換データなどのつながり具合・正確性を知り、少しずつ互換性の問題を絞っていくことである。ここでの KPI は「TC と SP の間の診断ツール」とも言える。課金事業者と課金サービスプロバイダー間の 12 項目の KPI は以下のとおりである。

　① EETS Interface Service Quality on timeliness of provision（SP と TC 間の料金請求情報ファイル提供の適時性）

　② EETS Interface Service Quality on timeliness of processing（情報ファ

イル処理の適時性）
③ EETS Interface Service Quality（Correctness）（情報ファイルの正確性）
④ Payment settlement delay（支払い決済遅延）
⑤ Correctness of OBE Personalisation Data（車載器個人データの正確性）
⑥ Service User Claim Response（ユーザークレーム対応）

DSRC 関連
⑦ OBE DSRC Transaction Quality（SPごとの路側装置と車載器間のDSRCによる通信処理品質）

GNSS/CN 関連
⑧ Missed Recognition Events（課金すべき車両情報のキャプチャー）
⑨ Data provision for Detection of Charged Objects（課金対象の検知データ提供）
⑩ Accuracy of usage parameters（使用パラメーターの正確性）
⑪ False Positive Events（課金車両情報の欠如）
⑫ DSRC Compliance Checking Communication Performance（車載器からの CCC 情報機能）

図 8.2 で KPI ①と②の道路事業者とサービスプロバイダーにおける KPI 調査の事例を示す。この図では料金所インターフェイスとして送信者が道路事業者、受信者がサービスプロバイダーであり、送信者は現場からの ETC 料金収受情報を受信者に送る。ここでこの情報の受信時間計測を図の 2 か所の「×」

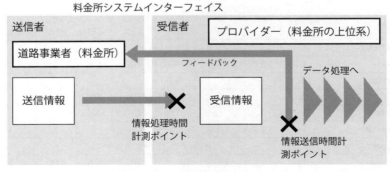

（出所：http://www.reets.eu/）

図 8.2　KPI ①と②のケースにおける KPI 計測地点

地点で行うが、ひとつは受信時間、もうひとつは受信情報から実際の上位系へのデータ処理送信時間である。

KPI 情報調査の流れは下記のとおりである。
① 参加している道路事業者に KPI 関連情報提供を依頼
② 上記で得た情報をグループ化、整理
③ グループ化された KPI を慎重に検討し、大多数に適用される汎用の KPI リストを作成する
④ 汎用 KPI の解説書作成
⑤ 活動参加者に解説書を回覧しコメントを求め、改訂版に生かす

(3) 相互運用に向けた REETS の進捗状況

プロジェクトの当初計画では配備フェーズと呼んでいた後半フェーズがモニターフェーズと名前が変わっていることであり、検討内容が Implementation/Testing から Monitoring Testing/Implementation と変わり、配備からモニタリング試験に重点をおいて検討を行うようになった。

EETS が欧州委員会からの「欧州全域で相互運用性を確保せよ」というトップダウンで失敗した教訓から、REETS では相互運用を必要とする 8 か国によるボトムアップアプローチへ変更したことに大きな違いがある。そのために

表 8.2　REETS Pilot の課金基本技術（DSRC/GNSS）による整理

事業者 国名 方式 プロバイダー	ASFINAG オーストリア DSRC/CEN	EZH チェコ 衛星	AMVI ドイツ 衛星	Sund&Balt デンマーク DSRC/CEN	SEOPAN スペイン DSRC/CEN	ASFA 仏 DSRC/CEN	AISCAT 伊 DSRC/ETSI	GDDKiA ポーランド DSRC/CEN
ASFINAG	OK			OK				
Axxes	1	3	2	1	OK	OK	3	2
BroBizz	OK			OK				1
DKV	2			2	OK	OK	1	2
Eurotoll	1				OK	OK		
Eurowag	1	2	2	2	2	2	2	1
Logpay	技術デモと試験に参加中							
Telepass	1		1		OK	OK	OK	
Total	1		2	1	OK	OK	2	1

（出所：http://www.reets.eu/ での状況説明図をもとに編集）

KPI 検討も含め、実際にやりとりするデータをより時間をかけて分析するためにモニターフェーズを設けたものと思われる。

次に道路事業者と 8 か国のサービスプロバイダーの互換性の状況と REETS の検討状況のステップをマトリクスとして整理したものが表 8.2 である。表中「OK」は相互運用中、「1」〜「3」は検討のステップいわゆる進行度合いを示し、「1」が検討開始直後で「3」は相互運用実現が近い最終ステップである。空欄は検討未着手を示す。フランス ASFA とスペイン SEOPAN では 4 つのサービスプロバイダーが OK で、イタリア AISCAT はフランス・オーストリアなどとの DSRC 方式の違いもあり OK はイタリア地盤のテレパス (Telepass) 社のみである。また衛星課金方式のドイツ AMVI とチェコ EZI はまだ OK とするサービスプロバイダーはないことがわかる。

(4) テレパス社の相互運用構想

イタリアのテレパス社は、サービスプロバイダー会社として最も積極的に互換性確保のための活動を行っている。表 8.2 からもわかるとおり最も多い 3 か国で相互運用 OK があり、さらに 3 か国で試験中である。ここではサービスプロバイダーとして最も EU での互換性確保によるビジネス展開に熱心と思われるテレパス社での運用構想例を紹介する。

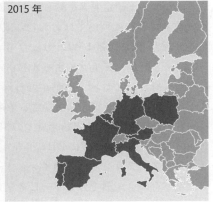

（出所：http://www.ibtta.org/）

図 8.3　2014 年 10 月時のテレパスのカバーエリアと 2015 年末までに想定していカバーエリア

①　テレパスはオートストラーダ（Autostrade）社により運用されているイタリアETCのブランド名であるが、イタリア以外の国（フランス、スペイン、ポルトガル、ベルギー、オーストリア）においてはサービスプロバイダーとして事業を行っている（図8.3左）。

②　車載器は下記の3種類を所有している。

　(a)　テレパスEU：DSRCとしてイタリア国内向けUNI-DSRC以外にフランス等向けのCEN-DSRCにも対応可能なデュアル通信対応車載器

　(b)　テレパスSAT：フランスのエコタックス向けに開発した自律型ETCとDSRC方式ETC（UNIとCEN）に対応可能なトリプル通信対応車載器

　(c)　テレパスITALY：イタリア国内専用の車載器

③　2015年末でREETSの枠組みのなかで、8か国での運用を可能とする計画（図8.3右　2015年末想定：計画より遅延している）

(5)　相互運用EETSの状況

　以上のように2014年10月から「1つの車載器・1つの契約」で始まるはずだったEETSプロジェクトの問題を受けて開始されたREETSであるが、2015年末にプロジェクトを終了し、一応予定どおりに相互運用上の技術的問題（データ交換フォーマットの不明部分を決めること、EETSプロバイダーのビジネス面での不確定要素を減じるためにプロバイダーの役割部分の具体化、共通試験手順等）についてはおおむね成果を上げたようである。2016年4月に開催されたISO/TC204/WG5リュブリャナ会議では「REETSプロジェクトは一応終了したが、ドイツ・オーストリアなどのサービスプロバイダーによる技術試験を行うパイロット活動が行われており、4月上旬にREETS会議が開催され、さらに今後2年間は活動する予定である」と報告されている。

　図8.4にREETS活動開始時点での相互運用のキーとなるサービスプロバイダーの状況、また図8.5に2017年末で想定するシナリオを示す。2017年末ではイタリア、フランス、スペイン、オーストリア、ポーランド、ノルウェー、デンマークの7か国で独立サービスプロバイダーが共通でサービスが可能、1つの車載器で通行可能な状況となることになっている。しかし実際に全欧州を1つの車載器で通行できるのはいつになるかは、見通せない状況と言える。この原因のひとつは、技術的な問題はクリアされたとはいえ「ビジネス上の問

第 8 章　道路課金システムの相互運用　　　107

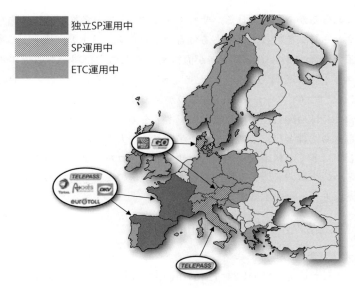

（出所：http://www.reets.eu/）

図 8.4　2013 年 REETS 活動開始前の状況

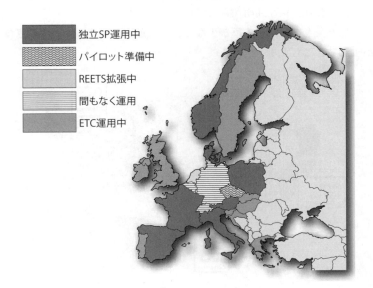

（出所：http://www.reets.eu/）

図 8.5　2017 年末の時点で想定する相互運用シナリオ

題」がなお残るからと思われる。サービスプロバイダー各社が欧州の国をまたいで課金サービスを行う方針であるにもかかわらず、日本と同様EUの多くの国でも道路会社である道路事業者が直接利用者から道路料金を収受する課金サービスビジネスを行っている。ところがこの料金収受ビジネスを他の会社（サービスプロバイダー）に委託するのが、EETSの標準ビジネスモデルであり、この委託は道路会社が料金収受ビジネスを失うことを意味している。委託手数料も含めた課金ビジネスモデル面が残された大きな問題と思われる。道路会社としては多くの料金収受手数料をサービスプロバイダーに取られるだけなら、ひとつの車載器という互換性達成より、現状のままの自社の直営ビジネスを続けたいというのが本音ではないだろうか。

8.3　アメリカのETC相互運用計画

(1) アメリカ全体の現況

　アメリカにおいてはMAP-21（Moving Ahead for Progress in the 21st Century）にて2016年までにETCの相互運用実施が要求されているが、現実的には主要4方式（E-ZPass, SunPass, TxTag, FasTrak）による地域ごとの運用が行われており、相互運用がされていない。これは一部の長距離トラック以外にアメリカ全土を横断する車が少なく、相互運用に対するニーズがさほど高くなかったことにもよる。

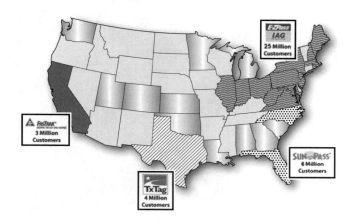

（出所：http://www.tollinterop.org/）

図8.6　アメリカの現状ETC勢力図

現在、アメリカにおける各方式の利用者は次のとおりで、E-ZPass による IAG (Inter-Agency Group) が圧倒的に多くなっている。
① E-ZPass　　　（IAG：北東部 16 州）　：3,000 万人
② SunPass　　　（フロリダ州）　　　　　：600 万人
③ TxTag　　　　（テキサス州）　　　　　：400 万人
④ FasTrax　　　（カリフォルニア州）　　：300 万人
⑤ その他の方式（11 州）

(2) IAG の状況
　IAG には北東部の 16 州の道路事業者が参加しており、日常的に通勤や配送業務などで州を横断する利用者が多く相互運用のニーズが高かったことにより、多くの州が参加してきたと思われる。

(3) アメリカの課題と動向
　相互運用検討を行うにあたっての課題として下記の3点があげられている。
① 技術面：地域と州により、異なる仕様の路側装置と車載器が存在する。
② 制度面：統一された規則と合意がない。
③ 財政面：共通精算機関（クリアリング・ハウス）が存在しない
　現在、相互運用については、IBTTA (International Bridge, Tunnel & Turnpike Association) では統一型車載器によるもの、ATI (Alliance for Toll Interoperability) ではナンバープレート読取情報による相互運用（将来は統一型車載器）によるものを目指しているが、現実的なのは ATI によるナンバープレート情報によるクリアリング・ハウス構想が有力と思われ、これはすでに一部で運用が始まっている。

(4) IBTTA における計画
　IBTTA の下部組織である相互運用委員会（IOP）にて統一型車載器（タグ）による相互運用方法が検討されており、2015 年 4 月 10 日締切で提案要求書（RFP）が発行された。この提案要求書によると、現在アメリカでは前記主要 4 方式（E-ZPass, SunPass, TxTag, FasTrak）に加えて 2 方式（ISO 18000-6C, ISO 18000-6B+/SEGO）が使用されており、事前に行われた道路事業者に対するアンケート調査により、最も利用者数の多い IAG/E-ZPass（3,000 万人）

(出所：http://www.tollinterop.org/)

図 8.7　IAG に参加の 16 州

と、将来性も考慮し ISO 規格の 2 方式を含め下記 3 方式をノミネートしている。
① 　ISO 18000-6C
② 　ISO 18000-6B+/SEGO
③ 　IAG/E-ZPass

2015 年 10 月～ 2016 年 3 月の期間、上記 3 方式の性能評価試験が行われており、2016 年 6 月までに NIOP（National Interoperability）プロトコルとしてひとつの方式が選定される予定となっている。図 8.10 は横軸に年月、縦軸に達成度％で、試験のためのプロトコル選定から試験、IBTTA での選定、認証・評価、配備までの流れを説明したものである。

第 8 章　道路課金システムの相互運用　　　111

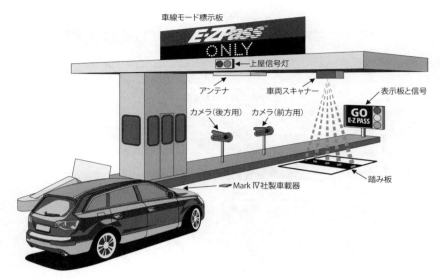

（出所：http://www.tollinterop.org/）

図 8.8　E-ZPass システム

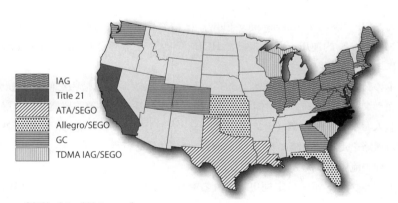

（出所：http://ibtta.org/）

図 8.9　アメリカの ETC プロトコルの使用状況

(5) ATI における計画

　ATI はフランス系の Egis 社と Sanef 社が 2009 年に設立した NPO 組織で、北米地区の 39 道路事業者が参加しており、ATI の運営は ATI 評議会が行って

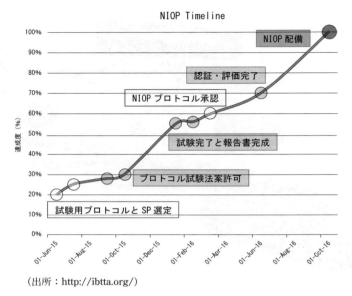

(出所：http://ibtta.org/)

図 8.10　IBTTA の NIOP 選定プロセス

いる。SIF（Secure Interagency Flow）は精算業務を行う機関（クリアリング・ハウス）的運用を行う組織で HUB（ハブ）とも呼ばれる。（図 8.11 がハブによる相互運用概念図）

車の特定は各地域の車載器（タグ）とナンバープレート情報を使用するが、当面ナンバープレートが主体である。相互運用の基本は各道路事業者に登録した個人および車両情報（ナンバープレート含む）を HUB に登録し、登録外地域の道路を走行した時にハブへ問い合わせて精算を行う。

処理の流れは次のとおりである。

① ハブメンバーは定期更新される有効アカウントリストを SIF へ提供する。
② ハブメンバーは不一致トランザクションを 60 日以内に SIF へ送付する。
③ SIF は不一致トランザクションを有効アカウントリストで検索しマッチするものがあれば、各課金事業者へ報告する。
④ マッチングは支払保障されたものであり、週単位で決済される。

また図 8.13 は運転者の有料道路利用から、ナンバー読取、ハブへの送信、

第 8 章 道路課金システムの相互運用　　　113

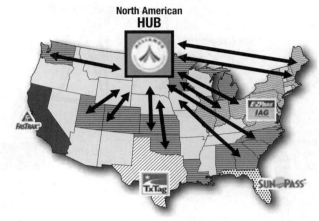

（出所：http://www.tollinterop.org/）

図 8.11　ATI のハブによる相互運用概念

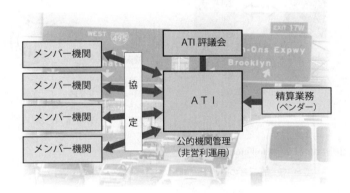

（出所：http://www.tollinterop.org/）

図 8.12　ATI の運営組織図（ATI ハブ契約上の組織系統図）

登録番号とのマッチング、有料道路事業者へのハブレポート、運転者への請求の一連の処理の流れを時計回りにわかりやすく図にまとめたものである。

(6) アメリカの状況のまとめ

　以上のようにアメリカでは IBTTA と ATI による 2 つの別々のアプローチで互換性確保を目指しているが、IBTTA による全米対応統一型車載器方式は欧

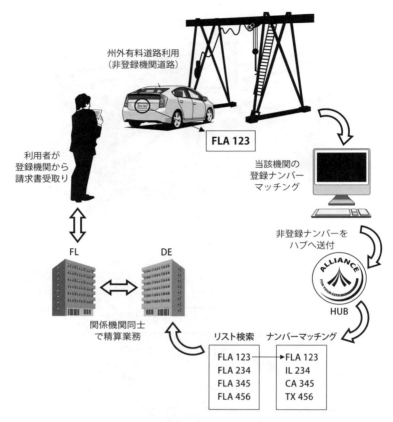

(出所：http://www.tollinterop.org/)

図8.13　運転者の有料道路利用から請求までの処理の流れ

州のアプローチと同じであり全米で4,000万台を超える車載器の交換が必要ということもあって相互運用までに長い時間を要する。一方ATIによる構想は、車両のナンバー読取センター方式であるので、その情報ハブセンターが適切に設立されて全米からの情報が集められるようになれば可能であるので、容易と思われる。

しかし、2016年5月末に車載器メーカーのひとつであるTranscore社が発表した資料によると、「Nationalpass車載器技術は、アメリカの有料道路のETCインフラ設備を変えることなく、1つの車載器・1つの契約で全米の有料

道路の通行が可能」としており、これが事実とすれば、IBTTAによる統一型車載器による相互運用実現も多少時間はかかっても着実に進む可能性がある。

8.4 まとめ

　有料道路利用者にとって、道路課金システムの相互運用の欠如は「運転席に複数の車載器・複数の支払契約」、「非ETC車両として料金所一旦停止・支払」、または「手数料を伴う車載器なしのナンバー読取で走行」というような不便な利用を意味する。相互運用はこの不便さから解放されるので、日常的に有料道路を使用する場合、特に大きなメリットがある。欧州では、「1つの車載器・1つの料金支払い契約」を目指したEU指令による統一化が進まず、トップダウンによる強制的な全欧州統一から、Stepwise approach（地域ごとに少しずつ進める方式）に作戦を変えて、ようやく相互運用化が少しずつ始まった。またアメリカではIBTTAとATIの2つの組織による統一型車載器とナンバー読取による別々のアプローチの相互運用が始まりつつある。

　統一型車載器といった技術面では欧州とアメリカとも解決済み、あるいは進みつつある。道路事業者同士の精算業務の規則といった制度・財政面では、欧州では支払いまで含めた流れが欧州標準化され、サービスプロバイダーの役割が明確化されている。欧州で残る課題は、料金収受手数料収入を得る既存道路事業会社と新規参入サービスプロバイダー間の委託手数料をめぐるビジネス面の思惑だけかもしれない。一方アメリカでは相互運用の制度・財政面での国家標準的なものはなく、地域ごとの会社あるいは組織によって別々であったものが、全米統一化に向けてさらにIBTTAとATIの2つの組織主導で動いている。このため、有料道路を管理する州政府や道路会社は当面それぞれの思惑で動いていくかもしれないという、欧州とはまた別の不安要素がある。

　しかし有料道路会社の「お客様」である運転者・利用者の利便性を向上させたいという動きは欧州でもアメリカでも同じである。一旦相互運用化がうまく回り始めれば、統一型車載器の価格の低下も伴ってくるであろうし、加速度的に進んでいくであろう。

【参考文献】
「大型車対距離課金に関する研究」日本交通政策研究会（2015年9月）

第9章　対距離課金の導入による経済的影響

本章では、自動車関係諸税のうちガソリン税などの燃料消費量に応じた従来の課税方式から、走行距離に応じた課税や料金に変更した場合、どのような影響が生じうるかについて分析した最新の研究成果のサーベイを行う。

9.1　はじめに

対距離課金は、Vehicle Mileage Tax (Fee)、Vehicle Mileage-Based User Fee (Tax)、Per Mile User Charges、Kilometer Tax (Fee) や Per Mile User Charges、Weight-Distance Tax 等という名称で呼ばれている（これ以降、対距離課金で統一）。日本の高速道路の対距離課金制も税ではなく料金であるという点で同じ料金体系である。同様に、ガソリン税も従量税であり、消費燃料と走行距離はほぼ比例するため、走った分だけ利用税を払う点では、同じ税体系と言える。しかしながら、近年のハイブリッド自動車や電気自動車の普及により、走行距離と燃料消費量は必ずしも一致せず、燃費の良い自動車の税負担が軽いことが不公平であるという批判がある。加えて、燃料税収の減少という政策上の問題から、対距離課金の導入が世界各国で検討されている。

近年の対距離課金に関する実証研究では、特にアメリカにおいて、税の公平性に関する政策的関心が高く、税体系の変更が与えるグループ別の影響に関する実証的研究が少なくない。9.2節で紹介する論文がこれにあたる。次いでスウェーデンの貨物自動車に導入された対距離課金の産業に与えた分析を紹介する。最後に、対距離課金実施の大きな課題である導入費用の比較に関するサーベイ論文を紹介する。

9.2　対距離課金の所得分配上の問題

(1) 連邦燃料税を対距離課金に置き換えた場合

Weatheford (2011)「Distributional Implications of Replacing the Federal Fuel Tax with Per Mile User Charges」は、燃料税を対距離課金に変更した場合の所得分配上の問題に焦点をあてた実証研究を行った。アメリカにおいて、交通支出は低所得世帯で約40％に相当するという既存研究もあり、対距離課金が燃料税よりも逆累進的かどうかは政治的に重要な問題である。

第 9 章　対距離課金の導入による経済的影響

表 9.1　グループ別・走行距離、燃費、連邦燃料税負担

		走行距離 （マイル）	燃　費 （mpg）	税負担 （ドル）	税負担率 （％）	燃料税 （セント / マイル）
	全国平均	25,061	20.0	223.16	0.65	0.92
所得 階層	2 万ドル以下	15,509	19.4	134.99	1.49	0.95
	2-4 万ドル	20,693	20.0	182.84	0.61	0.92
	4-6 万ドル	27,627	20.2	246.35	0.49	0.91
	6-8 万ドル	31,778	20.3	283.55	0.40	0.91
	8-10 万ドル	33,195	20.4	297.02	0.33	0.90
	10 万ドル以上	33,412	20.0	303.77	0.20	0.92
ライフ サイク ル	子供有世帯	32,085	20.2	287.00	0.74	0.91
	退職世帯	14,921	18.8	135.63	0.55	0.98
	他のタイプ	22,988	20.5	201.45	0.60	0.90
地域 区分	都　市	20,394	20.7	174.26	0.56	0.89
	2 番目の都市	21,225	20.1	185.48	0.66	0.92
	郊　外	24,100	20.3	210.72	0.47	0.91
	地　方	28,958	19.6	264.25	0.78	0.94

注：NHTS で報告されている 2001-2002 年の名目値
（出所：Weatherford 2011 より著者作成）

　表 9.1 はグループ別・走行距離、燃費、連邦燃料税負担を示している。年間平均所得が 2 万ドル以下のグループの連邦燃料税負担は約 135 ドルで、所得の 1.49％ に相当する。これは全国平均の 0.65％ に比べて倍以上高い。現在の連邦燃料税を、税収が同じで均一な対距離課金に置き換えた場合の、世帯の自動車走行の満足度を金銭評価した消費者余剰の変化を推定する。分析に用いたデータは、2001 年全国世帯交通調査（NHTS：National Household Travel Survey）、26,038 サンプルのアメリカの世帯の移動行動である。これには車両燃費などのデータを含む。被説明変数を年間走行距離（VMT：Vehicle Mile Traveled）の自然対数、説明変数を 1 マイルあたり移動費用など[1]とするモデルを推定した。移動費用は燃料価格、州、地方、連邦の燃料税を含む。連邦燃料税はガソリンが 18.4 セント / ガロン（4.83 円 / リットル[2]）、ディーゼルが 24.4 セント / ガロ

---

[1] その他の変数として、所得、世帯あたり車両数、世帯あたり労働者数、都心居住ダミー、異なるタイプの車両を複数保有するダミー、異なる平均燃費の車両を複数保有するダミーを用いている。
[2] 2013 年 4 月 23 日現在の為替レート（以下同様）。

ン（6.4円/リットル）である。1マイルあたり費用は、各世帯のガロンあたり加重平均費用を平均燃費で除したもので、平均燃費は世帯の燃料消費量の合計で走行距離を除したものである。本研究の分析は、車両の燃費が一定であると仮定している点、交通混雑、大気汚染、地球温暖化物質、交通事故などの社会的損失を無視している点に留意が必要である。

分析の結果、1走行マイルあたりの費用が大きくなると、年間走行距離が短くなる傾向があることが、統計的に有意に確認された。1走行マイルあたり費用を対距離課金に置き換えて試算すると、税収中立な料率は0.98セント/マイル（0.6円/km）となった（表9.1の全国平均0.92セント/マイルは税収中立をする前の現状の値を示している）。この導入により、走行距離は減少し、全国平均で世帯の余剰は20.15ドル減少すると試算される。グループ別に影響を見ると、状況が改善したグループは、年間所得4万ドル以下世帯、地方居住者であり、状況が悪化したグループは、年間所得4万ドル以上世帯、都市居住者、郊外居住者、子供がいる世帯であった。これは、子供がいる世帯から退職世代へ税負担が移ったことを意味し、ライフステージによる負担の変化を表している。ただし、所得が2万ドル以下でも都市居住者、子供がいる世帯の状況は悪化している。しかしながら、全体的には人口の87％が5％未満の費用/マイル増であり、98％以上が年間の税負担の増加は20ドル以下で済むため、対距離課金が燃料税よりも逆累進的でないと結論づけている。

(2) 対距離課金導入の税収と消費者余剰の変化

Robitaille et. al. (2011)「Effectiveness and Equity of Vehicle Mileage Fee at Federal and State Levels」もWeatherford (2011) と同様な分析を行い、対距離課金の公平性に与える影響を分析している。アメリカの連邦および州の燃料税率は変わらないにもかかわらず、車両の平均燃費は向上しており、燃料税収の減少が予想されることが背景にある。アメリカの道路特定財源である連邦道路信託基金が、一般財源からの補填を毎年必要とする危険性があり、燃料税に代わる税収が必要である。一方、公平性の確保が必須であり、政治的に実現可能な選択肢かどうかが非常に重要な問題である。アメリカ運輸交通担当者協会とアメリカ議会のいくつかの委員会では、連邦ガソリン税を暫定的にガロンあたり10セント値上げし、長期的には燃料税の対距離課金への置換えもしくは補完を勧告している。

本論文は、燃料税と対距離課金の値上げによる、連邦および州レベルの異なる母集団(年齢、収入、人種)おける税収効果と所得分配上の影響を、Weatherford (2011) と同様に、2001年のNHTSのデータを用いて実証的に分析している。モデルは50州にワシントンDCを加えた15,902世帯のデータを利用し、被説明変数は世帯の総走行距離の自然対数、説明変数は燃料費/マイルほかである[3]。これを最小二乗法で分析している。このモデルは短期の分析である。

　分析の結果、最も弾力的な世帯である低所得階層で所有車両が1台の場合、運転費用が1％増加すると、走行距離は1.82％減少した。所得階層が最も高く、複数の車両を保有している世帯が最も非弾力的で、ほとんど走行距離に変化はなかった。世帯における運転手の数、子供の数、労働者の数などが走行距離と正の相関を持っていた。

　この分析結果から、ある世帯の運転者が税の変更に対してどのように反応するかを予測する。まず、現在のガソリン税と税収中立的な対距離課金0.90セント／マイルを導入するシナリオである。このシナリオでは総走行距離は0.4％減少するが、世帯あたりの消費者余剰、連邦税収、総余剰は世帯あたり年間平均1ドル以下の減少であった。均一な対距離課金は低燃費な自動車を持つ世帯にとって有利に働くことが予想される。グループ別に影響を分析すると、燃費の良い車を保有するアジア系などの世帯にとっては状況が悪化し、36-64歳、65歳以上の年齢階層の消費者余剰は改善し、地方部も消費者余剰が改善する。オレゴンの実証実験の最終報告書でも、収入中立的な均一対距離課金は、等価のガソリン税よりもわずかに逆累進的であり、税負担は地方から都心の世帯へ移行する。

　次に、現在の連邦ガソリン税率を単純に0.1ドル値上げするシナリオ[4]、0.1ドル値上げしたガソリン税収と同じ税収になる1走行マイルあたり0.015ドルの走行距離課金を導入するシナリオ（連邦ガソリン税0.284ドルと等価）、この2つのシナリオにおける消費者余剰、税収入、総余剰の変化を試算した結果が表9.2である。消費者余剰から税収入を差し引いた値が総余剰である。後者のシナリオの方が状況は若干悪いが、その差は1ドルに満たない。以上より、均一の対距離課金への変更は消費者余剰と総余剰を減少させるが、その差は想

---

[3] 世帯所得、世帯あたり車両数、人種ダミー、世帯主年齢、居住地の地理的情報など。
[4] 運輸省財務委員会の最終報告書 Paying Our Way が推奨するシナリオ。ガソリン1ガロンあたり0.284ドルとなる。

表9.2　2つのシナリオにおける平均的な影響

変　分	連邦ガソリン税の 0.1 ドル値上げ		0.015 ドル / マイルの VMT 料金	
	世帯総平均（ドル）	%	世帯総平均（ドル）	%
消費者余剰	-104.38	-0.27	-105.33	-0.29
税　収　入	98.25	0.25	98.33	0.25
総　余　剰	-6.13	-0.03	-7	-0.03

（出所：Robitaille et. al. 2011）

定ほど大きくないこと、燃料税の増加は世帯の消費者余剰を平均的にはわずかだけ減少させるが、所得、年齢、人種グループ間の差は大きいと言える。

(3) 車種別・時間帯別・税収中立な対距離課金

　Sana et. al. (2010)「Quantitative Analysis of Impacts of Moving Toward a Vehicle Mileage-Based User Fee」は、先の2つの研究と異なり、既存研究の需要分析を利用して、現在のガソリン税収入と同水準の税収を得るために必要な対距離課金を試算している[5]。車種別・平均燃費は、乗用車 28.13 マイル / ガロン（11.96 km/ リットル）、バン 22.60 マイル / ガロン（9.61 km/ リットル）、SUV20.31 マイル / ガロン（8.63 km/ リットル）、ピックアップトラック 21.19 マイル / ガロン（9.01 km/ リットル）となっている。

　表9.3 は所得階層別・車両保有と利用の弾力性を示しているが、保有・利用とも全体的に低所得階層の弾力性の値が大きいことがわかる。

　4つの車両タイプ、4つの所得階層、2つの時間帯の 32 パターンの需要の弾力性を同時に求めることは困難である。よって既存研究から、ある時間帯で価格が 100% 上昇すると、他の時間帯に交通量が 10% 移動するとし、すべての車両タイプ・所得階層で一様に適用できると仮定している。

　ベースラインシナリオ（18.4 セント / ガロンの燃料税）の税収は 148 億ドルであった[6]。この税収を対距離課金で維持する試算（シナリオ1）によれば、全

---

[5] 分析で用いたデータは先の研究と同じく NHTS であるが、各所得階級におけるタイプ別車両数・車両あたり平均走行距離、ピーク・オフピーク走行距離、車種別平均燃費などを利用している。ピーク時間帯は午前6時から9時、午後4時から7時である。

[6] 連邦道路管理局の資料から、2001年の連邦道路を整備する費用は 294 億ドルであったが、連邦税収は 209 億ドルであった。NHTS のデータは私的交通のみであり、貨物や商用目的の移動を含まない。連邦道路管理局の資料より、旅客走行距離のシェアは 79.9% であることから、旅客移動のガソリン税収の推定値は 167 億ドルとなり、ベースラインシナリオの推定値と近い。

表9.3 所得階層別・車両保有と利用の弾力性

		Q1	Q2	Q3	Q4
保 有	乗用車	-0.0047	-0.0035	-0.0028	-0.0019
	バ ン	-0.2191	-0.1644	-0.1315	-0.0877
	SUV	-0.2753	-0.2065	-0.1652	-0.1101
	ピックアップトラック	-0.0980	-0.0735	-0.0588	-0.0392
利 用	乗用車	0.0233	0.0175	0.0140	0.0093
	バ ン	-0.1339	-0.1005	-0.0804	-0.0536
	SUV	-0.1400	-0.1050	-0.0840	-0.0560
	ピックアップトラック	-0.2893	-0.2170	-0.1736	-0.1157

注：Q1：0-24,999ドル、Q2：25,000-44,999ドル、Q3：45,000-69,999ドル、Q4：70,000ドル
（出所：Sana et. al.（2010））

表9.4 対距離料金（シナリオ1）

	乗用車	バ ン	SUV	ピックアップトラック
オフピーク	0.5	0.6	0.95	1.15
ピーク	0.7	0.8	1.25	1.3

注：1セント/マイル≒0.62円/km
（出所：Sana et. al. 2010）

表9.5 シナリオ別・対距離課金、税収、税支出の比較

	所得階層	ベースライン	シナリオ1	シナリオ2	シナリオ3
百万走行マイル（ベースラインからの相対的変化率、%）	Q1	262.48	257.51(-1.89)	249.18(-5.07)	253.45(-3.44)
	Q2	452.50	442.71(-2.16)	428.78(-5.24)	436.45(-3.55)
	Q3	539.75	530.41(-1.73)	514.88(-4.61)	523.19(-3.07)
	Q4	716.59	708.54(-1.12)	693.46(-3.23)	701.54(-2.10)
	計	1971.32	1,939.16(-1.63)	1,886.31(-4.31)	1,914.63(-2.88)
税収（百万ドル）（ベースラインからの相対的変化率、%）	Q1	1.91	1.81(-5.04)	2.96(55.21)	2.53(32.66)
	Q2	3.38	3.37(-0.34)	5.27(55.70)	4.50(33.15)
	Q3	4.08	4.11(0.66)	6.39(56.47)	5.44(33.37)
	Q4	5.46	5.54(1.53)	8.64(58.19)	7.31(33.93)
	計	14.83	14.84(0.02)	23.26(56.76)	19.79(33.43)
世帯あたり平均税額（年間所得比率、%）	Q1	88.81 (0.71)	84.33 (0.67)	137.85(1.10)	117.81(0.94)
	Q2	137.96(0.39)	137.50(0.39)	214.81(0.61)	183.70(0.52)
	Q3	187.62(0.33)	188.85(0.33)	293.57(0.51)	250.22(0.44)
	Q4	234.35(0.28)	237.94(0.28)	370.71(0.44)	313.86(0.37)

（出所：Sana et. al. 2010）

車種共通の均一料金の場合、0.74 セント / マイル（0.46 円 /km）となった。車種別・時間帯別に異なる対距離課金を求めた結果が表 9.4 で示されている。

シナリオ 2 は 5 セント / ガロン（1.31 円 / リットル）燃料税を下げ、税収中立になる対距離課金で補完するものであり、シナリオ 3 は 10 セント / ガロン（2.62 円 / リットル）燃料税を下げ、税収中立になる対距離課金を補完するものである。以上、3 つのシナリオに基づき、走行距離、税収、世帯あたり平均税額に与える影響が表 9.5 で示されている。最初に税収中立のすべてのシナリオで走行距離が減少していることがわかる。また高収入層より低収入層の減少率がわずかに大きい。よって、税収中立シナリオでは、低所得層からの税収が減り、高所得層からの税収が増えるため、公平性が一定程度改善されると言える。対距離課金と燃料税との併用シナリオはその逆の影響を与える。よって、走行距離に基づく利用者料金システムへの変更が所得階層間に与える影響はわずかであり、公平性の問題はないと主張している。以上から、Sana et. al. (2010) は、距離別課金がより信頼できる収入源となり、より公平で平等であり、維持可能な方法で移動パターンを修正するとした。

9.3 対距離課金が与える産業と地域への影響

Henrik et. al. (2011)「The kilometer tax and Swedish industry - effects on sectors and regions」は、貨物自動車に対する対距離課金導入がもたらすスウェーデンの産業、特に産業分門と地域への影響を分析した興味深い論文である。対距離課金の導入は、他国の競争者より生産コストを高め、地域ならび産業に負の影響を与える懸念がある。対距離課金の実施によって、いくつかの産業では、重量物の道路輸送価格が劇的に上昇した原因となった可能性があることが、スウェーデン道路税委員会で議論されている。

本分析は、スウェーデンの製造業が購入した産業別需要の価格弾力性を、1990 年から 2001 年のプラントレベルの購入価格と数量に関するデータを用いて、地域、部門ごとに推定した[7]。本分析の産業が購入した需要は、労働、資本、電力、燃料、そして道路輸送である。資本が含まれていることから、長期期間のモデルである。各サンプルの交通需要の代理変数として、輸送費を大型車両輸送の価格指数で除している。

---

[7] 具体的には、基準化された二次の利潤関数、供給・需要関数体系を完全情報最尤法で推定した。

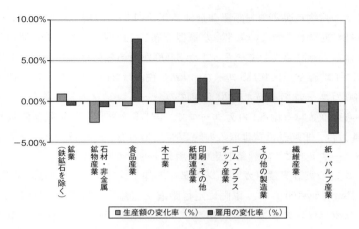

(出所：Henrik et. al. 2011 より抜粋)

図9.1 対距離課金導入による道路輸送価格の上昇が与える影響のシミュレーション

推定結果を利用したシミュレーション分析により、貨物車両に対する対距離課金を導入した結果、交通需要は減少し、生産量は1～2％減少した。9つの産業のうち、4つの産業（食品、印刷、ゴム・プラスチック、その他の製造業）では、労働需要が増加し、資本への投資が減少した。これは労働集約的に産業構造が変化したことを示す。図9.1は、対距離課金導入による道路輸送価格の上昇が与える生産額と雇用への影響のシミュレーション結果を示している。一部の産業（石材・非金属鉱物、木工、パルプ・紙）では、道路貨物交通の依存度の高さから他の産業よりも影響を受けたことがわかる。食品産業は、雇用者数、産業規模、交通費シェアの高さから注目を集めたが、税率を30％値上げするシナリオでも、産業全体の売り上げ減少は1％以下であり、雇用はむしろ増加したように見える。地域の側面から見た対距離課金の影響はわずか、もしくはまったく影響がない程度であった。

9.4 対距離課金の収集費用

Rufolo（2011）「Cost Estimates for Collecting Fees for Vehicle Miles Traveled」では、対距離課金の収集費用についての分析を行っている。以下、各国のシステム概要を簡単に説明し、最後に費用を比較する。

ドイツの貨物自動車の対距離課金は2005年1月より導入された。トールコレクト社が運営し、料金の大半は車載器を通じて回収される。車載器がないトラックはあらかじめインターネットか3,500か所ある料金支払い端末で料金を支払う。平均課金額は0.135ユーロ／km、税収は24億ユーロ／年、初期投資額は700万ユーロであった。2008年度のトールコレクト社の報告によれば、政府からの収入は5億8,100万ユーロで、531名を雇用し、車載器搭載トラックは64万台、平均運営費は収入の約25％であった。運営費はマニュアルおよびインターネットによる料金収集の費用をすべてカバーする。

オレゴンの実証実験（ガソリンスタンド課金システム：Oregon VMT Pay at the Pump System）は、車両に走行距離を記録するGPS装置を取り付け、参加したガソリンスタンドのPOSシステムに距離データを転送し、距離データを用いて距離課金の総額を計算する。これにガソリン価格を加え、州のガソリン税を差し引いて、当該車両のガソリン代金を調整した。対距離課金は2種類あり、1.2セント／マイル（州のガソリン税24セント／ガロンと同値）と、混雑地域のピーク時間帯が10セント／マイルでそれ以外が0.43セント／マイルとなる課金方式である。

1,800か所のサービスステーションに導入された平均1.5台のPOSシステムは、2,860万ドルに加えてソフトウエア代270万ドルの費用が発生した。州およびサービスステーションの追加資本費用は、コンピューターと通信機器に170万ドル、平均運用費用が年240万ドルである。最も費用がかかる車載器費用（300万台）分は約10億ドルであった。

オレゴンの実証実験の情報を利用した他の研究の推定結果から、ニューヨークで完全導入した場合、0.01ドル／マイルの料金で期待収入は13.674億ドル、純利益が11.23億ドル（費用の割合は17.87％）となる。資本費用は、オンボードシステムに13.37億ドル、ガソリンスタンドの装備に1.045億ドル、1車両あたり車載器の費用は125ドル、1,000走行マイルあたり1.79ドルの年間運営費と見積もられた。

オランダの対距離課金システムはいまだ導入されていないが、複数の民間企業がロードプライシングの費用を推定している。最も安いシーメンスが4.72ドル／1,000走行マイル、最も高いT-Systemが11ドル／1,000走行マイルである。年平均の運営費が1車両あたり50ドル以上、場合によって100ドル以上と非常に高額である。

以上より、1,000 走行マイルあたりの料金収集費用は、燃料税が 0.1 ドル、pay-at-pump が 1.79 ドル、オランダの対距離課金が 6.26 ドル、ドイツの貨物車システムが 65 ドルとなっている。ただし、費用は道路種別、時間帯やプライバシー、施行、消費者サービス、信頼性などによって変わるが、Rufolo (2011) は行政費用の面でオレゴンのシステムを支持している。

9.5 まとめ

以上、紹介した論文の分析結果を簡潔に整理する。アメリカでは自動車が移動の主たる手段であり、非常に低い燃料税率となっている。そのため、税収を変えないことが対距離課金導入の前提条件であり、そのうえで、特定地域や低所得層に与える影響が小さいことが求められている。3つの分析結果から、税収中立のシナリオでは、全体として税負担の公平性に与える影響は小さいが、燃費の良い自動車を保有する世帯にとって若干不利である。逆に言えば、現在の燃料税を通じた課税方式は、燃費の良い車を優遇する政策と言える。日本の場合、地方部での普及率が高い軽自動車の燃費はよく、相対的により低い所得層が購入しているため、この点で若干の議論を生む可能性がある。これに関連して、Yang et al. (2016) は所得別の料率体系を提案している。メリーランドでのシミュレーション結果から、所得に応じて増加する対距離課金は、均一の対距離課金に比べて人びとの移動パターンに影響を与えず、低所得者層を保護することを示している。プライバシーの問題で所得情報が利用できない場合、走行距離と所得水準には正の相関があることから、これを代理指標に使うことを提案している。

また、スウェーデンの対距離課金の導入が、産業に与える雇用・生産額に与える影響は小さく、日本でも同様な結果を得られる可能性が高い。ただし、この試算は最も税率を重くする試算でも 30%増であり、現在の税水準を数倍にする劇的な変更ではない点に留意が必要である。最後に、やや古い情報であるが、対距離課金の収集費用についての国際間比較から、オレゴンの実証実験の方式が最も割安であり、ドイツの対距離課金が最も高額であった。ただし、車載器の技術革新や導入車両の増加に伴う規模の経済性は考慮されていない点に注意が必要である。

【参考文献】
1) Hammar, H., Lundgren T., Sjöstrom M. and Andersson M. (2011) "The kilometer tax and Swedish industry - effects on sectors and regions", Applied Economics, Vo.43, No.22, pp.2907-2917
2) Robitaille, A. M., Methipara J. and Zhang L. (2011) "Effectiveness and Equity of Vehicle Mileage Fee at Federal and State Levels", Transportation Research Record, No.2221, pp.27-38
3) Rufolo, A. M. (2011) "Cost Estimates for Collecting Fees for Vehicle Miles Traveled", Transportation Research Record, No.2221, pp.39-45
4) Sana, B., Konduri K. C. and Pendyala R. M. (2010) "Quantitative Analysis of Impacts of Moving Toward a Vehicle Mileage-Based User Fee", Transportation Research Record, No.2187, pp.29-35
5) Weatherford, B. A. (2011) "Distributional Implications of Replacing the Federal Fuel Tax with Per Mile User Charges", Transportation Research Record, No.2221, pp.19-26
6) Yang D., Eirini K. and Lei Z. (2016) "Equitable and progressive distance-based user charges design and evaluation of income-based mileage fees in Maryland", Transport Policy Vol. 47, pp.169-177

第3部

諸外国の大型車交通マネジメント

第10章　アメリカの大型車交通マネジメント

アメリカの多くの都市で、大型貨物車を対象に地区を指定して走行禁止、通過禁止、駐停車禁止などの交通規制が行われている。また、幹線道路の一部をトラックルートとして指定し、大型貨物車に通行を義務づけている。

また、広大な国土面積を有するアメリカでは、州際高速道路が長距離物流の主要ルートであり、セミトレーラー連結車などの大型車が利用する。州際高速道路を利用している大型貨物車を対象に重量や寸法が制限を超えている車両の取締りを行っている。本章では、アメリカの都市内や都市間で行われている貨物車交通マネジメントを概観する。

10.1　アメリカの大型貨物車の走行マネジメント

アメリカにおいては、低速で走行する大型貨物車と高速の乗用車が混在して走行すると、交通の安全性や円滑性が損なわれる。また、市街地では貨物車が路上で荷捌きのために駐車をすると通行の障害になるという考え方が強い。このため、貨物車の交通を乗用車から分離する、地区を指定して貨物車の通行や駐車を制限する施策が多く行われている。以下ではアメリカにおける大型貨物車を対象とした交通マネジメントの代表的な事例を紹介する。

(1) 走行・通過・駐車に関する規制
　① 貨物車通行禁止道路の指定

　　ニューヨーク市では乗用車が貨物車との摩擦なく快適に走行できる道路とするために、パークウェイでは大型貨物車が通行することが禁止されている。次の2つの方法を併用して通行を禁止している。
・乗用車のみ（PASSENGER CAR ONLY）、または、貨物車は通行禁止（NO COMMERCIAL VEHICLES）の規制標識を設置する。
・交差する道路の高架下の高さを物理的に低くする。

　　たとえば、マンハッタンにある East River Drive では交差する道路下の高さを低くし、高さ制限を3.7mとしている。また、ニューヨーク州南部地域のパークウェイにおける最小の上空高さは2.11mである。ニューヨーク市では貨物車の最大高は4.11mであり、フルサイズの大型車は通行できない

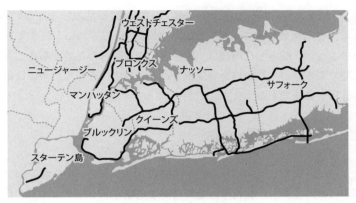

(出所：ニューヨーク市資料)

図 10.1　ニューヨーク州南部のパークウェイの配置

道路構造になっている。図10.1にパークウェイの位置を示した。マンハッタン島では東河岸と西河岸に配置されている。

② 貨物車制限地区の指定

　ニューヨークのマンハッタン区においては金融街や繊維街などの約10の地区を指定し、その地区内のトラックの流入などを制限している。制限の内容や時間帯は地域により異なる。おもな制限の内容としては、以下がある。

- 長さ33フィート（約10 m）以上の車両は進入が禁止される。
- 貨物車は配達、荷積、業務以外の目的での走行、停止、停車、駐車が禁止される。
- 地区内のいずれの道路においても、駐車が禁止される。
- 配達、荷積、業務上の通話を目的とした駐車は3時間以下に制限される。

また、逆に、貨物車の荷捌きを目的とした駐停車を可能とする次の規制もある。

- 乗用車の駐停車を禁止し、貨物車の荷捌きを目的とした駐停車のみができる道路区間が指定される。

　貨物車の駐停車についてはほとんどの場合はパーキングメーターによって1時間単位で課金され、乗用車より高額な金額が設定されている。一部の道路区間では貨物車の荷捌きを目的とした駐停車を無料としている。規制は

11〜18時などの時間帯規制が多いが、一部は24時間規制となっている。

また、住宅街のすべての道路において21時から翌朝の5時まで貨物車は駐車できない。駐車した場合は、地区内の施設からの要請であることの証明が必要である。いずれの場合も禁止されている走行を行うためには市の交通局の許可が必要である。

(2) 走行ルート、走行車線の指定
① トラックルートの指定

ニューヨーク市、シアトル市、シカゴ市、ワシントンDCなどのアメリカの都市において、大型貨物車が走行可能な道路をトラックルートとして指定している。ここでは、ニューヨーク市を例にして施策の概要を説明する。他の都市についてもおおむね同様の施策である。

対象車両は2軸・6車輪の貨物車、または、3軸以上の貨物車である。重さや寸法を指定した場合は該当する車両か否かを即座に判別できないため、視認しやすい車両の形状で対象車両を定めている。トラックルートには次の2種類がある。

・通過トラックルート：ニューヨーク市内はマンハッタン、ブロンクス等の5つの区に分かれており、区内に荷物の発送地や配達先がない貨物車は、通過トラックルートとして指定された道路を走行することが義務づけられている。おもに主要幹線道路と高速道路が通過トラックルートに指定されている。

・地区トラックルート：出発地と目的地が区内にあるトラックが利用するルートであり、区内の主要道路が指定されている。区内に荷物の発送地がある場合は、最短距離で地区トラックルートまで走行してその後の移動を続ける。また配達地がある貨物車は地区トラックルートを利用して、配達地に最も近い交差点からトラックルートを離れ、最短経路で配達地に到達する。

トラックルートは幹線道路に囲まれた地区において、通過交通を排除し、かつ、地区内走行距離を最短にする効果がある。トラックルートに指定されていない道路では、警察官に呼び止められたときに配送伝票を見せて、配達目的であること、かつ、トラックルートから最短ルートで配達地に向かっていること、または、出発地から最短ルートでトラックルートに向かっている

第10章　アメリカの大型車交通マネジメント

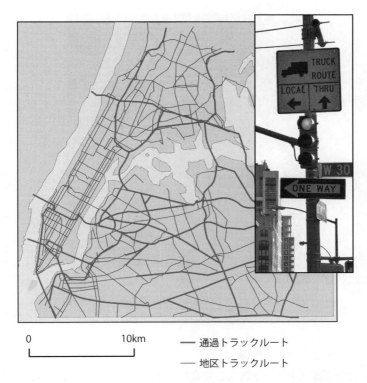

（出所：トラックルートはニューヨーク市の資料を用いて作成。写真は（株）公共計画研究所が撮影）

図10.2　ニューヨーク市のトラックルートと標識の例

ことを証明できなければ違反となる。トラックルートは図10.2のように指定されており、また、道路上には図10.2の標識が立てられている。
② 特に大きな車両が通行できるルートの指定
　ニューヨーク市ではセミトレーラーの長さが48フィート（14.63 m）を超え、53フィート（16.15 m）以下、全長が73.5フィート（22.40 m）以下などの条件を満たす大型貨物車が通行できる特定の路線を指定している。図10.3にこのような大型車が通行可能な路線を示す。

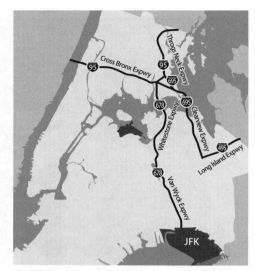

(出所：ニューヨーク市資料)

図 10.3　53 フィートトレーラー連結車が通行可能な路線

③　トラックルートの整備

　貨物車交通は乗用車と混在して流れると、次のような問題が発生すると考えられ、1990 年頃から貨物車と乗用車の交通を分離する施策が盛んに研究された。

- 事故発生のリスクが高まる。
- 交通容量が低下し、混雑により所要時間が長くなる、時間信頼性が低下する。
- 大型貨物車が走行する車線は損傷が速く、大型貨物車が走行しない車線の舗装の寿命が長くなる。

　カリフォルニア州サンフェルナンド近郊の州際高速道路 5 号において、図 10.4 に示すように、貨物車のみが走行する道路が整備されている。

④　トラックレーン設置

　フロリダ州内の州際高速道路において次の交通規制が実施され、乗用車と貨物車が混在して走行することを抑制している。

- 左側（中央帯側）[1] 車線を貨物車が走行することを禁止する。

第 10 章　アメリカの大型車交通マネジメント

（出所：(a) のベースの地図は google map、(b) は google street view）
(a) トラックルートの位置（○印）　(b) トラックルート（右側 2 車線）へ分岐
図 10.4　州際高速道路 5 号に設置されているトラックルート

・一定の大きさ（たとえば、3 軸以上）の貨物車は右側（路肩側）1 車線、または、2 車線のみを利用する。

トラックレーンが配置されている路線を図 10.5 に示す。

（出所：フロリダ州交通省）

凡例：■■■：トラックレーン設置区間、━━━線：その他の高速道路
注：HEFT：The Homestead Extension of Florida's Turnpike

図 10.5　フロリダ州の州際高速道路やその他の高速道路に設置されているトラックレーン

---

[1] アメリカでは、車両は右側通行である。左側車線は中央帯寄りの車線であり、右側車線は路肩寄りの車線である。

10.2 アメリカの貨物車の寸法と重量の一般的制限値

アメリカでは、州際高速道路と全国幹線道路網を対象として連邦政府が重量と寸法の最大値を定め、これを守ることを州に要求している。これら以外の道路については州が独自の最大値を定めている。

ただし、連邦政府が定めた最大値に関わらず、1991年6月1日時点において州に連邦政府が定める最大値を超える最大値があった場合は、そのまま継続して州の最大値とすることを連邦政府は認めている。このため、州の最大値は連邦政府の最大値と同じ、あるいは、それを超えており、最大値は州によって異なる。

連邦政府は次の最大値を定めており、州が違反すると罰を課せられる。

(1) 車両の重量

州際高速道路上を走行する貨物車については次のように規定されている。

- 車両総重量：最大値は36.3トン（80,000ポンド）である。
- 軸重：単軸は9.07トン（20,000ポンド）、二重軸（タンデム車軸）は15.4トン（34,000ポンド）である。
- 橋梁計算式による最大値の設定：橋梁に対する損傷を軽減するために、車軸数や軸距（車軸間の距離）によって重量の最大を計算する計算式が設定されている。計算値は上記の総重量最大値より小さい場合がある。

(2) 車両の寸法

連邦政府は全国幹線道路網（The National Network）と合理的進入道路（Reasonable Access）を走行する貨物車について最大値を設定している。合理的進入路とは全国幹線道路網から1.6km以内に存する食料品店、食堂、給油所、休憩所、車両の出発地・目的地・立ち寄り地となる施設に安全に到達することができる経路であり、連邦政府は州にこのような経路を設定することを要求している。車両の寸法の最大値は次のように規定されている。

- 車両幅：2.6m
- 車両高：連邦政府は最大値を設定していない。州が独自に設定しており、3.96〜4.57mの範囲になっている。
- 車両長：自動車やボート運搬用車両のみ全長の最大値が設定されている。

その他の車両については連邦政府は最大値を設定していない。このため、単車については長さの最大値が設定されていない。トレーラーの長さの最大値は次のように定められている。

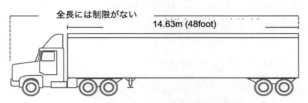

図10.6　セミトレーラー連結車の寸法

トラクター、セミトレーラーの組み合わせ：セミトレーラー14.63 m。

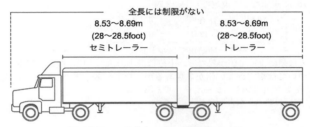

図10.7　フルトレーラー連結車の寸法

トラクター、セミトレーラー、トレーラーの組み合わせ：セミトレーラー8.53～8.69 m、トレーラー8.53～8.69 m[1]。

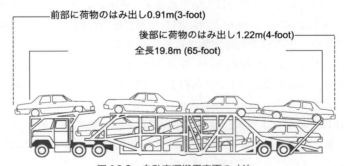

図10.8　自動車運搬用車両の寸法

自動車やボート運搬用車両：全長19.8 m。ただし、自動車運搬用車両は前後に積荷が一定長さはみ出しても良い。

---

[1] ただし、1982年12月1日の時点で、州がこの値以上の最大値（Grandfathered Semitrailer Lengths）を設定している場合は、その最大値を継続して適用することができる。

前述の連邦政府の要求を受けて、車両の重量と寸法の最大値を定めている。前述したように、連邦は重量については州際高速道路、寸法については全国幹線道路を対象にして最大値を設定し、これと同じあるいは上回る最大値を設定することを州に要求している。州道以下の道路についての最大値は上述した連邦政府設定値より小さい場合もある。

表10.1　アメリカの各州が定める車両の寸法と重量の最大値の概要（主要幹線道路）

	長さ（m）			幅（m）	高さ（m）	軸重（トン）	総重量（トン）	
	単車	連結車					単車	連結車
		セミトレ	フルトレ					
アメリカ	12.2 18.3	16.8 規定なし	18.3 規定なし	2.44 2.74	3.96 4.57	9.1 10.4	軸数・軸距による計算式	上限　36.3 　　　53.1
日本	12.0	16.5[(1)] 12.0	18.0[(1)] 12.0	2.5	4.1[(2)] 3.8	10.0[(3)]	25.0[(4)] 20.0	36.0[(1)] 27.0

注1：セミトレ：セミトレーラー連結車、フルトレ：フルトレーラー連結車
　2：アメリカは州によって値が異なる。上段は最小の値、下段は最大の値を表す。連結車の長さについては規定がない州が多数あるが、規定がある州のなかでの最大値は25.91 m（ワイオミング州のフルトレーラー）である。
　3：(1)～(4)は表3.1を参照。

10.3　アメリカの特殊車両の通行許可

軸重、車両総重量、寸法の最大値を超過する車両が走行する場合は通行許可を取得する必要がある。通行許可に関して連邦政府は関与せず、各州が管轄し、郡・都市・市町村単位に実施される場合もある。申請にはオンライン申請、電話による申請（継続の場合）等複数の方法がある。申請が受け付けられると、軸重、車両総重量および積載物を含む車両の寸法や申請経路が審査される。

表10.1に記載したように、軸重、車両総重量、寸法の最大値は州によって異なる。また、車両総重量の最大値は軸数・軸間距離を用いた計算式によって計算される。寸法については幅、高さなどにより道路上の構造物への接触がないか、またトンネル内の壁面や天井に接触がないかが確認される。

10.4　アメリカの許可値を超えた車両の取締り

アメリカは国土が広大であり、長距離を移動する大型車はおもに州際高速道路を利用する。このため、重量や寸法の許可値を超えた違反車両の取締りは、おもに州際高速道路上で実施されている。

アメリカでは連邦政府から各州へ配布される補助金の支給条件として、州の道路管理者には道路の管理状況を毎年1回連邦政府に報告する義務が課せられている。このため、各州の道路管理者は、州際高速道路に車両重量自動計測装置（WIM）を設置し、24時間365日にわたって走行中の車両の軸重や車両の総重量を監視している。

(1) 取締り方法

各州政府では、おもに州際高速道路でWIMを用いて、走行中の車両の重量

（出所：筆者撮影）

写真10.1　WIMの事前案内表示（左）と取締基地への進入案内表示（右）

（出所：筆者撮影）

写真10.2　車両重量自動計測の状況と計測結果の管理状況

(軸重、車両の総重量) を計測している。

　重量や寸法の最大値を超過している疑いがある車両が検出された場合は、本線上の情報板に取締基地に入る指示が表示（写真10.1）され、車両は本線脇に設置されている取締り基地に自ら進入し、静止状態で重量計測が行われる（写真10.2）。

　時々の交通量等に応じて、取締基地に引き込む基準軸重を変更することができる。たとえば、取締基地が違反車両で満杯の場合には、基準軸重を引き上げ、道路構造物に特に大きな影響がある違反車両のみを引き込む。

(2) 電子情報による取締基地立寄り免除

　アメリカでは、民間業者が提供するPrePassという仕組みによって重量の遵守車両の通行支援を行っている。PrePass専用の車載器（写真10.3）を装備した車両は指定された取締基地の引き込み対象車両とはならない。このため、停車の必要がなく、効率的な通行が可能となる。

(a) Mark IV PrePass 車載器　　(b) Delco PrePass 車載器　　(c) Telematics PrePass 車載器

（出所：http://www.prepass.com/Pages/Home.aspx）

写真10.3　PrePassの車載器の例

　本サービスを受けるか否かは、運送事業者の自主判断となっている。サービスを受ける場合は、法令遵守車両であるかなどの審査が行われる。登録後の違反状況に基づいて受けられるサービスは段階的に変化する。

10.5　ま　と　め

　アメリカでは、トラックルートの指定、地区を指定した貨物車進入禁止、時間帯を指定して貨物車の駐停車禁止、逆に荷捌きを行う貨物車のみ駐車可能など乗用車と貨物車を道路網・地区・時間帯によって分離しようとする施策が多

く行われている。このような施策は貨物車の行動を制約する面があるが、一方、貨物車の行動を効率的にする面もある。制約と優遇の両面によって住環境や乗用車の道路利用環境と貨物輸送の効率性とのバランスを図ろうとしている。

また、連邦政府がアメリカ全体の政策を定め、州はその下で独自の政策を展開している。貨物車交通マネジメントにおいても、たとえば貨物車の寸法と重量の一般的制限値については連邦交通省が州際高速道路などの主要な幹線道路に適用する基準を定め、この基準を遵守している車両は全米の主要な幹線道路を走行可能であり、州の境界を超えて移動することができる。

一方、多くの州では連邦政府が設定した基準値より大きな値を州独自に定めている。州の基準内であればその州内の道路を走行することができるが、他州を走行できない可能性がある。

このように、連邦政府が定めた基準と州が定めた基準、さらに地区ごとに異なる規制が行われている。

【参考文献】
1) New York City Department of Transportation "TRAFFIC RULES" など、ニューヨーク市の交通規制に関する資料
2) Florida State Department of Transportation "Truck lane restriction map" など、フロリダ州交通省資料
3) FHWA, USDOT "Management and Operations Handbook, Chapter 8.0 Managed Lanes"
4) FHWA, USDOT "MANAGED LANES: A Cross-Cutting Study - Chapter Four Managed Lanes Case Studies: Project Development and Operation"
5) Caltrans (California State Department of Transportation) "I-5 North Improvements"
6) U.S. Department of Transportation, Federal Highway Administration "Commercial Vehicle Size and Weight Program"
7) U.S. Department of Transportation, Federal Highway Administration "The National Network-FHWA Freight Management and Operations"
8) U.S. Department of Transportation, Federal Highway Administration "FEDERAL SIZE REGULATIONS FOR COMMERCIAL MOTOR VEHICLES"
9) PrePass HP：http://www.prepass.com/Pages/Home.aspx

第 11 章　欧州の大型車交通マネジメント

　欧州の大都市では沿道環境を保全する目的の下、大型貨物車の市街地への流入規制や走行ルートの指定、環境性能を満たさない車両の通行規制や課金を実施している。また、EU 域内の移動の自由化の結果、増加した貨物需要に対応するため車両を大型化しようとする欧州連合（EU）の政策に従い、加盟国は車両の一般的制限値を引き上げている。同時に道路インフラ保全のために重量超過車両の取締りの効率化も求められている。本章では欧州諸国で実施されている大型車交通マネジメント施策の具体例を現地調査の結果を交えて紹介する。

11.1　欧州の大型貨物車の走行マネジメント

　貨物車は物流を支える我々の生活に欠かせない存在ではあるが、騒音や振動、大気汚染などの問題を生じる場合もある。このため、貨物車の走行に対してルート規制や時間帯規制等を行い、適切な貨物車交通実現のためにさまざまな取組みが行われている。

(1) パリの走行・通過・駐車に関する規制

　フランスのパリ市では、1971 年から、交通安全と環境対策を目的として、

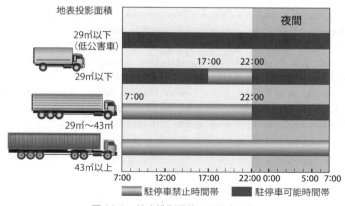

図 11.1　地表投影面積と駐停車規制

貨物車の大きさ（地表投影面積）に応じた走行規制と駐停車規制が実施されている。まず、パリ市内に出発地あるいは目的地のない貨物車の走行は全日禁止されている。

また、貨物車の地表投影面積に応じ、時間帯により環状道路（ペリフェリック）と元帥道路、および両道路を結ぶ支線道路を除いて走行と路上駐停車が禁じられている。たとえば、地表投影面積43 m^2 以上の貨物車（例：幅2.5 m、全長18 m以上）であれば、全日走行が禁止されている。地表投影面積が29 m^2 以下の低公害車（電気、ガス、ハイブリッド自動車）はこの規制の対象外となる。地表投影面積と駐停車規制時間帯の対応は図11.1のとおりである。

違反車両の取締りは警察官が行っており、違反車に対して道路交通法上の反則金（90ユーロ）が課される。反則金の金額は支払い時期により異なり、支払いが遅延するほど高額となる（最大で375ユーロ）。

(2) ロンドンの大型車が走行できる道路網の制限―トラックルートの指定

イギリスのロンドンでは、グレーター・ロンドン全域を対象とした大型貨物車の走行規制であるロンドン・ローリー・コントロール・スキーム（LLCS）が1986年に導入された。

指定道路（図11.2）以外の走行が許可されるのは、貨物の積み降ろし、車両修理等のための目的地に指定道路以外の道路を通行しないと到達できない場合、または、交通規制や警察の指示がある場合である。また、許可される走行ルートは、目的地付近までは指定道路を通行し、そこから目的地までは沿道への影響が少ないルート（沿道が工場、商業施設、オープンスペース等）を特定して許可が与えられる[1]。年間約55,000台の走行について許可が与えられている。一方、1999年には許可申請のうち約13％が却下されている[2]。

違反車両の取締りは、パトロールと監視カメラを用いて行われており、違反があった場合には、運転手に130ポンド、運送会社に550ポンドの反則金が科せられる。

また、イギリスでは、運送事業者、荷主、警察、自治体、地域住民など幅広い利害関係者が調整、協力を行う仕組みFQP（Freight Quality Partnership）

---

[1] The Greater London (Restriction of Goods Vehicles) Traffic Order 1985, as amended to January 2010 by 9 Amendment Orders. London Councils (2009) and London Council (2011).
[2] OSMOSE (2005)

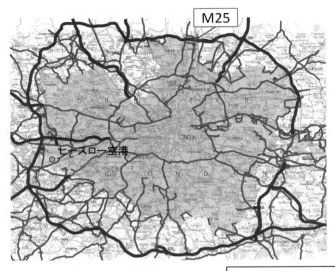

（出所：London Lorry Route Approver, *LLCS Map* より作成）

図11.2　規制対象エリアと許可なく通行可能な道路

を通じて貨物輸送問題に取り組んでいる。

　イングランド中部に位置するダービー市のFQPは、自治体、警察、運輸事業者、環境団体をメンバーとして、2003年3月に設立された。FQP内の協議を通じて、2005年にはトラック推奨ルートマップが作製され、地域内を走行する大型貨物車に対して最適な走行ルートを推奨している。同ルートを強制的に利用させるような規制や罰則等は設定されていない[3]。

(3) ブレーメンの貨物車推奨ルートの指定

　ドイツのブレーメン州（市）では、1997年から「貨物車推奨ルート」（図11.3）を指定し、貨物車交通を特定の道路に集中させ、それ以外の道路の交通

---

[3] Department for Transport (2003) and Derbyshire County Council HP（https://www.derbyshire.gov.uk/）

第 11 章　欧州の大型車交通マネジメント

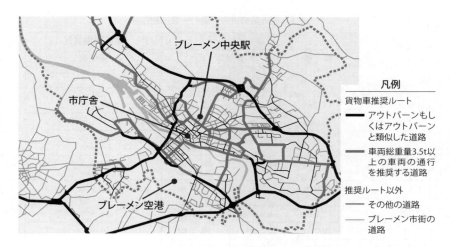

（出所：Deputation für Umwelt, Bau, Verkehr, Stadtentwicklung und Energie, (2015) より作成）

図 11.3　ブレーメンの貨物車推奨ルート

量を減少させようとしている。ルートの指定は、都市の状況の変化に合わせて、2006 年と 2014 年に変更されている[4]。

ルートを強制的に利用させる取締り等は行われていないが、導入当初には他の道路における貨物車の交通量が 11% 減少した（1996 年と 1997 年の比較）。

11.2　欧州の貨物車の寸法と車両総重量の制限値

道路は一定の構造基準によって造られており、構造を守り、交通の危険を防ぐため、通行する車両の大きさや重さの最大値が定められている。この値を超える車両で公道を走行しようとする場合には、道路管理者に特殊車両通行許可を申請し許可を得なければならない。

各国の道路事情によりこの制限値は異なるが、欧米諸国の制限値は日本と比べて非常に高い。EU 指令[5] ではセミトレーラー連結車の場合は最長 16.5 m、フルトレーラー連結車は最長 18.75 m までの車両が特殊車両通行許可を得るこ

---

[4] Deputation für Umwelt, Bau, Verkehr, Stadtentwicklung und Energie, (2015)
[5] Council Directive 96/53/EC of 25 July 1996 laying down for certain roads vehicles circulating within the Community the maximum authorized dimensions in national and international traffic and the maximum authorized weights in international traffic

表 11.1 諸外国の貨物車両の一般的制限値

国名	長さ 単車	長さ 連結車 セミトレーラー	長さ 連結車 フルトレーラー	車両総重量[注1] 連結車 セミトレーラー	車両総重量[注1] 連結車 フルトレーラー
スウェーデン	24.0 m	25.25 m	25.25 m	64 トン	
フィンランド	12.0 m	16.5 m	25.25 m	48 トン	76 トン
ノルウェー	12.4 m	17.0 m	25.25 m (高速道路等)	60 トン (高速道路等)	
デンマーク	12.0 m	16.5 m	25.25 m (高速道路等)	60 トン (高速道路等)	
オランダ	12.0 m	16.5 m	25.25 m (高速道路等)	60 トン (高速道路等)	
EU 指令	12.0 m	16.5 m	18.75 m	44 トン	
ドイツ	12.0 m	16.5 m	18.75 m	44 トン	
フランス	12.0 m	16.5 m	18.75 m	44 トン	
イギリス	12.0 m	16.5 m	18.75 m	44 トン	
ロシア	12.0 m	20.0 m	20.0 m	44 トン	
アメリカ（NY州）	12.2 m	19.8 m		36.3 トン	
オーストラリア	12.5 m	19.0 m	53.5 m (被牽引車 4 台)	45.5 トン	130 トン
日本[注2]	12.0 m	12.0 m / 16.5 m (高速自動車国道)	12.0 m / 18.0 m (高速自動車国道)	27 トン / 36 トン (高速自動車国道)	

注 1：最遠軸距等によりこれより低い数値の場合がある。
　2：日本でも特殊車両通行許可を取得すれば、国際海上コンテナ積載車両（長さ 17 m、車両総重量 44 トン）等の通行は可能である。

となく走行できるようにすることを加盟国に求めており、主要な加盟国ではこの基準を実現している（表 11.1）。

　制限値が大きければより大きな車両を走行させることができ、1 回の走行でより多くの貨物を輸送できる。これによって輸送回数の削減による燃料消費量の削減や渋滞緩和が期待できる。たとえば、スウェーデン政府は、輸送効率の向上と二酸化炭素排出量の削減を目的として、2015 年 4 月 16 日に車両総重量の最大値を 60 トンから 64 トンに引き上げている。

11.3　欧州の特殊車両の管理

　制限値を超える車両で公道を走行しようとする場合には、道路管理者に特殊車両通行許可を申請し許可を得なければならないのは各国共通であるが、許可の種類は国によりさまざまである。たとえば、フランスでは、申請した圏内の全道路の走行を許可する地域許可、特定の経路の走行を許可する経路許可の2種類がある。また、イギリスでは車長、車幅、車両の総重量の別、および超過の程度によって警察に申請するのか、道路管理者に申請するのか異なっている。

　申請方法に関しては、ドイツ、イギリス、フランス、スイス等の主要国では、オンラインによる電子申請により、一度に複数の申請を行うことが可能である。また、申請を受理した機関が、関係する複数の機関に走行ルートの確認を行い許可するワンストップサービスが行われている。

11.4　欧州の重量超過車両の取締り

(1) 重量超過車両の管理基準

　欧州における重量超過車両の取締りは、国により異なるが、車両重量自動計測装置（WIM）を用いる事例が多い。各国では路面に埋設するWIM、橋梁の主桁・床板などを用いた橋梁WIMがすでに設置されている。

　1993年から4年間の間に実施されたCOST323プロジェクトにおいてWIMの標準仕様書が作成され、CENに提出された。この仕様書は公的な標準仕様

表11.2　WIMの用途別等級

等　級	総重量の計測精度	軸重の計測精度	用　途
Class A (5)	±5%	±5〜10%	法的な重量超過車両の取締り
Class B+ (7)	±7%	±7〜14%	重量超過車両の取締り対象車両の特定、重量超過車両の事前選別
Class B (10)	±10%	±10〜20%	道路構造物の保守および評価や重量超過車両の事前選別 車種判別
Class C (15)	±15%	±15〜25%	通行車両の統計的調査や道路構造物の疲労調査 車種判別
Class D+ (20)	±20%	±20〜30%	
Class D (25)	±25%	±25〜35%	

注：軸重の計測精度：単軸とグループ軸で計測精度が異なる
　（出所：COST323報告書（http://trid.trb.org/view.aspx?id=512362））

書ではないが、欧州におけるWIMの仕様書として位置づけられている。この仕様書では表11.2に示すように、計測データの用途に応じて装置の仕様を6段階に区分している。

(2) WIMに関する国際的な計量基準

　計量法は静的な秤を基準としており、WIMはその枠外となる。このため、WIMの基準の作成は以前から課題であった。COST323プロジェクトによりWIMの用途別仕様が作成され、フランスが中心となって国際法定計量機関（OIML条約[6]に基づいて設立された国際組織）においてWIMの基準を定着させた。

　WIMのような動的な秤に関する国際勧告としては、OIML R134-1がある。この勧告は、度量衡に関する要件、技術的要件、電気装置の要件、度量衡に関する制御、試験方法で構成されている。

(3) チェコのWIMを用いた取締り事例

　チェコでは、2007年に大型貨物車に対する対距離課金が開始された。道路上にガントリーを設置し、それに通信装置を取り付け、DSRC方式よる通信を用いて車両を認識して課金している。課金ガントリーと同一箇所にWIMを設置して、重量計測精度の検証が実施された。この検証の結果、WIMの配置方法などを工夫することで、車両の総重量を±5%程度の高精度で計測できることが確認された（図11.4参照）。

　増え続ける重量違反車両の捕捉は、人的方法よりは自動計測装置を利用する方法が効率的である。このため、高精度なWIMを用いて計測した結果に基づき、直接罰則を科す「直接取締り」を実現するための法整備を進めた。

　具体的には、2010年に計量法を改正し、翌2011年に産業貿易省が定める法定計測機器を対象に、チェコ計量院の計測精度の試験を受け、2012年に型式認定がされ、直接取締り式のWIMの運用が開始された。これにより、従来からの限定的な人的取締りに比べ、効率的に違反車両に対し罰金を科すことがで

---

[6] OIML（Organisation Internationale de Métrologie Légale）条約（国際法定計量機関を設立するための条約）は加盟国の法定計量規則を整合化することにより計量器の国際貿易の円滑化を図る目的で、22か国が参加して1955年にフランスのパリで締結された。2016年には正加盟国は60か国、準加盟国は63か国に至っている。（出所：(国研)産業技術総合研究所 https://www.nmij.jp/~imco/OIML/）

第 11 章　欧州の大型車交通マネジメント

重量計測精度	車両の総重量 ±20％相当	車両の総重量 ±7.5％相当	車両の総重量±5％相当 （直接取締りに利用）
センサー配置概念図	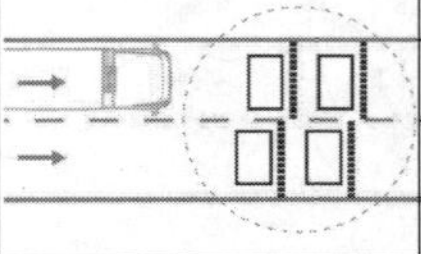	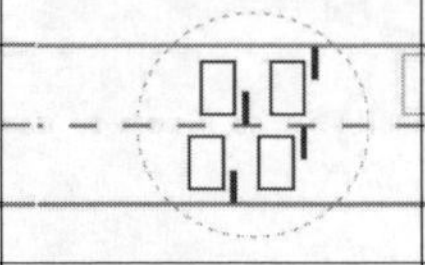	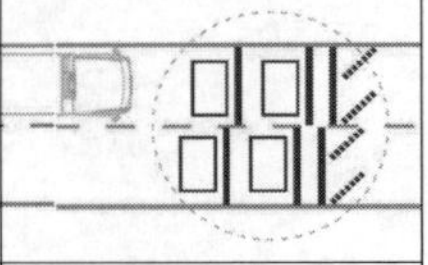
センサー配置個数	電磁誘導ループ： 2か所/車線 ピエゾセンサー： 2か所/車線	電磁誘導ループ： 2か所/車線 水晶式センサー： 2か所/車線	電磁誘導ループ： 2か所/車線 水晶式センサー： 6か所/車線 ピエゾセンサー： 2か所/車線

（出所：CROSS 社パンフレット）

図 11.4　WIM の配置事例

きるようになった。

　直接罰金を科すために用いる WIM の計測精度は軸重 10％、車両の総重量 5％以上の精度とし、チェコ計量院の試験を通過して実用化される（図 11.4）。

11.5　LEZ[7] による大型車交通マネジメント

　大型車交通マネジメントするための課金施策は、欧州で運用されている大型車課金、スイスや日本でも運用されている環境保全課金のほか欧州を中心に運用が行われている低排出車地区（LEZ）がある。大型車課金と環境保全課金は第 2 章にて記載のとおりであり、本節では LEZ について紹介する。

(1) ロンドンの LEZ

　ロンドンでは 2006 年より施行された「大ロンドン LEZ 課金令」により、指定された LEZ に入域する 3.5 トン以上の大型貨物車等に対し課金による入域規制を行っている（図 11.5）。

　課金は事前にナンバープレート番号とともに指定された口座へ払い込みを行う方法で、ロンドン中心部の渋滞課金と同じ方法である。LEZ 内には監視カメラが設置されており、事前払い込みを行っていない車両に対しては違反金の請求が行われる。

---

[7] LEZ：Low Emission Zone（低排出車地区）

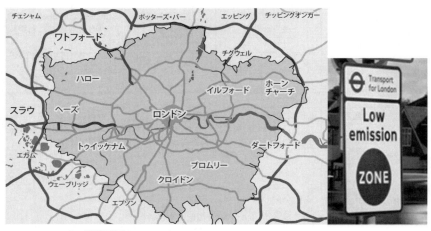

(出所：TfL[8])　▭のエリアが LEZ

図 11.5　ロンドンの LEZ と標識

(2) ドイツの LEZ

① 概　　要

　ドイツでは「連邦排出物保護法の第 35 条」により、LEZ の道路標識のあるエリアで車両を運転するドライバーはステッカーの貼り付けが義務づけられている。ドイツ国内登録車両に加え、外国車両も対象（電気自動車も対象）である。外国車両は製造年に応じたユーロクラスが適用される（図 11.6、図 11.7）。

　LEZ 導入で、2012 年には 96% のディーゼルカーと 85% のトラックが緑色ステッカー対応となり、ベルリンの主要道路では、NOx は 20% 低減、PM_{10} は 24 〜 28% 低減、ディーゼル粒子濃度は 14 〜 22% 低下の効果があると報告されている。

② ベルリンの LEZ

　2008 年 1 月 1 日より市内の都市近郊鉄道（S バーン）環状線の内側の約 88 km² の LEZ が開始され、2009 年 12 月 31 日までは緑色、黄色、赤色のステッカーが許可されていた。2010 年 1 月 1 日からは緑色ステッカーを貼った車のみに制限されている（図 11.8）。運用は 24 時間 1 年中で、取締りは警

---

[8] Transport for London（ロンドン交通局）

第 11 章　欧州の大型車交通マネジメント　　　　　　　　　　　　149

（出所：Martin Lutz）

図 11.6　ドイツの LEZ 実施都市（地域により課金対象車種が異なる）
ドイツで実施中もしくは計画されている LEZ は 50 都市以上（2012 年 9 月）

エミッション・グループ	1	2	3	4
ステッカー	ステッカーなし	赤色 	黄色 	緑色 　車両登録番号用スペース
ディーゼルエンジンへの要求	ユーロ 1 またはこれより悪い	ユーロ 2 または特定フィルター付ユーロ 1	ユーロ 3 または特定フィルター付ユーロ 2	ユーロ 4、5、6 または特定フィルター付ユーロ 3
ガソリンエンジンへの要求	ドイツ道路交通免許規制 Annex XXIII による 3 方法 触媒なし			ドイツ道路交通免許規則 Annex XXIII による 3 方法 触媒ありと、ユーロ 1 またはこれ以上良いもの

（出所：ベルリン都市開発・環境局）

図 11.7　ドイツの LEZ における対象車種

察によるパトロールによって行われる。排出基準を満たしている車両であってもステッカーがないと違法となり、80ユーロの違反金請求が行われる。

③ ハノーファーの LEZ

2008年1月1日より LEZ がハノーファー中心街に導入され、2009年1月1日より黄色と緑色のステッカーを貼った車両のみが LEZ 内の通行を許可された。2010年1月1日より緑色ステッカーの車両のみが市内への流入を許可されている。

LEZ で規制対象車を運転・駐車した場合、罰金は40ユーロである。また12トン以上の車両の通行が規制されているが、事前申請により通行が可能である。

11.6 ま と め

沿道環境の保護や交通安全の観点から大型貨物車の都市内の走行を管理する取組みが各都市で行われている。パリでは通過目的の大

（出所：ISO/TC204/WG5）

写真11.1　1 緑色ステッカー（クラス4）

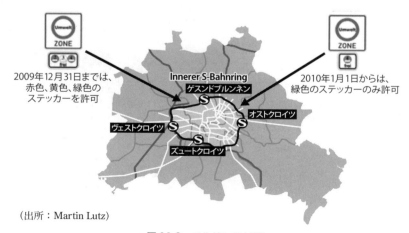

（出所：Martin Lutz）

図11.8　ベルリンの LEZ

第 11 章　欧州の大型車交通マネジメント

（出所：LEZ in Honnover）

図 11.9　ハノーファーの LEZ

型貨物車の市内への流入を禁止し、市内に目的地のある交通に対しては、路上駐車可能な時間帯を設定することで貨物車交通をコントロールしている。また、ロンドンでは全面的に貨物車の通行を規制したうえで、通行可能なルートを指定することで貨物車が幹線道路以外に流入することを抑制している。一方、ブレーメンでは推奨ルートを指定し大型貨物車の運転者に周知する手法等がとられている。

　また、都市内の大気汚染対策として LEZ の取組みが行われているが、ロンドンのように排出基準を満たさない車両へ課金するという経済的な手法、ドイツのように排出基準を満たさない車両の通行を禁止する規制的な手法の 2 つの異なるアプローチがとられている。

　欧州では、輸送効率を高め経済性の向上と貨物車の総数を削減することによる環境改善を狙い、一般的制限値を引き上げてより大型の貨物車の走行を認める取組みを行っている。一方、基準値を超過する車両については道路へ与える

損傷度合いが大きいことから、取締りを強化する方向にある。特に、走行する車両の重量を自動で計測できる WIM を取締りに活用することが注目されている。

　欧州における重量超過車両の取締りに関する計測装置の規格は、CEN に提出された WIM の標準規格に関する報告書がデファクトスタンダードとなっており、欧州のみならず、世界中で活用されている。同報告書では、重量計測の目的に応じて計測精度を規定している。

　従来、WIM は計測精度等の課題から、WIM の計測値をもとに直接取締りを行うことはできなかったが、近年、チェコにおいて無人の自動計測装置を用いて直接罰金を科す直接取締り方式が運用開始され、より効率的な取締りが可能となった。

【参考文献】
1) LEZ の関連サイト
　〈ロンドン LEZ〉
　https://tfl.gov.uk/modes/driving/low-emission-zone/check-if-your-vehicle-is-affected
　〈ドイツ LEZ〉
　http://www.tuv-nord.com/en/emissions-sticker/environmental-zones-2912.htm
　http://urbanaccessregulations.eu/countries-mainmenu-147/germany-mainmenu-61
　http://www.hannover.de/en/content/search?SubTreeArray=363614&SearchText=Low+emission+zone&SearchButton=&sort_type=score&sort_order=desc
　http://www.stadtentwicklung.berlin.de/umwelt/luftqualitaet/umweltzone/en/fahrzeug_plakette.shtml

第 12 章　豪州の大型車交通マネジメント

　豪州は日本の 20 倍の面積を有しているが、人口は日本の 5 分の 1、約 2,500 万人であり、広大な国土に薄い密度で居住地が分布している。また、経済成長に伴って輸送物資が増加しており、これを運搬するトラックドライバーが不足している。このような状況に対応するために、物流の効率化に関する取組みが行われている。

　物流効率化の方策として、車両の多重連結化[1]により 1 人のトラックドライバーが多くの物資を運搬すること、また、既存の道路構造においてより大きな車両の走行可能性を評価する手法を開発することに取り組んできた。さらに、多重連結車両の走行状態を把握する手法としてテレマティクス技術を用いた車両の走行経路や重量をモニタリングする仕組みが実用化されている。

12.1　大型車両の管理

(1) 車両の寸法および重量の規制

　豪州では、道路構造物の保全、交通安全、沿道環境の保護を目的とした大型車両国内法によって、一般車両の寸法および重量を規制している。大量輸送のニーズが大きいために、道路条件などによるが重量および長さに関し規制が緩和され、2 台以上のトレーラーを牽引する多重連結車両の走行が可能となった（表 12.1）。

表 12.1　豪州と日本の車両の重量と寸法の最大値の比較

国　名	最大重量（トン）		最大寸法（m）		
	軸　重	総重量	幅	高　さ	長　さ
豪　州	10.0 (20.0)	45.0 (172.5)	2.5	4.3 (4.6)	12.5 (53.50)
日　本 (参考)	10.0	20.0 / 27.0 (25.0)	2.5	3.8 (4.1)	12.0 (18.0)

注：(　) 内は、車両や道路の条件などによる緩和値

---

[1] 1 台の駆動車に複数のトレーラーを連結すること。ひとりの運転者が多量の物資を輸送できる。

(2) 寸法および重量を超える車両の通行許可

　豪州は、5つの州からなり、それぞれ独自の規定に基づく大型車両管理を実施していた。近年になって、国内法の整備により州の道路管理者が実施していた通行許可審査を国に統合し、実行組織として NHVR（National Heavy Vehicle Regulator）が設立された。この組織では通行許可に関するオンライン申請システムの整備・支援も行っている。

12.2　物流効率化の取組み

（1）道路ネットワークの大型車走行可能性評価

　豪州では、物流効率化のために既存の連結車を多重化し、車両の大型化を実現している。車両の大型化にあわせて道路構造を改良することは困難であるため、既存道路を対象として、大型車両の走行可能性を実走行試験やコンピューター解析により評価している。この取組みは PBS（Performance Based Standard）とよばれ、隣国のニュージーランドなどでも採用されている。PBSにおいては、車両の加速性能や横転限界など、図12.1 に示す評価項目が定義されている。車両の多重連結化に伴い、交差点における直角折進走行だけではなく、車両前方部や後方部のはみ出しに加えて、車線変更時の後方トレーラーの

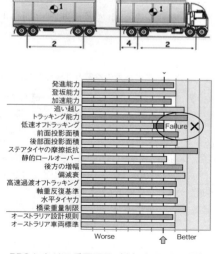

図12.1　PBSにおける重要項目（上）とPBSの評価項目（下）

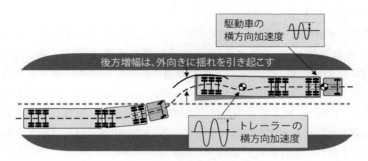

図12.2 後方増幅のメカニズム

表12.2 道路の区分

レベル1	一般通行
レベル2	制限通行：主要な幹線および許可された経路
レベル3	主要な貨物輸送経路および郊外道路
レベル4	より大型の車両形態に即して指定された郊外道路

増幅幅の確認なども行って安全性を評価している[2]。

図12.2に示すような車線変更時の後方増幅試験は、かつては実際に走行試験を行っていた。近年はコンピューターシミュレーションモデルを用いる試験も行うことで、評価期間の短縮や費用の縮減を図っている。

PBSでは、道路ネットワークを表12.2に示す4区分に分割し、走行可能な車両を制限している。

(2) 重量規制緩和施策

物流効率化を目的に、豪州では表12.3に示す3種類の重量規制制度が整備

表12.3 重量規制の概要

重量規制の区分	参加条件		重量最大値（トン）		
	RFS	IAP	単軸	タンデム軸	トライデム軸
一般的な重量規制			9.0	16.5	20.0
緩和された重量規制			9.0	17.0	21.0
より緩和された重量規制	必須	必須	9.0	17.0	22.5

---

[2] https://www.nhvr.gov.au/road-access/performance-based-standards/pbs-vehicle-standards

されている。

　一般的な重量規制は日本の一般的制限値と同じ位置づけの制限であり、通常はこの重量制限が適用される。より緩和された重量規制（Higher Mass Limites）は重量緩和の条件として、道路構造物への影響を抑制する道路にやさしいサスペンション（RFS：Road Friendly Suspension）の装着と衛星測位システム（GNSS）による車両の位置情報モニタリング、車載型重量計による車両の重量モニタリングが必須となっている。この中間の区分は緩和された重量規制とよばれ、走行位置や重量のモニタリングをしなくても若干の重量規制が緩和される。車両のモニタリング契約には高額の費用がかかるため、この契約を必要としない、緩和された重量規制を利用する事例が多い（表12.3）。

(3) 車両のモニタリング契約

　より緩和された重量規制制度を利用する運送事業者は、車両の位置情報や重量をモニタリングするシステムを提供するサービス提供事業者（2016年10月時点5社）と契約する必要がある。現在のところ、契約車両は4,000台程度あ

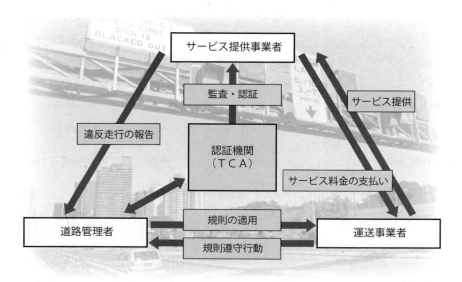

（出所：http://www.tca.gov.au/certified-services/iap/how-the-iap-works&usg=ALkJrhgQsga6qfIawPC3Hvy3fMsRQ9QzKw）

図12.3　IAPのフレームワーク

第12章 豪州の大型車交通マネジメント

表12.4 IAPのフレームワーク

組　　織	役　　割
運送事業者 (Transport Operators)	IAPに参加する条件として法令遵守、サービス提供事業者への料金の支払い
サービス提供事業者 (IAP Service Providers)	車載器および走行支援サービス提供、走行履歴の収集、違反走行時に道路管理者への情報提供
道路管理者 (Road Agencies)	通行許可の発行、IAPを通じた運送事業者の走行履歴の確認
認証機関（TCA）	サービス提供事業者の認証、開発支援

り、走行上のリスクが高い車両（クレーン車、寸法が大きい車両、Higher Mass Limit 許可車両等）が契約対象となっている。

　本制度は IAP（Intelligent Access Program）とよばれ、道路管理者と運送事業者、テレマティクスサービスを実施するサービス提供事業者によるシステムが構成されている（図12.3）。運送事業者は車載型重量計やGNSS車載器を装着することで走行中の重量や経路をサービス提供事業者に常時アップロードし、違反走行が確認された場合は、その情報が道路管理者に報告される仕組みである（表12.4）。

(4) 多重連結車による生産性の向上

　豪州では貨物列車のように数十台のトレーラーを連結した多重連結車（ロードトレインと呼ばれる）が走行可能なエリアが存在する。ただし、郊外や砂漠地帯のみであり、一般的ではない。

　一般車両が通行する幹線道路網を走行可能な多重連結車は、1台のトラクターに2台のトレーラーを連結した多重連結車（B double）である。また、B doulble よりもさらに車長が長い Super B double と呼ばれる多重連結車（写真12.1）が

写真12.1　Super B-double

港湾エリアを中心に走行している（さらに写真12.2のような3台以上のトレーラーを連結した車両が走行可能な道路ネットワークが存在する[3]）。これまで2つの40フィート国際海上コンテナ車を2台のトラクターを用いて運送していたところを、Super B doubleを用いると1台のトラクターで運送可能となり、生産性は2倍に拡大する。

（出所：Heavy vehicle charges review Discussion paper, March 2013）

写真12.2　多重連結車の事例

多重連結車は高効率車両（HPFVs：High Productivity Vehicle）[4]と呼ばれ、車両長30m、車両総重量85トンまで緩和されている。

12.3　大型車課金に関する取組み

(1) 大型車課金の検討状況

豪州では、日本と同様に大型車両に対して燃料税が課せられている。しかし、重量が大きい車両の増加に伴って、道路の維持修繕費用が増加している。新たな収入源を確保するために、大型車への対距離課金制度の導入を目指している。

豪州政府がフィージビリティスタディとして実施した大型車課金実現可能性研究（2009年～2011年）によると、豪州政府は国内の主要都市において大型車による道路構造物への影響やその負担額等の状況に関して運送会社等向けに説明会を実施し、現行の燃料税の課題を説明し、税・料金体系の見直しを行っていくことを表明した。

(2) 現行の大型車課税制度の課題

過去9年間では、2006年～2009年に道路構造物の補修費用等の支出が燃料税による収入を上回っている[5]。このため収支バランスの見直しが必要となっ

---

[3] https://www.fullyloaded.com.au/industry-news/1611/heavy-vehicle-capabilities-on-display-in-toowoomba

[4] https://www.fullyloaded.com.au/industry-news/1611/heavy-vehicle-capabilities-on-display-in-toowoomba

[5] Heavy vehicle charges review Discussion paper, March 2013（NTC）

た。大型車両の通行量増加が道路構造物（特にアスファルト舗装）へ悪影響を与えており、それが収支をアンバランスにしている理由と考えられている。

現行の大型車課税制度は、トラクターとトレーラーのひとつの組合せに対し、課税していたが、トラクターは異なるタイプのトレーラーを牽引することから、その総重量も変わるため、実態にあった課税ができていないと考えられている。

(3) 道路構造物への影響

重量超過車両による道路舗装への影響を基準軸重（10トン）に対する超過率に対し、4乗則を採用している。さらにひとつの車両の軸数が3軸であれば、1軸目＋2軸目＋3軸目の合計値により道路構造物への影響を計算する（図12.4）。

$$等価標準軸数 = \left(\frac{軸重}{基本軸重}\right)^4$$

$$複数軸数の等価標準軸数 = \sum_{i=1}^{n} \left(\frac{複数軸目の軸重}{基本軸重}\right)^4$$

図12.4　等価標準軸数の算出方法[4]

(4) 道路利用者からの意見を踏まえた取組み

2014年2月に発行された「2014 Heavy Vehicle Charges Determination Regulatory Impact Statement（RIS）」において、産業界と行政側の意見が整理されている。これによると、以下のような意見交換が行われた。

行政側は既存の車両重量自動計測装置（WIM）によって計測された重量の値を用い、道路構造物への影響を説明している。それに対し、全豪トラック協会はエアサスペンションを装着した車両は道路構造物への衝撃等の影響が軽減できることから、エアサスペンション装着車を対象として重量規制値の緩和を行うべきであると申し入れをしている。さらに、舗装の劣化要因として、大型車両以外の小型車両も考慮し、その研究を道路管理者が行うように要望が出された。

このように、行政側は、自らが管理する重量計測結果をもとに道路構造物の

置かれている状況を説明し、また、産業界は、道路構造物への影響を軽減する車両へインセンティブを付与することを希望している。

このように、産業界と行政側の相互のディスカッションが行われ、その結果から、道路の補修費用を確保するために、2016年7月に連結車に対してはトラクターとトレーラー双方に別々に課税する体系に課税制度が変更された。

12.4　ま　と　め

豪州では広大な国土に都市が分散しており、大量の物資を長距離輸送する需要がある。そのため、次のようなさまざまな取組みを行っている。

① 車両の重さ・長さの一般的制限値は、最大総重量は45トン、最大車長は12.5 mである。これに対して、軸間距離が53.3 m以上の場合には最大総重量172.5トン、また最大車長53.5 mを緩和値として設定している。

② この緩和値によって、2台以上のトレーラーを牽引する多重連結車両の走行が可能となり、1人の運転手が一度に大量の物資を輸送できるようになった。多重連結車はロードトレインと呼ばれており、郊外の極限られた道路ネットワークにおいて走行可能である。これとは別に国際海上コンテナを2台連結した高効率車両があり、港湾施設を中心とした限定された道路ネットワークにおいて走行できる。高効率車両は車両長30 m、車両総重量85トンまで制限値が緩和されている。

③ 道路ネットワークを一般走行から大型車両が走行可能な道路まで4つに分類している。道路利用者は車両の大きさに応じたネットワークを利用できる。

④ 軸重の制限値を3段階設定している。大きな軸重制限の適用を希望する場合は、道路にやさしいサスペンション装着、衛星測位システムによる車両の位置情報のモニタリング、車載型重量計による車両の重量のモニタリング、高額の費用負担を伴う車両モニタリング契約などを条件としている。道路管理者としては軸重が大きいほど車両の監視を厳しくし、道路利用者としては厳しい監視と費用負担を受け入れることより軸重が大きな車両を利用できる仕組みになっている。

⑤ 行政側は道路上で実施した重量計測結果をもとに大型車の増加による道路構造物への影響を説明し、また、産業界は道路構造物への影響を軽減した車両の利用へインセンティブを付与することを希望するなど、行政側と

産業側が意見交換している。このような意見交換を経て、道路の補修費用を確保するための税制改正などを進めている。
⑥　重量が大きい車両の増加に伴って、道路の維持修繕費用が増加している。新たな収入源を確保するために、大型車への対距離課金制度の導入を目指している。

第 13 章　韓国の大型車交通マネジメント

韓国では、聖水大橋の落橋以降、大型車の重量超過対策に力を入れている。本章では、韓国において大型貨物車の走行に伴う規制やその規制を遵守させる仕組みを現地調査の結果を交えて紹介する。

13.1　韓国の大型車交通マネジメントの概要

(1) 貨物車の重量と寸法の一般的制限値

韓国では、寸法および重量に関する法規制として道路法および道路法施行令が存在する。本規制の一般的な制限値として、車両総重量は 40 トン、長さは連結車の場合 19 m となっている。また、超寸法[1]の 45 フィート国際海上コンテナ車が許可なく走行できることが特徴である。ここで、橋梁には 3 種類の設計荷重がある。この設計荷重はそれぞれ、43.2 トン、32.4 トン、24.3 トンであり（表 13.2）、橋梁を通過する際には、標識により車両の重量制限を行っている。また、道路設計における設計車両にもこの車両の重量と寸法の最大値が反映されており、日本よりも車両総重量および寸法の車両制限値が高いことから、より高規格な道路設計がされている。重量および寸法の車両制限値を表 13.1 に示す。

(2) 通行許可の申請

日本と同様に、表 13.1 の車両制限値を超過する場合には、通行許可が必要

表 13.1　韓国と日本の車両の重量と寸法の最大値の比較

国　名	重　量（トン）		寸　法 (m)		
	軸　重	総重量	幅	高　さ	長　さ
韓　国	10.0	40.0	2.5	4.0 (4.2)	16.7 (19.0)
日　本 (参　考)	10.0	20.0 (25.0)	2.5	3.8 (4.1)	12.0 (18.0)

注：（　）内は、緩和値

---

[1] 日本では、許可なく走行可能な連結車の長さは 16.5 m が最長であるが、韓国ではそれ以上の長い車両（超寸法）についても許可なく走行できる。

である。通行許可申請には、オンラインで申請システムが利用されている。運行する経路の出発地・目的地を設定し、車両の種類・諸元、積載貨物の情報を申請時に提出する。ま

表13.2 橋梁の等級と設計荷重

橋梁等級	荷重等級	設計重量（トン）
第1級橋梁	DB-24	43.2
第2級橋梁	DB-18	32.4
第3級橋梁	DB-13.5	24.3

た、車両番号をオンライン申請システムに入力することで、車検証のデータベースと連携し、車両諸元を自動入力できるようになっていることが特徴である。オンライン申請率は90％以上であり、申請手続きの効率化が進んでいる。

(3) 不正車両の取締り

重量超過車両は有人の固定式基地で取締りを行っている。取締基地は全国に国道29か所、高速道路330か所、地方道路29か所（2015年時点）であり、取締りを24時間実施している（写真13.1）。

高速道路における取締り場所では大型車専用のレーンを設置している。しかしながら、近年固定式基地を迂回する車両が増えており、移動取締り隊を全国で180チーム編成して、取締りの実効性を高める対応を行っている（2015年時点）。また、取締りに要する人的資源を削減することを目的として、車両重量自動計測装置（WIM）の導入が進んでいる。さらに、従来は高速道路の料金徴収に利用するETC車載器は車両総重量4.5トン以上の車両には装着させず、有人の料金所において一時停止時に軸重を測定し、重量が超過している場合には、写真13.1の固定式取締り基地に引き込みをしていた。近年は、WIMの普及に伴い、大型車専用のETC車載器を独自に開発し、課金と取締りを同

（出所：筆者撮影）

写真13.1　高速道路における固定式取締基地

時に行っている。

13.2　大型車専用ETCレーン・車載器による取締り

(1) 背　景

　韓国では2002年にETCが運用開始されたが、4.5トン以上の大型車に対しては重量取締りを優先するため、また車載器の載せ替えなどによる不正防止のために、ノンストップ走行のETCは利用不可としてきた。大型車は料金所では一番右側（韓国では車両は右側通行）の大型車専用レーンを徐行して進入しブース手前設置の軸重計で計測を受けてからブースで停止し、通行券を受け取ってから本線に入るという、非ETCの運用を行っていた。しかし2015年10月、大型車専用のETCレーンと車載器を導入し、重量取締りを行い、かつ、ETCも利用可能とするシステムを導入した。以下そのシステムについて説明する。

(2) 4.5トン未満車両向けのETC

　韓国では、1999年にHi-pass pilotという呼び名のETC開発プロジェクトが始まり、2002年に部分的にETCの運用が開始された。2007年からは韓国の高速道路全線で4.5トン未満の車両に対して5.8 GHz DSRCと赤外線通信の両方式を使用するハイブリッド型のETCが利用可能となった。

　このハイブリッド方式は世界的にも非常に特殊であり、また、路側装置と車載器間を通信する路車間通信に2つの方式を採用したことにより、ETCレーンには5.8 GHzDSRC用と赤外線通信用のそれぞれの路側アンテナが設置され、また車載器も5.8 GHz方式と赤外線方式それぞれが販売されている。

　また2007年から国家プロジェクト"Smart Highway"のなかで取り組まれているSmart Tollingで、2020年12月より現金収受を廃止し、完全な電子式料金収受となるフリーフローETCを実現することとしている。その前段として大型車のETC化を開始したわけである。

(3) 大型車（4.5トン以上車両）のETCの概要

　4.5トン以上の大型車用ETCシステムでは、高速道路入口に大型車専用のETCレーン（写真13.2）を設けている。また、大型車用の車載器を開発した。この車載器には音声にてレーン案内や重量超過等を運転者に警告する機能が付

けられている。この機能は、重量超過にもかかわらず本線を走行し続ける車両に対して、本線上のDSRCアンテナが設置された地点で繰り返し車重超過を警告する。また新設した大型車センターでは、重量超過車両の車載器情報、重量データ等を蓄積することができる。

大型車専用車載器を搭載する車両のみこのETCレーンを利用でき、低速車両用の軸重計に

（出所：TC204/WG5国内分科会資料）

写真13.2 大型車専用ETCレーン
（右端ガントリー部）

より車両の重量を計測するようになっている。車両の重量が判明するのはレーン通過後となるが、仮に車両の総重量や軸数違反などの不正が検知されると車載装置情報との整合をチェックするために、車両の総重量・軸数等の検知のデータが車載器IDとともにセンターに通知され、審査される。

車両重量超過車両に対する音声警告は、次のような仕組みで作動する。本線上4 kmごとに設置されたDSRCアンテナを通じて通過する車両の車載器IDを読み取り、重量超過または不正利用の車載器IDを検知した場合には、次の出口で退出を促すメッセージを発話する信号を車載器に送り、発話信号を受信した大型車用ETC車載器は固定メッセージを発話することで、ドライバーへ「不正あり。次の出口で退出すること」を知らせる。

出口料金所では普通のETCレーンを利用して通行料金を支払うが、車載器に格納されている軸数等が不正と判断された車両は、出口にて実際の軸数に応じた通行料金を支払う。また車両の総重量違反の車両が指示に従わず高速道路を走行し続けた場合には、高額の罰金が科せられる。

本線には高速で走行する車両の軸重や、速度を計測できる高速車用軸重計測装置（HS-WIM以下、高速軸重計）が設置されている。高速軸重計は、重量超過の大型車を検知すると計測した車両の軸重・総重量、車両ナンバープレート情報、静止画・動画などを取締りセンターに送付する。このセンターは現場取締り部隊に不正車両を検知したことをSMS（携帯電話通信によるショートメッセージサービス）で通知し、取締り部隊が対象車両を本線上で捕捉しよう

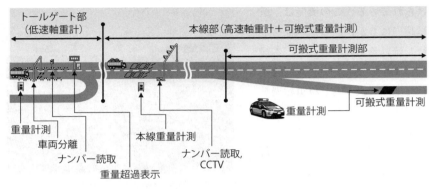

(出所：KEC)

図 13.1　大型車専用 ETC システムの全体構成図

とする。取締り部隊は対象車両を本線の駐車車線に停止させて、可搬式重量計を用いて静止状態で正しい車両の総重量を計測する。実際に重量違反であれば罰金を科すことになる。

(4) 大型車専用の入口 ETC レーンの特徴

　大型車専用の入口レーンには軸重自動計測装置が設置されており、非 ETC レーンと大型車用 ETC レーンは合わせて計 389 車線、うち大型車専用 ETC レーンは 336 車線ある。大型車専用 ETC レーンは黄色のガントリーに大型車専用 ETC レーン案内表示装置と ETC アンテナが設置されている。従来の 4.5 トン未満車両用 ETC は DSRC と赤外線のハイブリッド方式であったが、大型車専用 ETC は DSRC 方式のみとなっている。

　低速車用軸重自動計測装置(LS-WIM 以下、低速軸重計)は入口レーンの先端部に埋設されている。低速軸重計は車両速度 30 km/h 対応の仕様で設計されているが、大型車専用 ETC レーンはノンストップ通

(出所：TC204/WG5 国内分科会資料)

写真13.3　大型車専用ETCレーンの路側アンテナ

行とはいえ、5 km/h で運用されている。

(5) 本線の大型車取締りシステム

大型車をチェックする本線上の取締りシステムは、高速走行車両に対応した高速軸重計、車両番号読取装置（AVI：Automatic Vehicle Identification）、さらにテレビカメラ（CCTV：Closed Circuit Television）の3つのシステムが統合されている（高速道路の6か所に設置）。高速軸重計には、車両検知と車両速度を測定するためのループコイル、軸重を計測するクオーツセンサー、タイヤ幅と走行位置を検知するピエゾセンサー（圧電素子）、センサー出力を温度補正するための温度センサーなどで構成され、これらは路面下に埋設されている。AVI は、ループコイルで車両を検知したときに車両前面を撮像し、ナンバープレートの文字を読み取って上位コントローラーに送信する。CCTV は、ループコイルで車両を検出前後10秒間の動画を保存して、上位コントローラーに伝送する。

上位コントローラーは、各システムからのデータを紐づけ、総重量超過車両もしくは軸重超過車両を検出すると不正車両としてデータ一式を上位サーバーに伝送する。また、上位コントローラーは、車両が路肩を走行していることを検出した場合も、故意に計測できない場所を走行した可能性があるとしてデータ一式を上位サーバーに伝送する。

また高速軸重計は誤差があるため初期段階のチェックとして使用しており、不正車両と判断された車両の情報は取締り部隊に通知され、取締り車両で不正車両を追跡し捕捉する。そして現場で可搬式車重計を使用して軸重と車両の総重量を測定して違反かどうかを確認する。

この取締りシステムのおもな性能は、車両の総重量の誤差は5％以内、軸重の誤差は10％以内、車種は12区分で判別可能、ナンバープレートの文字認識精度は95％である。また CCTV は、監視ビデオ機能とトリガー

（出所：TC204/WG5 国内分科会資料）

写真13.4　路上に設置された軸重計とAVI・CCTV

(出所：KEC 資料)

図 13.2　大型車両の可搬式重量計を使用した取締り状況

が働いて前後 5 秒の動画記録機能、中央分離帯走行・車線跨ぎ・路肩走行・加減速などの回避行為の検知を可能としている。

　取締りセンターシステムでの重量超過車両情報を図 13.3 の画面例に示す。ここで①～④の表示内容は下記のとおりである

① 　重量超過車両の情報（ID、日時、ナンバープレート情報、軸数、総重量）
② 　撮像した対象車両の画像

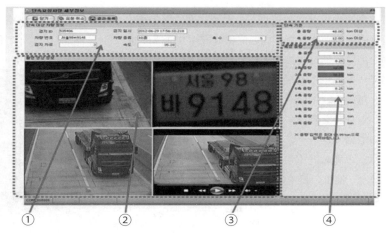

(出所：TC204/WG5 国内分科会資料)

図 13.3　重量超過車両情報画面

③ 取締り条件の設定（車両の総重量、軸重）
④ 計測した車両の総重量と軸重、超過した項目は赤で表示

(6) 大型車用 ETC 車載器

大型車用 ETC 車載器は、普通の車載器に大型車用の固定メッセージを発話できる音声機能が追加されている。液晶等表示部 はなく価格は普通の車載器と同程度に抑えられている。2015年の運用開始時点では6社から発売され、11月時点で約8万5千台の大型車用 ETC 車載器が購入されている。普通の ETC 車載器と同じく、Hi-pass カードが利用でき、サービスエリアやインターネットで購入可能である。

（出所：ITRONICS 社 HP）

写真 10.5　大型車用 ETC 車載器の例（ITRONICS 社製）

(7) 今後の計画

次世代の ETC のイメージは、図13.4のとおり本線フリーフロー型となっており、Smart Tolling という呼び名のもと 2014年から釜山料金所で試験運用さ

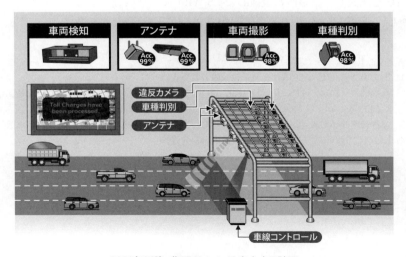

2020年以降、非ETCレーンは廃止する計画

（出所：KEC）

図 13.4　Smart Tolling のイメージ

れている。そして 2020 年 12 月にはほぼすべての料金所が Smart Tolling に更新される計画である。この計画に向けてフリーフロー ETC での車種区分の検討と車種判別方法の開発、またフリーフローで重量超過車両を検知する取締りシステムの配備拡大と移動式の取締り方法の拡充などが予想される。

また Smart Highway で取り組んでいる Smart Tolling 以外の他の ITS アプリケーションで開発するシステムとの統合化なども予想され、欧米で配備が計画されている 5.9GHz DSRC、"WAVE"を利用した C-ITS（Cooperative 協調型 ITS）の安全運転支援サービスとの統合化が図られようとしている。

13.3　ま　と　め

韓国では車両の長さの最大値に関しては緩和が進んでおり、45 フィート国際海上コンテナ車が許認可を必要とせずに走行可能である。重量や寸法の最大値を超える大型車の交通マネジメントは、日本と類似した許認可制度に基づき運用されている。車両の総重量や軸重超過などの違反者の取締りについては、過去には有人の固定式基地による取締りが主流であった。最近では高速道路などでは WIM による取締りの導入が進んでいる。具体的には、大型車専用の ETC を開発し、料金所に設置した LS-WIM により取得した重量から不正を判断し、高速道路上で取り締ることができる仕組みとなっている。

【参考文献】
1) ISO/TC204/WG5　2016 年 1 月 7 日国内分科会資料
2) 倉橋敬三（2014）「ITS の国際標準化：次世代の規制商用貨物車の運行管理」『交通工学』Vol.49 No.2
3) 運行管理 Network（2015）「次世代デジタコ、FMS 標準規格」Vol.7 No.36　LINC 出版
4) ISO/TC204/WG5　2016 年 1 月 7 日国内分科会資料

第 14 章　設置型重量計と車載型重量計の技術と規格

大型貨物車両の重量の計測は設置型重量計により行われてきた。最近になって、欧州や豪州では車載型重量計も用いられるようになっている。本章では、2つの重量計の技術・規格とその利用目的を紹介する。

14.1　設置型重量計の技術

(1) 設置型重量計の概要

設置型重量計は路面に設置した軸重計で車両の各車軸の重量を計測し、その総和として車両の総重量を決定する装置である。なお、通過車両のナンバープ

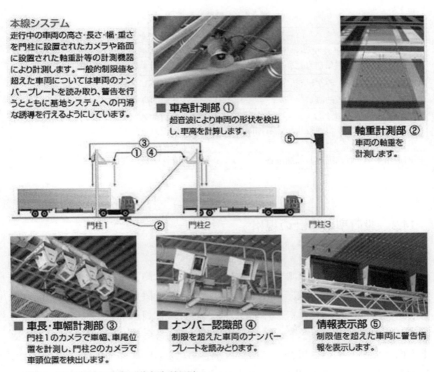

(出所：国土交通省兵庫国道事務所 HP)

図 14.1　車両重量自動計測装置 (WIM)

レート情報を認識するために上部にカメラ、また、車両の寸法（車長・車幅）を計測するためにレーザースキャナー装置を併設している場合もある（図3.8、図14.1）。

(2) 軸重計測機能の概要

軸重は、軸重計と呼ばれる計測機器を用いて計測することができる。軸重計には、ロードセルを用いたタイプとピエゾセンサー（圧電素子）を用いたタイプに大別される。前者はひずみゲージとも呼ばれ、力を電気信号に変換し、その電気抵抗の変化を利用して重量に換算する方式を採用している。後者は、柔軟性に優れた圧電素子（圧電体）に加えられた力を電気信号に変換する方式を採用している（表14.1）。

表14.1 軸重計測機能

	ロードセル方式	ピエゾセンサー（圧電素子）方式
原　　理	ひずみゲージに作用する力（伸縮）を電気信号に変換	水晶振動子の一種であるピエゾ素子に作用する力を電気信号に変換
計測技術	ひずみゲージ	ピエゾセンサー
計測精度	比較的高い	比較的高い
特　　徴	設置するスペースが道路面より深くなり、通行止めする期間が長い	設置するスペースが小さく、施工性に優れる。路面に直接接する部分があり、定期的な点検が重要
国内適用事例	直轄国道、高速道路	直轄国道、高速道路

14.2　設置型重量計の規格

(1) 軸重計測精度

走行中の車両重量を計測する場合、静止状態で計測する場合と比べさまざまな要因で計測精度が低い。そのなかでも軸重計が設置されている地点の前方の舗装路面の平坦性が大きく影響する。すなわち、車両が上下に振動した状態で軸重計測部を通過すると下方向に振動している場合には重量は大きめに、逆に上方向に振動している場合には重量は小さめに計測される傾向がある。また、軸重計測部において加減速する車両は上記と同様に計測精度が低下する傾向がある。そのため、複数の軸重計を設置し、これらの要因により発生する誤差を

小さくするようにしている。

(2) 軸重計測精度の規定

現在、諸外国で準用している軸重計測装置の計測精度の規格は、1993年～1998年に欧州で実施されたCOST323プロジェクトにおいて検討され、欧州標準化委員会（CEN）が報告書として出版した規格である。本規格は公的な標準仕様ではないが、事実上の欧州規格となっている。また、諸外国においても、COST323に適合していることを明示している事例も多い（表11.2）。

14.3　車載型重量計の技術と精度

(1) 欧州の車載型重量計の導入背景

欧州では、1993年の越境交通自由化に伴い大型車両の通行が倍増し、深刻な渋滞や公害および交通事故等に悩まされた。このため、欧州委員会では、加盟国の国際輸送に用いられる車両の寸法および重量を制限する規制（EU指令96/53[1]）を定め、輸送の安全性向上に取り組むことになった。また、自国の道路を他国の車両が通行することで道路構造物が損傷する問題が顕在化してきた。

大型車は主として設置型重量計によって国ごとに重量を監視してきた。ところが、各国の計測装置の仕組みが異なっていること、またその計測結果を一元的に管理できないことなどの課題が明らかになった。このため、設置型重量計の標準化を進めるとともに、後述するすでに市販化されている車載型重量計を重量超過車両の取締りに利用することが検討されるようになった。

(2) 欧州のエアサスペンションを利用した車載型重量計の導入状況

欧州で現在販売されているトラクターには、エアサスペンションが装着されている場合に限り、自動車メーカー純正オプションの車載型重量計を装備可能である。サスペンションに作用する圧力を電気信号に変換することでトラクターに作用する重量を把握することができる（図14.2）。導入済みのトラクターメーカーは、Mercedes、VOLVO、SCANIA、IVECO、MAN、DAIMLER、DAFと7社にわたり、計測精度はおおむね±5～10%（車両の総重量）と高い。

---

[1] 欧州連合加盟国における車両の重量および寸法の規制値

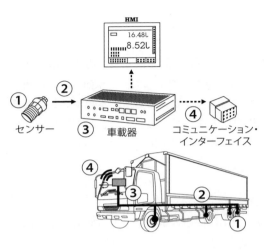

① センサーには主に、荷重変換器（特に鋼製スプリングのサスペンション用）、空気圧変換器（特にエアサスペンション用）、ひずみゲージの3つのタイプがある
② 装着されたセンサーから、生データがケーブルを通じて車載器へ送られる
③ 箱型の車載器にはデータ処理器の他、ドライバー向けユーザインターフェスといった、コミュニケーション・インターフェースが含まれている
④ GNSS、GPRS、DSRCといった位置測定やコミュニケーションのモジュールは箱型車載器の一部でもあるが、こうしたモジュールのインターフェースは、車両のどこに装着しても使用可能なものとなっている

（出所：2014年1月：欧州 TRANSPORT & ENVIROMENT）

図14.2　車載型重量計の基本構成

オプション料金は8～20万円程度と、1,000万円を超えるトラクターの価格と比べると非常に安価であることが特徴である。このため、2015年時点の新車販売台数に占める車載型重量計の装着比率は約50%と高い。

運送会社は安全運転と重量超過防止のために導入している事例が多い。運送事業者は法令遵守の意識が高いことがわかる。

一方、道路管理者にとっては、高価な設置型重量計を増設しなくてすむこと、個々の車両の重量を常時把握できることがメリットになる。

(3) 欧州の車載型重量計の開発課題

トラクターメーカーの車載型重量計により計測可能な範囲はあくまでもトラクターのエアサスペンション装着箇所のみで、トレーラーの後輪などの重量は通常計測できない。このため、すでに規格化されている電子制御ブレーキ（EBS）の接続コネクターを介して、前方のトラクターと後方のトレーラーが通信し、車両全体の重量を一元的に把握するシステムが開発されている。この規格は、2014年にISO11992-2として国際標準規格として定められている。

（4）欧州のデジタル・タコグラフとの連携

2014年に改訂されたEU指令（No.165/2014）[2]において、スマート・タコグラフと呼ばれる新しいデジタル・タコグラフの仕様が規定された。この仕様は次の特徴がある。

- GNSSモジュールを用いて、車両の出発地点と到着地点を記録すること。
- 道路管理者が道路の路側から遠隔操作によって、タコグラフのデータを取得できること。
- トラクターメーカーの純正オプションで販売されている車載型重量計との接続インターフェースを有すること。

（5）豪州のロードセルを利用した車載型重量計の計測精度と利用状況

豪州では、広大な国土に設置型重量計を多数設置することは限界があるため、車載型重量計に対するニーズが高い。このため、2009年に豪州の政府機関を中心として車載型重量計（ロードセル方式）の実証実験が行われた。そこでは、計12種類の車載型重量計を7か月間にわたり検証した結果、±2%以内の計測精度が確保できることが確認された（図14.3）。

ロードセル方式の車載型重量計は、車体のフレームにロードセルと呼ばれるひずみゲージを装着し、そのひずみゲージの抵抗値の電気信号を重量に換算し車両の重量を計測している。

また、車載型重量計装着義務も始まっている。具体的には、供用年数の経過している老朽化橋梁を通過する場合など個別の条件により、装着を義務化している。さらに表12.3に示すより高い重量規制の緩和を受ける場合にも義務化している。

（出所：On-Board Mass Monitoring Test Report (Final) 2009年5月 TCA）

図14.3 ロードセル方式の車載型重量計実証実験報告書

---

[2] EU指令 REGULATION 165/2014
http://eur-lex.europa.eu/legal-content/EN/TXT/PDF/?uri=CELEX:32014R0165&from=EN

14.4 まとめ

大型車の重量を監視する仕組みとして、設置型重量計や車載型重量計を紹介した。設置型重量計は軸重計の電気抵抗の変化から荷重換算するシステムが多い。また、車載型重量計は、車両のエアサスペンションの圧力変化を利用し、荷重換算しているシステムが多く、欧州において販売されているトラクターの約半数には装着済みである。なお、将来的には車載型重量計とデジタル・タコグラフを連動させ、走行中の車両の重量をモニタリングすることも検討されている。

【参考文献】
1) https://www.kkr.mlit.go.jp/hyogo/introduction/jigyou/jigyo/route43/index2.html
2) 2014年1月：欧州 TRANSPORT & ENVIROMENT EU 指令　REGULATION 165/2014
　http://eur-lex.europa.eu/legal-content/EN/TXT/PDF/?uri=CELEX:32014R0165&from=EN
3) On-Board Mass Monitoring Test Report (Final)　2009年5月　TCA
　〈欧州における COST323 報告書〉http://trid.trb.org/view.aspx?id=51236

第15章　貨物車の運行管理の国際標準化と各国の規制動向

　貨物車が国境を超えて（場合によってフェリーを介して）移動するようになり、運行管理に関しても世界共通のルール作りが求められるようになっている。そのルール作りの一翼を担う代表的な機関としてISO（国際標準化機構）がある。ISO国際標準が早期に確立することにより、システムや機器の相互互換性が高まり、企業の開発費用を低減できる。各国政府の規制政策の整合性もとりやすくなる。

　本章では、ISOの技術委員会のひとつであるTC204（Technical Committee 204、ITS[1]分野）に属する開発作業グループWG7（Working Group 7、商用貨物車運行管理）で開発が進んでいる国際標準規格である「規制商用貨物車（以下、貨物車）のための協調通信情報アプリケーションのフレームワーク（Framework for cooperative Telematics Applications for Regulated commercial freight Vehicles（以下、TARV）と、各国の規制動向について紹介したい。

15.1　貨物車の運行管理の国際標準化

(1) 国際標準規格の背景

　現在、世界各国の民間輸送事業者の運行管理分野でIT技術が利用されている。そのひとつとして安全と安心を目的とする民間のテレマティクス[2]を活用したアプリケーションがあり、それらを応用した行政向き貨物車規制アプリケーションもすでに開発され始めている。

　各国の規制アプリケーションは、国ごとに異なるが、車に搭載される電子機器を利用した積載貨物重量モニタリング、デジタル・タコグラフ、貨物車アクセス監視、危険物追跡、罰金徴収、さらに緊急時通報などがある。また乗務員の疲労管理、運転速度監視、貨物車の場所、運転時間・距離把握などにも広がりつつある。

　このように民間、行政のアプリケーションの利用が広がる状況で、貨物車に

---

[1] ITSはIntelligent Transport Systems（高度道路交通システム）の略称で、人、物、車の道路上の移動をさまざまな側面から支援するシステムである。基本となる技術は、情報技術や通信技術などである。
[2] テレマティクス（Telematics）とは、遠隔地のデータ発生源からデータを伝送、収集するための無線メディアの利用をいう。

搭載する単一の情報通信プラットフォームとなる総合的なビジネスと機能レベルのアーキテクチャに関し標準化ニーズが高まっている。このアーキテクチャが各国共通の標準になれば、貨物運送事業に係わる官・民の関係者全員が共通に利用する汎用的なプラットフォーム、さらには共通の機能をベースにして新しいアプリケーションが迅速に開発されるようになる。

(2) 新しい国際標準規格（TARV）の概要

新しいISO国際標準規格（TARV）は、貨物車の道路／駐車場アクセス、積載貨物を含む車両の総重量、運転時間、走行速度などの規制情報と罰金などの取締り情報を、認証機関によって認定された民間の情報サービス組織を通じてデータ交換するテレマティクス・システムを構築するためのフレームワークとアーキテクチャを国際標準化することを目的としている。

本規格では、貨物車に重量計、GPS受信機などを搭載して、それらの情報を行政の規制部局へ提供し、規制情報を利用者である運送事業者に提供するシステムを想定している。情報収集および提供のサービスを行うのは、認証機関に認められた民間のITアプリケーション・サービスプロバイダーである（図

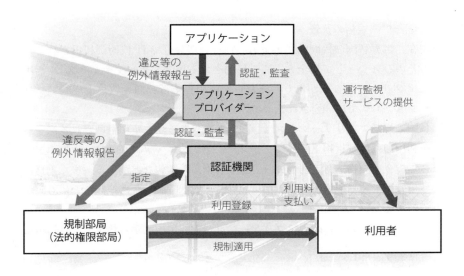

(出所：(社)自動車技術会「ITSの標準化2015」の情報より作成)

図15.1　貨物車のための協調通信情報アプリケーションの枠組み

第 15 章　貨物車の運行管理の国際標準化と各国の規制動向　　*179*

15.1)。

TARV のメリットは以下の 3 つである。
① 多国間で貨物輸送が行われている場合に、各国で規制のために用いる各種データを統一的に収集でき、かつ効率的に監視、管理、さらに取締りができるようになる。
② 民間の IT サービスプロバイダーを活用することにより、民間のアプリケーション・サービスを利用している運送事業者に大きく異なる負担を強いることなく、安価にかつ円滑に規制に係わる貨物車の運行管理の仕組みを速やかに導入できるようになる。
③ 各国の国内で複数の行政区域で、経済的かつ少ない人的負担で、効率的かつバラツキが少ない、より均一な貨物車の規制の監視、管理、取締りができるようになる。

(3) TARV 規格の開発経緯と適用範囲

2009 年のスペイン・バルセロナ国際会議で、豪州から大型貨物車両管理における ITS アプリケーションが提案され、規格開発作業グループの設置が承認された。

2010 年の韓国済州島国際会議後に、本規格はパート 1 からパート 7 に分けられ開発作業が開始された。その後 2012 年の豪州・メルボルン国際会議において行政による規制アプリケーションを、各国が将来個別に規制を採用する時の自由度を向上させるために、パート 8 からパート 19 の合計 12 のパートを設けている。さらに 2014 年のカナダ・バンクーバー国際会議の場で、規制のためのアプリケーションが新たに 2 件（欧州提案 1 件、日本提案 1 件）、さらに 2016 年のニュージーランド・オークランド国際会議で、新たに日本提案 1 件が追加されている。

本 TARV 規格の開発作業の当初は、対象車両を大型貨物車両としていたが、日本からの提案により本規格の各国での広範な普及を可能とするために、対象車両を重量によらず貨物車全般に広げている。

(4) TARV 規格の構成

本 TARV 規格は固有の ISO 番号を持つ 21 項目から構成されている（表 15.1)。

ISO 15638-1 は、TARV 規格の全体概念と行政による監視の仕組みを規定している。ISO 15638-1 から -5 は、ISO 15638-6 と -7 の一般規制と非規制アプリケーション、および ISO 15638-8 以降の個別の規制アプリケーションに共通の基礎となる規定である。個別の規制アプリケーションは現在 ISO 15638-8 から -22 まで全部で 15 規格がある。

表 15.1 貨物車のための協調通信情報アプリケーションのフレームワーク規格一覧

(2016 年 5 月 24 日現在)

ISO 番号	規格の名称	規格段階
15638-1	枠組みとアーキテクチャ（全体概念と監視の仕組み）	ISO 発行[3]
15638-2	標準広域通信（CALM[4]）を利用する共通プラットフォーム	ISO 発行
15638-3	要求事項、認証手続と監査（規制サービスプロバイダの規定）	ISO 発行
15638-4	システム・セキュリティ	開発中
15638-5	車両データ（一般共通車両情報の規定）	ISO 発行
15638-6	規制のためのアプリケーション	ISO 発行
15638-7	その他（非規制）のアプリケーション	ISO 発行
15638-8	車両アクセス監視	ISO 発行
15638-9	遠隔デジタル・タコグラフ監視	開発中
15638-10	緊急通報システム	開発中
15638-11	運転日報	ISO 発行
15638-12	車両重量監視	ISO 発行
15638-13	大型の行政による管理と取締り	TS[5] 発行
15638-14	車両アクセス管理	ISO 発行
15638-15	車両位置監視	ISO 発行
15638-16	車両走行速度監視	ISO 発行
15638-17	荷主貨物の位置監視	ISO 発行
15638-18	危険物輸送監視	TS 発行
15638-19	車両駐車施設	TS 発行
15638-20	車両重量自動計測装置（WIM）：欧州提案	開発中
15638-21	路側センサー活用による機能強化：日本提案	開発中
15638-22	陸送車両スタビリティのモニタリング：日本提案	開発着手

---

[3] ISO 発行：ISO により採択された、一般公衆に利用可能な国際規格文書の発行。
[4] CALM：Communications Access for Land Mobiles（広域通信システム）
[5] TS 発行：Technical Specification（技術仕様書）の発行。TS は将来的に国際規格として合意される可能性はあるが、現時点では未採択の技術仕様文書。

(5) TARV 規格の枠組みとアーキテクチャ

TARV 規格の基本となる ISO 15638-1 規格で規定される規制アプリケーションのための「枠組みとアーキテクチャ」の一例を先の図 15.1 に示す。この枠組みでは、以下の 4 つの組織が基本の構成要素である。

① 規制部局

各国の法的な権限を持つ行政の部局であり、貨物車の道路利用および運行管理に関する規制を定め、利用者である運送事業者にその規制を適用し、規制の順守を監視・取締りをする組織である。これまで利用者との間の情報交換は、紙ベースが主流である。規制アプリケーションの一例を以下の表に示す（表 15.2）。

表 15.2 規制アプリケーションの例

道路交通マネジメント用情報収集	起点・終点間旅行時間 ヒヤリハット情報 リアルタイムの環境負荷情報
道路交通マネジメント	経路時間情報提供、経路課金 大型貨物車の経路管理 車両進入規制、信号制御 重量超過車両のモニタリング、橋脚などの管理 危険物輸送のモニタリング
運行・車両管理	通信機能付きデジタル・タコグラフによる安全管理 運転時間など車両運行法規遵守の管理 車検・付保険状況の管理 自動運転車両の位置確認

② 利用者

貨物車を保有し、荷主に対して貨物輸送のサービスを実施する運送事業者であり、複数の国（および行政地域）をまたいで事業を展開する企業体組織である。貨物輸送サービスの開始時に、規制部局に規制に基づきサービスを実施する利用登録をする。

③ アプリケーション・プロバイダー

道路利用および運行管理などの運送業務管理・支援システムなどを IT 技術を用いて構築し、運送事業者にアプリケーション・サービスを提供する民間の IT システムベンダー組織である。民間のアプリケーション・プロバイダーは、利用者（運送事業者）から利用料を徴収して運行監視／運行ルート

管理／貨物追跡アプリケーションなどの一般のサービスを提供する。アプリケーション・プロバイダーと貨物車の間は、携帯電話網など無線通信システムを用いて各種データ交換がなされる。

アプリケーション・プロバイダーは貨物車からテレマティクス・システムで得られる各種の車両（含む積載貨物）情報をリアルタイムに収集して、各国の行政が定める各種の規制の違反などの例外データを自動算出し、その結果を違反情報（NCR：Non Compliance Records）として規制部局にデータ伝送で報告する。違反情報の報告タイミングならびに頻度などは、各国の行政当局が任意に定める。

④　認証機関

行政の規制部局から指定される新たな組織で、民間のアプリケーション・プロバイダーの情報処理およびセキュリティ管理能力などを審査し、アプリケーション・プロバイダーの認証ならびに監査を実施する。

15.2　各国（地域）の貨物車規制動向

(1) 欧州スマート・タコグラフ

①　欧州のタコグラフの変遷

(a) 1985年に道路輸送の安全性と公平性を図るため、車両総重量3.5トン以上の大型貨物車と乗員9名以上のバスへのアナログ・タコグラフの装着義務化を行う規制を公布した。

(b) 1998年にデジタル・タコグラフに関する規制を公布し、2006年より新車への装着義務化が行われた。タコグラフの例を以下に示す（写真15.1）。欧州では運転時間違反の罰則規定が厳しく定められており、事務所への立ち入りに加え、路上での取締りを行う。取締官は路上でタコグラフから印刷される運行データを見て、乗務員の運転時間（9時間以内／日）と連続運転時間（4.5時間以内）を検査する。

(c) 現在600万台以上の対象

（出所：Siemens VDO Web 掲載 www.fleet.vdo.com）

写真15.1　欧州のデジタル・タコグラフ

車両にタコグラフ（2006 年以前の車両にはアナログ式もあり）が装着されているが、乗務員や運送事業者の不正使用やデータ改ざん等が後を絶たず、これらの取締りのため多大な費用を要している。

② 欧州のスマート・タコグラフ

　欧州では、貨物車は複数の国をまたいで運行されることが多い。従来のデジタル・タコグラフでは起点と終点が不明なことや走行位置が不明なことに起因する不正運用が後を絶たず、取締りの費用増大が課題となっている。そこで GPS 測位により業務の開始地点、終業地点、それに走行経路情報を取得する次世代のデジタル・タコグラフとして スマート・タコグラフの構想が提案され、2011 年には欧州委員会がスマート・タコグラフの規則草案を策定した。

　(a) 2013 年に関係ステークホルダーと立法機関が協議を重ねて規制草案の大筋が合意され、2014 年に欧州議会が正式に採択した。

　(b) 技術関連文書の制定後、スマート・タコグラフは 3 年以内（早くて 2018 年まで）に新車両に装着される予定であり、さらに 15 年後にはすべての商用貨物輸送に使用される規制車両に取り付けられる予定である。

③ スマート・タコグラフの EU 規則

　スマート・タコグラフは、車両総重量 3.5 トン以上の大型貨物車と乗員 9 名以上のバスに装着が義務化される。ただし車両総重量 7.5 トン以下で運送事業に供しない車両には、行動範囲が 100 km 以下の場合は適用が免除される。

　(a) Location recording by satellite positioning：GPS 測位により業務開始地点、終業地点、と走行経路情報を取得する。

　(b) Remote communications：車両運行の不正を防止するために、欧州標準 DSRC 通信を利用して道路上の取締りを実施する。

　(c) Specific interface：車両と乗務員の運行データの保護をしたうえで、ITS システムとの統合を可能とする。

　(d) Higher standards：運行データの不正と改ざんを削減するために、タコグラフの装着と構成をする認定業者を定める。

　(e) Merging the driving license with the driver card：乗務員カードに複数国で利用可能な個人認証付き欧州運転免許証を結合し、乗務員間の

カードの不正利用を減らす。なお車両と運転する複数の乗務員の運行データは別々に管理される。

さらにスマート・タコグラフにはDSRC通信の義務づけに加えて、大型車の車載重量センサーとの接続が検討されている。なお実施時期は、DSRC利用のRemote取締りの開始後になるものと想定されている。

④　遠隔デジタル・タコグラフ監視の国際標準規格（TARV　ISO15638-9）：現在開発中

道路走行中の車両の取締り（車両停止あり）を行うために、携帯電話などの広域無線通信機能に加えて、新たに道路上で検査官が手持ちの端末での取締り、または並走するパトカーに搭載された端末、さらに固定されたガントリーなどによる取締りが行えるようDSRC通信プロファイルを取り入れることとなった。

⑤　車両重量自動計測装置（WIM）の国際標準規格（TARV　ISO15638-20）：開発中

車載型重量計（WIM-O：Onboard）を搭載した車両の遠隔重量監視に関しては、TARV ISO15638-12（ISO文書発行済）でシステム／車載器の動作と遠隔データ通信に関して仕様が定められている。上述の欧州のスマート・タコグラフでは、この車載型重量計との接続機能の装備もあわせて検討されている。将来は道路上でWIMとデジタル・タコグラフの取締りの実施が同時に運用されることになる。

一方、車載型重量計を搭載していない走行車両に対しては、道路上での

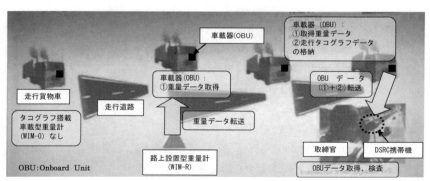

（出所：ISO/TC204/WG7 国際会議発表公開資料より）

図15.2　車両重量自動計測装置（WIN）とデジタル・タコグラフの取締りの同時運用

WIMとデジタル・タコグラフの監視、取締りの同時運用は、以下のようになる。ISO/TC204/WG7 で協議されている仕組みと手続きの例を図示する（図 15.2）。

車載型重量計（WIM-O）を搭載していない走行貨物車の車載器（OBU）は、道路上の設置型重量計（WIN-R：Road）から重量データを取得する（①）。一方、車載器（OBU）は走行中のタコグラフデータを常時取得する（②）。道路上で待ちかまえる取締官は DSRC 通信機能付きの携帯機器を利用して、走行貨物車の OBU から①重量データと②タコグラフデータを同時に取得し、検査する。

またパトロールカーに DSRC 通信機能付き機器を設置して、走行貨物車の前後から取締りをすることも考えられている。

(2) アメリカのデジタル・タコグラフ

アメリカのデジタル・タコグラフの例を写真 15.2 に示す。

アメリカでは 2015 年に規制車両である 300 万台の貨物車とバスへの電子装置の装着が義務づけられ、当初 2018 年からの装着が見込まれていた。アメリカではデジタル・タコグラフは車載電子記録計（EOBR）[6] と称され、運転時間、位置情報、走行距離、エンジン情報、車両挙動などを記録することとなっている。同記録データの送信にはスマートフォン、無線機の使用を認めている。なおアメリカの運転時間基準は、1 日の最長は 11 時間で、連続運転時間は 5 時間以内である。

（出所：Mandated "EOBRs" @eobr.com July12, 2013）

写真 15.2 アメリカのデジタル・タコグラフ（EOBR[6]）の操作表示部（例）

アメリカ運輸省連邦運輸安全局は、拘束労働時間遵守の報告資料作成時間の削減により約 1,200 億円のコストダウンを実現できると発表している。また、

---

[6] EOBR：Electronic On-Board Recorders（車載電子記録計）

車両データの自動記録で、年間 562 件の傷害事故と 26 件の死亡事故を防止することができるという。ただ、乗務員のプライバシー確保、あるいは法定労働時間まで労働が強制されるのではないかとの懸念が出されている。

これらの懸念を払拭するために、アメリカ運輸省連邦運輸安全局は当初の EOBR の仕様に検討を加え、新たに電子ロギング装置（ELD：Electronic Logging Devices）と名称を変えて、技術仕様と運用ルールを定めた。なお規制法は 2016 年 2 月に公布され、施行は 2017 年 12 月に予定されている。

① 技術仕様の一部（車両挙動）
  (a) 運転速度：±3マイル/時間 以内、自動運転判断：スタート／ストップ
  (b) 走行距離：車両の距離メーターに対して距離差が ±10% 以内
  (c) 車両位置：取得データは ±0.5 マイル以内、自動運転日報出力は ±1 マイル以内

② 運用ルールの一部（路上取締り）

取締官が乗務員の車両運行データを、路上で ELD から直接取得できるようにする。取締官は ELD に表示、あるいは ELD から印刷出力される乗務員の運転、睡眠などの拘束ないしは非拘束の実績データを現場で確認し、取り締まる。また路上の取締官が乗務員の ELD データを遠隔のウェブサービスから取得することもオプションとして認めている。

(3) 日本のデジタル・タコグラフ

① 日本のタコグラフの変遷
  (a) 日本では 1959 年に貨物車へのタコグラフ（アナログ式）の導入が政府決定され、1962 年にタコグラフ（アナログ式）装着義務の対象車両が指定された。装着義務の対象は、車両総重量 8 トン以上（最大積載重量 5 トン以上）の貨物車である。
  (b) 1998 年に従来のチャート紙を使うアナログ・タコグラフに加えて、メモリーカードを使用するデジタル・タコグラフの型式指定が制定された。
  (c) 2002 年には、データ伝達の正確性やデータ改ざん防止対策等の必要な機能を確保しつつ、最新の通信システムの利用が可能となるよう、デジタル・タコグラフの技術基準が改正された。これにより汎用的メモリーカードの利用や無線 LAN と携帯電話網等の活用を可能にし、同時

> (1) 第1ステップ【運行記録針の装備義務付け拡大】（平成26年度）
> 　更なる交通事故削減のため、大型車と並び事故率の高い、車両総重量7～8トン（最大積載量4～5トン）の事業用貨物自動車に、運行記録計の装備を義務付ける。
> ○義務付け機器：アナログ式又はデジタル式の運行記録針
> ○公布：平成26年度中のできる限り早期
> ○施行：平成27年4月以降：新車購入に適用
> 　予定　平成28年4月以降：その他の車両は順次適用
>
> (2) 第2ステップ【次世代運行記録計についての検討】（平成26・27年度）
> 　技術の急速な発展、運行管理に対するニーズの高度化、更なるコスト削減の要請等を踏まえ、平成26年度より、今後求められる運行管理・支援機能を統合・拡充した「次世代型運行記録計」の実用化・普及加速に向けた検討を行う。
>
> (3) 第3ステップ【次世代運行記録計の普及促進】（平成28年度以降）
> 　上記の状況を見つつ、バス、タクシー等を含め、将来の「次世代型運行記録計」の普及促進を図る。

図15.3　運行記録計：タコグラフの装着義務車両の拡大施策

にGPSやGセンサー等のオプション機器の活用を容易にし、事業者の自主的な安全性向上を支援している。

(d)　2009年に入り、国土交通省の「事業用自動車総合安全プラン2009」が公開され、それ以後タコグラフの装着義務車両の拡大についての検討がなされ、現在に至っている。

② タコグラフの装着義務車両の拡大

2014年3月、国土交通省はタコグラフの装着義務車両の拡大施策を発表した。貨物車への運行記録計の装備義務範囲の拡大の三段階（平成26年度から平成28年度以降）からなるステップの内容は図15.3のとおりである。

③ 次世代運行記録計の検討

2015年に入り国土交通省は次世代デジタル式運行記録計の検討を開始し、車両CAN[7]（Controller Area Network）からのデータ取得を検討している。CANからの車両データの取得が可能になれば、車載電子装置の1か所でさまざまな車両データが取得できるため車載器の装着コストが抑えられ、導入費用の低減につながる。また車両データの精度が高いため、そのデータに基づく運転評価などが充実する。欧州ではすでにFMS[8]（Fleet Management Sys-

---

[7] CAN（Controller Area Network）：自動車における内部制御情報のネットワークで、速度、エンジンの回転数、ブレーキの状態、故障診断の情報などの転送に使用されている。

tems) コントロール・ユニットを介して車両 CAN への接続を認めており、日本でもこうした事例を参考に検討が進んでいる。

　次世代デジタル・タコグラフの検討課題としてこのほか、法定3要素（速度、時間、距離）以外の CAN で取得する車両データには、燃料消費量、エンジン回転数、車両挙動（安全）、ブレーキ、ウィンカー、シフトポジション、アクセル開度、ハンドル舵角などがあり、各データの基準化、標準化が検討されている。

(4)　日米欧のデジタル・タコグラフの比較

　現在日本、アメリカと欧州で検討されているデジタル・タコグラフを比較した（表 15.3）。特記事項と備考では、各国の技術の特徴と制度の課題などについて言及している。

表 15.3　日米欧のデジタル・タコグラフの比較

項　目	日　本	アメリカ	欧　州	備　考
1. 装着義務化車両	〈改正－2014年〉車両総重量7トン（最大積載量4トン）以上の大/中型車両	車両総重量3.5トン以上の車両	車両総重量3.5トン以上の車両乗員9名以上のバス	米欧は3.5トン以上で一致 日本は7トン以上
2. デジタル・タコグラフの装着義務化	2002年7月より当該車両（既存車含む）適用 アナログ式も容認	現在（2016年7月時点）では義務化はしていない	2006年4月より新車へ適用	アナログ式の廃止では欧州が先行
3. スマート・タコグラフの装着義務化（路車間通信等）	計画あるも詳細は未定	2018年2月より新車へ適用を計画（GNSS 測位を含む）	2018年より新車へ適用 2030年までに全当該車両へ適用	欧州が先行 アメリカは当初の EOBR は中断
4. 特記事項	改定方針(2014年)では、瞬間加速度、燃費等の計測機能あり（安全運転）	GNSS 測位に対してプライバシー法への対応が必須。スマートフォン接続あり	新規則では GNSS 測位、DSRC 通信、セルラー通信、車載型重量計接続あり	欧米共同歩調 アメリカは拘束時間管理の ELD を施行予定(2017末) 日本は遅れ

（出所：HIDO[9] 報告資料：2014年6月をもとに、2016年7月時点の情報を追記）

---

[8] FMS：欧州のトラック・バスメーカーで採用している車載器インターフェースの標準規格である。外部の第三者は統一規格の端子を介して車両データへのアクセスが容易にできる。
[9] HIDO：道路新産業開発機構

15.3　ま　と　め

　貨物車の運行管理の国際標準化システム（TARV）の開発状況を紹介した。TARV の必要性とメリットを述べ、「IT アプリケーション・サービスプロバイダー」、「規制部局：法的権限部局」と「利用者：運送事業者」からなる三頭構成（Triumvirate）の運用システムのフレームワークについて説明した。今後、各国で TARV への関心が高まり、システムや機器の相互互換性の確保と企業のシステム開発費用の低減が進むことにより、TARV が日本と各国の規制部局の道路管理者と運行管理者に対して次世代の安価でかつ優れた有用なツールになるものと考える。

　各国（地域）の貨物車規制動向では、欧州スマート・タコグラフ、アメリカと日本のデジタル・タコグラフについて紹介した。規制車両が日本では車両総重量 7 トン以上に対して、欧米では車両総重量 3.5 トン以上と義務化の対象範囲が広い。また欧米では GPS 測位が義務化されている。道路上の取締りに関して、欧州では DSRC 通信を利用する予定で、アメリカでは USB 接続に加えてスマートフォンを利用する Web サービスもオプションとして採用していることが注目される。日本でも欧米の例を参考に、次世代タコグラフのさらなる検討が進むことが望まれる。

【参考文献】
1) 倉橋敬三（2014）「ITS の国際標準化：次世代の規制商用貨物車の運行管理」『交通工学』Vol.49 No.2
2) 運行管理 Network（2015）「次世代デジタコ、FMS 標準規格」Vol.7 No.36　LINC 出版

第4部

日本の道路課金と大型車交通マネジメントの動向

第16章　首都圏の物流施設立地と大型車走行の現状

　大型車走行と物流活動は密接に関係している。本章では、東京都市圏交通計画協議会による、第5回東京都市圏物資流動調査結果を中心に、物流施設の立地動向を確認し、あわせてトラックプローブ調査結果から、大型車走行の実態も紹介する。両者の比較から、大型車の発生量や集中量に、物流施設が大きく関わっており、首都圏では、特に高速道路ネットワーク建設がそのトリガーとなっていることを確認する。

16.1　物流施設の立地動向

　首都圏では、三環状道路の整備が進展するに従い、自動車交通の流れが大きく変わりつつある。観光や大規模商業地への流動変化も新聞記事で見かけることが多いが、それにも増して、新規供用インターチェンジ付近に立地する大型物流施設も、ネット通販の隆盛などと相まって取り上げられることが少なくない。国際海上コンテナを扱う施設や、大型の冷蔵・冷凍倉庫が立地する湾岸地域以外における、郊外環状道路周辺の物流施設立地特性はいかなるものであろうか。また、施設立地のみならず、それが引き起こす大型トラック交通の影響も、都市および交通政策から、見逃すことはできない。

　首都圏では、おおむね10年ごとに東京都市圏物資流動調査が実施されており、実態把握とともに、同データを用いた数理的なモデリングと、その結果に基づく、物流に関わる施策の提言が行われている。同調査の第5回（2013年実査）結果では、4,000事業所以上の物流施設データが得られているが、その立地箇所のうち、2000年以降に開設された事業所をプロットすると、図16.1のとおりとなる。図から読み取れる特徴をまとめると、以下のとおりとなる。

① 　東京港を抱く首都圏では、当然のことながら、港湾貨物を扱う湾岸地域の物流施設立地が目立つ。

② 　次いで物流施設の集中が認められるのは、埼玉県内の東京外かく環状道路（外環道）沿線と、同じく埼玉県〜神奈川県の首都圏中央連絡自動車道（圏央道）沿線である。

③ 　その反対に、外環や圏央道が未開通の茨城県南部や千葉県北西部では、目立った物流施設の立地は認められない。

第 16 章　首都圏の物流施設立地と大型車走行の現状

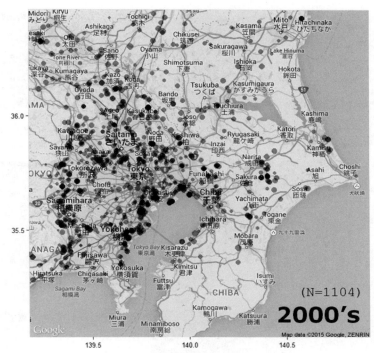

図 16.1　2000 年以降の物流施設立地場所
（円の大きさは施設規模を表す）

②については、明らかに環状道路と放射道路が接続されたことに起因するネットワーク効果が物流施設の立地を促したことを勘案すれば、今後、三環状道路概成により、③で確認された地域でも数多くの物流施設の展開が期待できよう。それに伴い、大型車の走行パターンも変化することが想像できる。すなわち、大型車走行を考慮するとき、物流施設立地を連携して捉える必要があるといえる。

1970 年から、第 5 回調査が実施された 2013 年までに開設された物流施設のうち、比較的大規模な、延床面積 1,000 m^2 以上の施設について、1 都 3 県別に、東京駅からの距離との散布図を描いた（図 16.2）。各都県の特徴は以下のとおりである。

① 埼玉県では、1990 年代後半から、東京駅から 20 〜 50 km 付近で急激に大規模な物流施設の立地が進展してきた。

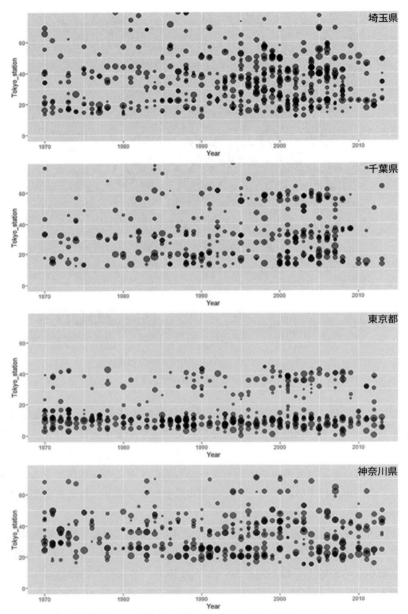

図 16.2　各都県の物流施設立地を年代（横軸）と東京駅からの距離（縦軸）でプロットした図
（円の大きさは施設規模を表す）

② 千葉県では、1990年代後半から、東京駅から60 km付近で施設立地が進展しているが、これは成田空港近辺の施設である。
③ 東京都では、湾岸地域の立地が継続するとともに、2000年頃から、圏央道（40 km付近）周辺の施設立地が目立つ。
④ 同様の傾向は神奈川県でも認められ、東京駅から40～50 km周辺の物流施設の開設が顕著である。

このように、首都圏では、環状道路整備と物流施設立地は極めて密接な関係にあることが確認できる。

16.2 トラック発生量と物流施設

物流施設の立地と、高速道路ネットワークの拡充との間に密接な関係があることを前項で確認した。その考察を一歩進めれば、当然のことながら、物流施設は多くのトラック交通を発生されることから、

「道路ネットワーク拡充」→「物流施設の立地促進」→「周辺トラック発生集中量増加」

という因果関係が想定される。これは、物流施設が、施設を利用するトラック利用を伴い、周辺道路の交通量を増加させることを意味している。そこで問題視されるのは、トラック交通量の増加と周辺住環境とのバランスである。実際に物流施設とトラック交通量との間にはどのような相関関係があるのか、同様に第5回調査結果を用いて調べてみる。

第5回調査では、すでに紹介した施設立地に関する企業アンケート調査に加え、プローブデータ[1]を用いたトラックの流動解析も検討されている。ここで

表 16.1　トラックプローブデータの概要

調査期間		2014年10月6日（月）～12日（日）
発生量	特大車	11,038
	大型車	51,165
	中型車	121,065
	普通車（トラック）	111,797
	合　計	295,065

---

[1] プローブデータ：移動体に位置記録装置を取り付け、その移動過程から交通状況（渋滞、平均速度など）が調査可能となるデータのこと。位置情報を記録するデバイスの増加に伴い、そのデータ量も急増している。

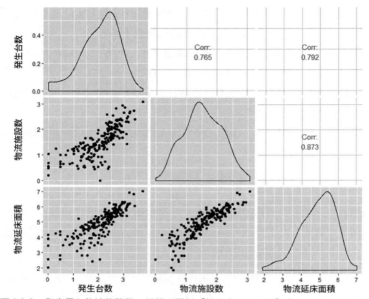

図 16.3　発生量と物流施設数・規模の関係［特大車＋大型車］（すべて常用対数値）

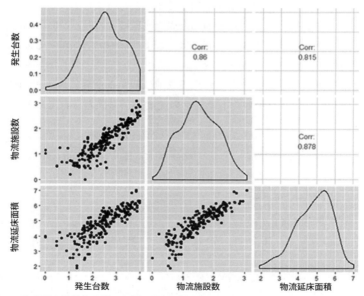

図 16.4　発生量と物流施設数・規模の関係［中型車＋普通車トラック］（すべて常用対数値）

は、車載のデジタル・タコグラフの位置計測機能を用いた大量のプローブデータを用いる。データの概略は、表16.1のとおりで、車種は高速道路の料金種別分類となっている。データ取得期間は1週間だけであるが、得られた分析対象範囲内の発生トリップ数は全車種合計で、30万トリップ弱と、ビッグデータの一種とも見なせる。

次に、2次メッシュ（約10 km四方の大きさ）単位の、①トリップ発生量と、第5回調査結果で得られた、各2次メッシュ内の、②物流施設数、および、③延床面積合計（いずれも拡大係数を考慮している）の3つの変数の関係を、特大車（トラクターが主）と大型車合計（図16.3）、中型車と普通車トラック合計（図16.4）の2通りにまとめた。約10 km四方の2次メッシュで集計すると、3変数の関係が明瞭になることがわかる。大型系トラック（図16.3）では、発生量は、物集施設数より延床面積との相関が高く、逆に中・普通車トラック（図16.4）では、物流施設数との相関が高い。物流施設規模が大きくなるにつれ、大型系のトラック発生量が誘発されることが、この結果から推測される。また、他の特徴として、施設数や延床面積が増加するにつれ、トラック発生量のバラツキは小さくなり、施設規模あたりのトラック発生量という原単位の値が安定していることが認められる。これは、将来の物流施設規模がわかれば、それに伴う周辺のトラック交通負荷量が推計可能なことを示している。

【参考文献】
1) 東京都市圏交通計画協議会、「東京都市圏の望ましい物流の実現に向けて」、2015年
2) 兵藤哲朗（2016）「三環状道路整備と物流施設の展開」『産業立地』5月号

第17章　首都高の距離帯別料金の評価

　首都高速道路（以下、首都高）においては平成24年はじめに距離帯別料金に移行し、平成28年4月に距離帯別料金をさらに進化させた新料金制に移行した。これらの移行による効果を消費者余剰アプローチによって評価し、いずれの料金制移行についても生産者余剰が減少したが、消費者余剰がそれを上回って増加したため、その和である社会的余剰が増加したことを示した。また、ラムゼイ・プライシングや料金を1円単位にすることによって、さらに、社会的余剰を大きくすることができる可能性を示した。

17.1　首都高の近年の料金制度変化

　首都高では、次のように5年足らずの間に2度の料金制度の変更が実施された。

(1) 平成23年12月31日以前の料金制度－料金圏ごとの均一料金

　東京線・神奈川線・埼玉線の3つの料金圏が設定され、料金圏ごとに普通車の場合は700円、600円、400円の均一料金であった。利用距離にかかわらず利用ごとに定額を支払うことから、短距離利用には割高で利用しにくい。長距離利用ほど割安になるため、長距離利用者は混雑していても一般道路へ経路変更せずに首都高を走行し続けるという問題があった。また、料金圏を跨いで走行すると複数の料金圏の料金を支払うことになり、割高になるという問題もあった。

(2) 平成24年1月1日以降の料金制度－距離帯別料金

　ETCの普及、ネットワークの拡大等を背景に、料金圏が撤廃され、利用距離6 kmごとに5段階で料金が増し、下限を500円、上限を900円とする距離帯別料金制に移行した。距離単価は高速自動車国道の大都市近郊区間の料金水準と同じ29.52円/km（税抜）とされたが、高速道路料金の初乗り料金に相当するターミナルチャージについては高速自動車国道より50円高く200円とされた。

　なお、平成26年4月1日に消費増税の税率変更に伴う10～30円（普通車

第 17 章　首都高の距離帯別料金の評価

表 17.1　首都高の料金変更（新料金制度）

期間	基本料金算定式（税抜表示）	課金距離単位	課金単位	車種区分	車種区分に応じた料金倍率
平成 24 年 1 月～平成 28 年 3 月	200+29.52×km	6 km	5 段階 (500 ～ 900 円[注1])	2 車種 (普通車、大型車)	1（普通車）2（大型車）
平成 28 年 4 月～	150+29.52×km	0.1 km	10 円単位 (300 ～ 1,300 円)	5 車種 (軽・二輪、普通車、中型車、大型車、特大車)	0.8（軽・二輪）～ 2.14（特大車）

注 1：平成 26 年 4 月以降の消費増税後は 510 ～ 930 円
　2：基本料金算定式および課金単位は ETC 利用の普通車の場合（非 ETC 利用者の場合は特定区間を除き、当該車種の上限料金が徴収）

（出所：首都高速道路(株)「4 月（予定）からの首都高の新たな料金（案）について」をもとに作成）

の場合）の料金改定も実施された。

(3) 平成 28 年 4 月 1 日以降の料金制度－距離帯別料金の進化

　周辺の NEXCO 管轄高速道路を含めた新料金制度が首都圏で導入された。車種区分が NEXCO 管轄高速道路の区分と同じ 5 車種となり、利用距離 0.1 km ごとに 10 円単位で料金が増加、下限を 300 円、上限を 1,300 円とする距離帯別料金を進化させた料金制に移行した（表 17.1）。なお、ターミナルチャージは高速自動車国道の大都市近郊区間の料金水準と同水準の 150 円に設定された。これにより首都高を含め首都圏道路ネットワークが効率的に利用されることが期待される。

　以上を踏まえ、次節以降では、首都高における 2 段階の料金体系変更による効果を、経済効率性の観点から分析する。

17.2　距離帯別料金導入の効果

　第一段階の料金体系変更である「距離帯別料金制の導入」の効果について、利用台数の変化状況を整理し、一般化費用および利用台数の変化をもとに余剰を算出する消費者余剰アプローチ（金本、1996 等）を適用して社会的余剰を評価する。

(1) 均一料金から距離帯別料金へ移行した場合の交通量の変化

図 17.1 では、利用距離情報が得られる ETC 車について、距離帯別料金制導入前後の距離帯別、内々[1]・跨ぎ[2]利用別の利用台数を示したものである。内々利用については、均一料金と比べて値上がりとなった 18 km 超の長距離交通は減少し、値下がりとなった 12 km 以下の短距離交通は増加した。一方で、料金圏が撤廃されたことによって旧料金圏を跨ぐ利用は全距離帯で値下がりとなり、6 km 超の全距離帯で利用台数が増加、特に 30 km 超の各距離帯では 10% 以上増加した。また、内々・跨ぎ利用の合計でみると 42 km 超の長距離区間について増加が見られた。なお、同図では、利用路線（東京線、神奈川線、埼玉線）の区別はなされておらず ETC 車すべてを対象とした状況を示している。平成 23 年で利用台数の 7 割強を東京線が占め、2 割強を神奈川線が占めるため（首都高速道路(株) HP）、本章での余剰分析では、内々利用については東京線の利用、跨ぎ利用については東京線と神奈川線の利用であると仮

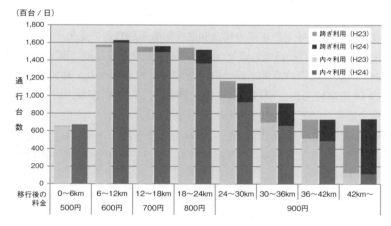

注 1：ETC 車に限定（利用路線は限定しない）
　2：移行後の料金は、消費税増税前の ETC 利用の普通車料金を表示（大型車の場合は 2 倍）
　3：1、2 月および 6～12 月の平日（月～土）の平均台数を表示
（出所：首都高速道路(株)（2013）をもとに作成）

図 17.1　距離帯別料金制移行前後の通行台数（内々・跨ぎ利用別）

---

[1] 単一の旧料金圏内で発地・着地が完結する利用
[2] 発地・着地が複数の旧料金圏に跨がる利用

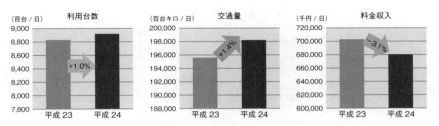

注1：交通量（百台キロ／日）は距離帯ごとに平均トリップ長を集計し、算出した。
  2：料金収入は、すべて ETC 利用の普通車であると想定して試算した。
（出所：首都高速道路(株)（2013）をもとに試算）

図 17.2　利用台数（台）、交通量（台キロ）、料金収入（円）の距離別料金導入前後の比較

定して行うこととする。

さらに、同データを用いて交通量（台キロ）を推計すると、利用台数は 1.0% の増加であるのに対して、交通量は 1.4% ほど増加し、より長距離の利用が増加したことを示している。また、料金収入については、すべて ETC 利用の普通車であると想定した試算を行うと、1 日あたり約 2.2 千万円の減少（約 3% 減少）という結果が得られた。なお、首都高会社のプレスリリースによると、期間は異なるが平日の料金収入が対前年同月比で 1% 減少であった。

以上を整理すると（図 17.2）、ETC 車については、利用台数が 1% 増加し料金収入が 3% 減少したため、全体としては距離帯別料金制導入によって首都高利用者に便益が生じたことが推察される。この点について、以降では余剰の概念を用いて検証を行う。

(2) 消費者余剰アプローチの考え方

社会的余剰[3] は消費者余剰[4] と生産者余剰[5] からなる。表 17.2 で示すように首都高利用者と一般道利用者とで対象とする余剰の源泉が異なる。これは、首都高と異なり一般道は通行料金が徴収されず、一般道利用者の消費者余剰の需要曲線が不明なためである。一般道利用者の消費者余剰の変化は一般化費用の変化分で表し、首都高利用者の消費者余剰の変化は図 17.3 で示すような台形で

---

[3] 消費者余剰と生産者余剰の和
[4] 消費者の留保価格（支払許容額）の和から総支出額を引いたもの。本章では、時間短縮による効用増加を金銭化したものから通行料金を引いたものと解釈可能。
[5] 総収入額から限界費用の合計を引いたもの。本章では、首都高会社の純利益（料金収入－維持修繕費）と政府による燃料税収入の和と設定。

表 17.2　社会的余剰の内訳

計上対象	消費者余剰	生産者余剰	
		首都高会社	政　府
首都高利用者	距離帯ごとに需要関数を推計して試算	通行料金収入から維持修繕費用を減じて試算	燃料税収入を試算
一般道利用者	一般化費用の変化分を試算	計上しない	燃料税収入を試算

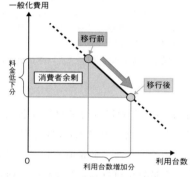

注1：一般化費用＝通行料金＋時間費用＋燃料費用
　2：時間費用＝時間価値原単位÷旅行速度×走行距離
　3：燃料費用＝燃料単価×燃料消費率×走行距離
　4：時間価値原単位は利用道路、距離帯毎に異なる。
　5：旅行速度は平成22年度道路交通センサス等から Q-V 式（非渋滞部）を推計して算出
　6：燃料消費率は国総研資料671号（2012）より回帰式を推定して算出

図 17.3　消費者余剰の把握（首都高利用者、値下がりケース）

表現する。一方で、生産者余剰は首都高の料金収入と維持修繕費用との差分、および、政府による燃料税収入からなるとする。維持修繕費用は首都高会社における平成20年〜24年度の平均的な水準として台キロあたりの約3円と推計した。すなわち、利用台数が多いほど、走行距離が長いほど多くの維持修繕費用が発生すると想定する。

一般化費用のうち、時間費用および燃料費用に影響を与える「旅行速度」については、平成22年度道路交通センサスの東京都区部における公表値を利用して、首都高を48.8 km/h、並行一般道を20.0 km/h と設定した。

(3) 時間価値分布の推計

平成24年に実施された国民生活基礎調査（厚生労働省、2013）による世帯

第 17 章　首都高の距離帯別料金の評価

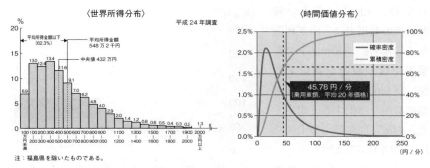

注：福島県を除いたものである。

（出所：「国民生活基礎調査」（厚生労働省、2013）（左図））

図 17.4　世帯数の所得金額階級別相対度数分布および所得分布から推計した時間価値分布

所得の分布（図 17.4 左図）より、対数正規分布を仮定して時間価値分布を推計する（時間価値の平均値 43.93 円 / 分、中央値 31.99 円 / 分）（図 17.4 右図）。この分布によると、たとえば「費用便益分析マニュアル」（国土交通省、2010）の乗用車類の時間価値として設定された 45.78 円 / 分以下の利用者は、全体の約 3 分の 2 を占めることになる。

(4) 一般道と首都高の交通分担率の推計

　一般道は、首都高と並行していると想定するが、利用台数についてはデータが存在しない。そこで、首都高利用と一般道利用とでの一般化費用の差と時間価値分布との関係から、距離帯別に首都高分担率を算出することで一般道利用台数を推計する。ここで推計する台数は距離別料金制移行前の台数であり、移行後も一般道と首都高の合計利用者は各距離帯で不変と仮定する。すなわち、移動の需要は固定であると想定する。

　まず、一般化費用に着目すると、ドライバーにとって、首都高利用と一般道利用とで一般化費用の低い経路が合理的な経路と考えられる。首都高利用と一般道利用とで一般化費用が同じになるような時間価値を「均衡時間価値」と定義する。すると、均衡時間価値は首都高利用と一般道利用とを選択するうえでの境界となる時間価値水準であり、均衡時間価値よりも高い時間価値の人は首都高を利用し、低い時間価値の人は一般道を利用していると考えることができる。この均衡時間価値を内々・跨ぎ別、および距離帯別に算出する（図 17.5）。たとえば、「費用便益分析マニュアル」で示されている乗用車類の時間価値で

ある45.78円/分と等しい時間価値の利用者は、跨ぎ利用をする場合、18 km 以下の距離帯では一般道を利用するが、18 km 超の距離帯では首都高利用を選択すると想定する。均衡時間価値の算出例を以下の図 17.6 に記す。

前述の（3）で推計された時間価値分布において、時間価値が0から均衡時間価値までの利用者が一般道を利用

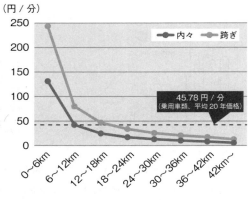

図 17.5　均衡時間価値

し、均衡時間価値以上の利用者が首都高を利用するとの想定より、後者の割合を首都高分担率と考える（図 17.7、図 17.8）。これにより、首都高利用台数実績値を用いて一般道利用台数を距離帯別、内々・跨ぎ別に推計する。首都高分

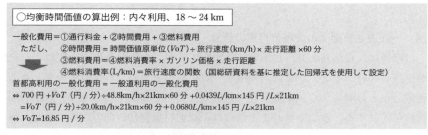

図 17.6　均衡時間価値の算出例（18〜24 km の内々利用の場合）

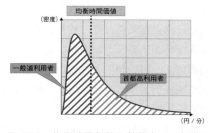

図 17.7　均衡時間価値と首都高・一般道の分担のイメージ

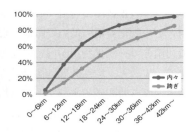

図 17.8　距離帯別、内々・跨ぎ利用別の首都高分担率

担率は長距離帯であるほど高い。また、内々利用の方が、同距離で複数料金圏分の通行料金を支払う必要のある跨ぎ利用よりも、首都高への分担は高くなるため首都高分担率は高い。

(5) 社会的余剰の試算

以上の設定のもとで社会的余剰を試算した結果を表 17.3 および表 17.4 に示す。余剰は各距離帯について試算し、それらを全距離帯で合計したものを社会的余剰とした。試算によれば、内々利用については値下がりとなった 12 km 以下の区間で社会的余剰が増加したが、それ以外の距離帯で減少したために内々利用全体でも 0.5% ほど減少した。跨ぎ利用については内々利用とは対照的である。すべての距離帯で値下がりによって利用台数が増加したことを受け、すべての距離帯で社会的余剰が増加した。また、長距離であるほど増加幅が大きい傾向にある。

一方、一般道の社会的余剰は 24〜30 km の区間でのみ減少し、その他の区間では増加した。首都高および一般道を合わせた全体としての社会的余剰は 2.8% 増加した。

表 17.3　距離別料金導入による距離帯別の社会的余剰の変化率

距離帯	内々利用	跨ぎ利用	首都高計	並行一般道	合計
0〜6 km	−0.2%	—	0.2%	3.0%	24.0%
6〜12 km	0.9%	0.3%	0.9%	4.7%	6.1%
12〜18 km	−0.1%	3.5%	0.1%	3.7%	1.0%
18〜24 km	−0.9%	2.6%	−0.4%	0.2%	−0.5%
24〜30 km	−1.6%	4.3%	−0.6%	−0.9%	−0.7%
30〜36 km	−1.5%	5.3%	0.1%	9.9%	1.0%
36〜42 km	−2.0%	5.7%	0.3%	18.3%	1.7%
42 km〜	−3.9%	5.5%	4.2%	77.3%	12.5%
全距離帯	−0.5%	4.5%	0.3%	5.0%	2.8%

表 17.4　距離帯別料金導入による区分別の余剰変化量・変化率

	消費者余剰	生産者余剰	社会的余剰
変化量	＋70,188 千円/日	−23,276 千円/日	＋46,912 千円/日
変化率	＋7.3%	−7.3%	＋2.8%

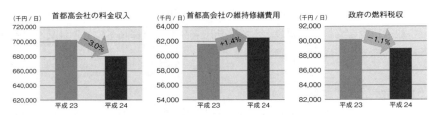

注1：首都高会社の料金収入の変化は、余剰試算時には0〜6kmの跨ぎ利用を考慮していないため、図17.6で示した数値と若干異なる。

図17.9　生産者余剰の変化の内訳

　余剰区分別の内訳を見ると（図17.9）、消費者余剰は7.3%の増加であったが、生産者余剰は3.2%の減少であった。首都高会社の収入減少を首都高利用者および一般道利用者の消費者余剰の増加分が上回っていたため、全体としての社会的余剰が増加した。

(6) ラムゼイ・プライシングの検討

　ラムゼイ・プライシングとは、収支均衡を条件として社会的余剰を最大にするような価格設定のことである。需要の価格弾力性の小さい財・サービスに対して相対的に高い価格を設定し、弾力性の大きい、すなわち価格変化に敏感なものに対しては低い価格を設定するというルール（ラムゼイ・ルールと呼ばれている）を適用する。ラムゼイ・プライシングの考え方を用いて、距離帯別料金移行後の料金体系をベースとして、首都高会社の料金収入を変えることなく

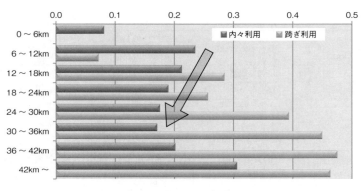

図17.10　距離帯別、内々・跨ぎ利用別の価格弾力性

1円単位の料金設定により社会的余剰を増加できる可能性を探る。

まず、図17.10で距離帯別および内々・跨ぎ利用別でみた需要の価格弾力性を示す。

図17.10を見ると、内々利用の6 km超36 km以下において距離帯が長いほど弾力性が小さい傾向が見られる。この距離帯では長距離帯で料金を上げ、短距離帯で料金を下げることで、料金収入を一定に保つことができる。

6 km超36 km以下の距離帯に限定し、ラムゼイ・ルールに従った料金体系（ラムゼイ価格）を求めると、表17.5のように推計された。この結果は、首都高会社の料金収入を保ちつつ現状よりも社会的余剰を増加（＋0.4%）させる料金体系があることを示唆している。

表17.5　ラムゼイ価格の推計結果

距離帯	距離帯別料金制	ラムゼイ価格
6～12km	600円	190円
12～18km	700円	808円
18～24km	800円	844円
24～30km	900円	1,182円
30～36km	900円	1,427円
社会的余剰の変化	ベース	＋0.4%
通行料金収入の変化	ベース	±0.0%

17.3　新料金制導入の効果の推計

新料金制では利用距離に応じて0.1 kmごとに細かく10円単位で設定され、また、下限・上限が300～1,300円に拡大された。距離帯別料金制導入効果を試算した際と同様のモデルを用い、簡略化のため、0.1 kmごとではなく1 kmごとに新料金制導入の効果を試算すると、表17.6に示す試算結果が得られた。同表において、「平成24→新料金制」の列が距離帯別料金制を基準として新料金制に移行した場合の余剰の変化率を、「新料金制→1円ごと」の列が新料金制において徴収単位を10円単位から1円単位に変えたことによる余剰の変化率をそれぞれ表している。なお、首都高利用台数は1.1%の増加、一般道利用台数は1.5%の減少と推計された。

試算結果は新料金制導入により社会的余剰はわずかではあるが増加すること

表 17.6 平成 28 年度から導入された新料金制による効果（余剰の変化率）の試算

分類	道路	平成 24 →新料金制	新料金制→ 1 円ごと
消費者余剰	首都高	＋ 1.2%	＋ 0.04%
	一般道	＋ 0.2%	－ 0.03%
	合計	＋ 1.4%	＋ 0.06%
生産者余剰	首都高	－ 1.7%	－ 0.09%
	一般道	＋ 1.9%	－ 0.04%
	合計	－ 1.6%	－ 0.09%
社会的余剰	首都高	＋ 0.4%	＋ 0.01%
	一般道	－ 0.1%	－ 0.03%
	合計	**＋ 0.4%**	**＋ 0.01%**
首都高会社の通行料金収入		－ 1.7%	－ 0.1%

を示した。さらに、10 円単位ではなく 1 円単位で徴収することによってわずかながら社会的余剰が増加することも示している。余剰変化の内訳をみると、消費者余剰は増加するが生産者余剰は減少すると試算された。新料金制の導入によって、首都高利用者にとっては便益が大きいが、一般道利用者や首都高会社にとってはよい効果が得られないことを示している。

17.4 ま と め

以上の分析から次の結果が得られた。

① 均一料金から距離帯別料金へ移行したことによって、生産者余剰が減少したが、消費者余剰がそれを上回って増加したため、その和である社会的余剰が増加した。

② ラムゼイ・ルールに従った料金体系（ラムゼイ価格）によって、首都高会社の料金収入を保ちつつ社会的余剰を増加させる料金体系がある可能性がある。

③ 距離帯別料金から新料金制に移行したことによって、生産者余剰が減少したが、消費者余剰がそれを上回って増加したため、その和である社会的余剰が増加した。

④ 新料金制において、料金を 10 円単位から 1 円単位に変えることによって、社会的余剰がさらに増加する可能性がある。

今後の道路ネットワークを賢く使うための料金施策については、道路利用者

の行動特性に応じたきめ細やかな料金設定が望まれる。新料金制はまだ導入されたばかりであり、より長期的な導入効果については今後のデータ蓄積および解析・分析が求められる。効果の検証には ETC データ、ETC2.0 プローブデータ、民間プローブデータ等のビッグデータによる分析等、複数のアプローチによる研究の進展が待たれる。

【参考文献】
1) 今西芳一・内山直浩・大瀧逸朗・中拂諭・根本敏則（2016）「料金体系変更による社会的余剰への影響～首都高の距離別料金導入をケーススタディとして～」、『計画行政』、第 39 巻 2 号
2) 金本良嗣（1996）「交通投資の便益評価－消費者余剰アプローチ－」、『日交研 A シリーズ』日本交通政策研究会
3) 厚生労働省（2013）「平成 24 年 国民生活基礎調査の概況」
4) 国土交通省（2010）「費用便益分析マニュアル」
5) 国土交通省（2015）「高速道路を中心とした『道路を賢く使う取組』の基本方針」
6) 国土交通省（2016）「首都圏の新たな高速道路料金導入後 1 ヶ月の効果について」http://www.mlit.go.jp/report/press/road01_hh_000685.html
7) 首都高速道路(株)（2013）「距離別料金移行に伴う首都高速道路の交通状況の変化」、『高速道路と自動車』56、45～48
8) 首都高速道路(株) HP「4月（予定）からの首都高の新たな料金（案）について」：http://www.shutoko.jp/fee/fee-info/capitalarea-new/mex-new/
9) Otaki, I., Y. Imanishi, K. Miyatake, T. Nemoto, N. Uchiyama (2016), "Effects of the change of toll system on social surplus: A case study of distance-based toll in Tokyo Metropolitan Expressway," World Conference on Transport Research (Shanghai)
10) 首都高速道路(株) HP「首都高速道路通行台数等データ」：http://www.shutoko.co.jp/company/database/traficdata/

第18章　損傷者負担を考慮した高速道路料金の検討

　2016年4月より導入された首都圏三環状道路の高速道路料金では、「首都圏料金の賢い3原則」に基づき、①料金体系の整理・統一、②起終点を基本とした継ぎ目のない料金の実現、③政策的な料金、が検討された。とりわけ、同一起終点同一料金を導入したため、都心経由より混雑の少ない圏央道へ交通がシフトした。本章では、高速道路のルートごとに大型車走行による損傷費用が異なることに着目し、大型車の経路誘導による維持管理費の軽減を目的とした車種別料金を検討する。

18.1　高速道路料金体系と維持更新時代における課題

(1) 高速道路料金体系の変更

　高速道路料金制度は2016年4月に変更があり、東京近郊の複雑な高速道路料金の整理・統一が図られた。これまでは高速道路の建設を重視した料金体系であったが、環状道路の整備が進んだこともあり、利用を重視した料金体系に

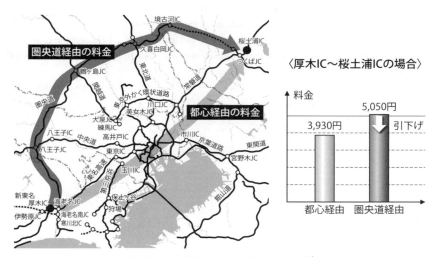

図18.1　首都圏における新たな料金体系[1]

---

[1] 国土交通省ホームページ「首都圏の新たな高速道路料金について」http://www.mlit.go.jp/report/press/road01_hh_000630.html （2016年8月29日最終アクセス）。

表 18.1 車種区分の統一と料率

車種区分	車両総重量	統一前			統一後
		2車種	3車種	5車種	5車種
軽自動車等	1トン未満			0.8	0.8
普通車	2トン	1.0	1.0	1.0	1.0
中型車	8トン未満			1.2	1.2
大型車	25トン以下	2.0	1.5	1.65	1.65
特大車	44トン以下		3.5	2.75	2.75

変更され、対距離制を基本に高速道路の種別による料金水準や車種区分の統一が図られた。

具体的には、東京都心部の渋滞を減少させるために、首都圏の交通流動の最適化を目指し、外側の環状道路をより活用しやすい料金体系が導入された（図18.1）。統一された対距離課金は、利用1回あたりのターミナルチャージ150円に大都市近郊区間は29.52円/kmを加えた料金となっている。さらに、高速道路により異なっていた車種区分が5車種に統一され利便性が図られた（表18.1）。

(2) 大型車両が道路構造物に与える影響と高速道路料金

わが国の道路延長の9割以上を占めるアスファルト舗装は、路面から「表層」、「基層」および「路盤」（上部路盤、下部路盤）という3層で構成されており、その下に路床がある。

舗装の設計は、これらの層構成を、性能指標値を設計期間にわたって満足するように経済性や施工性を考慮して決定する作業であり、路面設計と構造設計からなる。このうち、路面設計では、路面の性能指標（塑性変形抵抗性、平たん性能、透水性能、排水性能など）の値や表層の材料特性等を設定し、表層の材料および厚さを規定する。また、構造設計では、舗装構造に対して交通条件や基盤条件によって設定された性能指標値（疲労破壊抵抗性、透水性能など）が得られるような構造層数と各層の材料と厚さを決定している。

舗装は、供用後、交通荷重や自然環境の作用により破損が生じる。舗装の破損には、舗装の支持力の低下もしくは不足に起因する「構造的破損」と、表層と基層のアスファルト混合物層のみに生じ、路面性状が低下する「機能的破損」とがある。「構造的破損」が路床・路盤にまで及び、安全かつ円滑な交通

に支障をきたすようになった状態が破壊であり、構造設計における設計期間は、この舗装の供用開始から破壊に至ると予測される時点までの期間を意味している。舗装の設計における設計期間は、特に主要な幹線道路では可能な限り長期に設定することが望ましいと記載されており、10 年ないし 20 年に設定することが一般的である。

舗装の性能指標である疲労破壊輪数は、「舗装路面に 49 kN の輪荷重を繰り返し加えた場合に、舗装にひび割れが生じるまでの回数」と定義されており、(式 1) より累積 49 kN 換算輪数を求める。(式 1) からは、交通荷重が舗装に与えるダメージが、輪荷重と標準荷重 49 kN の比の 4 乗に比例して指数関数的に増加することがわかる。ここで疲労破壊輪数において想定している舗装のひび割れとは、舗装の下面から上方に発達する疲労破壊によるものだけを指し、また、疲労破壊とはひび割れ率が 20% 発生したときと定義されている。

$$N_{49} = \sum_{j=1}^{m} \left[\left(\frac{P_j}{49} \right)^4 \times N_j \right] \quad (式1)$$

N_{49}：1 日 1 方向あたりの 49 kN 換算輪数
m：j 番目の輪荷重の大きさに区分される (j＝1〜m)
N_j：P_j の通過数   (式 1)

疲労破壊輪数は舗装計画交通量に応じて規定される (表 18.2)。なお、舗装計画交通量は、舗装の設計期間中の大型車の平均的な交通量を意味する。舗装の設計では、舗装計画交通量で定められた交通量区分 (N7〜N1) と設計期間の設定により舗装厚を検討し、交通量区分が上位の (大型車交通量が多いことが予想されている) 道路ほど厚い舗装構成となる。

表 18.2 疲労破壊輪数の基準値（普通道路、標準荷重 49 kN）

交通量区分	舗装計画交通量	疲労破壊輪数
N7	3,000 以上	35,000,000
N6	1,000 以上 3,000 未満	7,000,000
N5	250 以上 1,000 未満	1,000,000
N4	100 以上 250 未満	150,000
N3	40 以上 100 未満	30,000
N2	15 以上 40 未満	7,000
N1	15 未満	1,500

（単位）舗装計画交通量：台 / 日・方向、疲労破壊輪数：回 /10 年
（出所：日本道路協会『舗装設計便覧』平成 18 年度版）

また、大型車の走行により、直接タイヤの輪荷重（軸重）が作用する橋梁の床版への影響が大きいことが明らかになっている。このため、アメリカでは大型車の取締りは基本的に軸重に基づいて実施されている。軸重超過による橋梁床版への影響は、床版の構造により異なるが、日本の過去の研究および実験では、鉄筋コンクリート床版の場合、標準軸重 10 トンの比の 12 乗に比例して指数関数的に増加する結果であった。

　ただし、1968 年の鋼道路橋の床版設計に関する暫定基準（案）[2] に伴い最小床版厚は現在の基準と同等になり、軸重の影響は 12 乗よりは小さいと考えられている。さらに、先行研究によると、鋼製の橋梁の主桁では 3 乗程度の影響があるとされている

　前述のように、高速道路料金体系の統一化は図られたが、維持更新時代において道路構造物に影響を及ぼす大型車の料金は、普通車の 1.65 倍、特大車は 2.75 倍と車両の総重量やアスファルト舗装や橋梁床版への累乗倍による影響に比べると割安感がある。さらに走行頻度の高い運送会社等へは最大 40% の多頻度大口割引き制度が適用されるなど、普通車並の料金で大型車が走行可能となっている。

18.2　諸外国における大型車の高速道路料金

(1) 大型車が負担している料金・税の諸外国との比較

　諸外国における大型車の高速道路料金を見てみると、普通車料金の 2 倍程度であることが多く、日本の高速道路料金の現状と大差はない。しかし、車両総重量 20 トンの貨物車の実質の負担額を見ると（図 18.2）、諸外国と比較して、日本の大型車の負担はかなり低いことがわかる。料金のみではなく、税負担も含めて大型車の負担を検討していく必要がある。

　たとえば、アメリカでは、1980 年代に道路の維持管理が求められた時、車種別の道路費用責任負担額を分析したコスト・アロケーション・スタディのなかで、車種ごとの道路に与える損傷度合いを求め、重量および地域ごとに分類された道路利用者ごとの責任費用額を推定し、費用と負担の関係を明確化した[3]。また欧州連合（EU）では、国境を跨って長距離の移動をすることが多い大型

---

[2] 日本道路協会ホームページ：http://www.nilim.go.jp/lab/bcg/siryou/tnn/tnn0472pdf/ks047205.pdf（2016 年 8 月 29 日最終アクセス）。
[3] 根本・味水（2008）を参照。

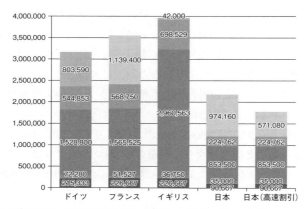

(出所：公共計画研究所 (2016)、p.2-44 より抜粋)

図18.2　車両総重量20トンの貨物車(単車)の自動車関係税等の年間負担額(円／年)

貨物車を対象に、インフラ利用に関する負担を求めるべく道路インフラ課金に関するルールをEU指令として制定した。同指令に従い、各国はそれぞれ課金制度を導入している[4]。

(2) 中国の総重量を考慮した有料道路料金

経済発展が急激に進んでいる中国では、物流量の増加に伴い高速道路の整備が進んでいる。ただ、重量を過小申告し、重量超過状態で走行する大型車が増加した結果、道路構造物への影響が危惧されている[5]。

このような状況下で高速道路の建設費の返済資金と維持管理費用を確保するだけでなく、道路の損傷の原因となる重量超過を防止するため、車両タイプではなく車両の総重量に基づく料金を導入している（江蘇省、広東省、四川省、青海省）。この料金では物流事業者が重量超過をするインセンティブが働かない。

2003年3月1日から、総重量を考慮した料金制度を試行した結果、9か月後

---

[4] 課金方法としては、①対距離課金システム（無線方式などにより、走行距離に応じて課金）（導入国：ドイツ・スイス・オーストリア）と②ビニエット方式（ステッカー購入などにより、一定期間の利用に課金）（導入国：ベルギー・スウェーデン・デンマーク・ハンガリー・ポーランド・ブルガリア）がある。

[5] Chen (2004) を参照。

表 18.3 広東省における総重量による料金

総重量（トン）		トンキロ課金単価（基準単価：0.09元/km）			課金単価 (元/km)
From	To	総重量5トン未満	総重量10トン以下の部分	総重量10トン以上の部分	
	5	5×基準単価 0.45			
5	10		10×基準単価×1.25 1.125		10トン車の場合 1.125
10	20		10×基準単価×1.10 0.990	(20−10)×基準単価×5/6 0.750	20トン車の場合 1.740
20	40		10×基準単価×1.00 0.900	(30−10)×基準単価×0.30 0.540	30トン車の場合 1.440
40	W		10×基準単価×1.00 0.900	(W−10)×基準単価×0.30 1.080（50トン車の場合）	50トン車の場合 1.980

には、重量違反車両が 2.47% から 0.2% に減少したため、正式に採用することとなった。表 18.3 に広東省における車両の総重量による料金を示す。たとえば、総重量 20 トン車の場合は 10 トンまで、10 トンから 20 トンまでの 2 つの課金額を加算して求めている。なお、10 トンまでの単価は基準単価の 1.1 倍の 0.099 元／トンキロ、10 トンから 20 トンまでは基準単価の 6 分の 5 の 0.75 元／トンキロとなっている。

18.3 道路構造物への影響を考慮した新たな高速道路料金の検討

経済学からみた高速道路料金の検討

2016 年 4 月からの新料金では、車種区分の統一はなされたが、大型車・特大車と普通車の料金の差異は、それぞれの重量の差異に比べて著しく小さく、大型車が道路構造物（舗装、橋梁床版等）へ及ぼす影響が十分に反映されていない。

維持更新時代においては、道路損傷の原因となっている大型車の高速道路料金に対して、経済理論を踏まえた損傷者負担の考え方を導入すべきであろう。日本の現行の高速道路料金は建設費と維持管理費を料金で回収することを目指しており、その意味では短期平均費用価格形成を行ってきたと見なせる。ただ、それぞれの車種が負担すべき建設費および維持管理費を算出し、それらに基づいて車種別料金が定められてきたわけではない。

高速道路料金のあり方を検討する際、現在の道路容量を与件とする短期問題として解くか、それとも道路容量の拡大・縮減も考慮する長期問題として解くか、の立場の違いがある。後者がより複雑であるが、たとえば道路容量が交通需要より少なく混雑が生じているときは、短期限界費用が短期平均費用を上回るので混雑課金を導入しその収入を道路容量の拡大に用いる。逆に道路容量が過大の時は短期限界費用が短期平均費用を下回るので閑散割引料金を課すこととするが、収入が少ないので一部更新をあきらめ道路容量を縮減することが考えられる。ただ、このような形で道路容量を拡大、あるいは縮減して到達する均衡点は長期限界費用曲線と需要曲線の交点、すなわち若干の赤字が生じる均衡点にはならない[6]。

　道路建設よりも維持更新が重要となっている日本の現況を踏まえて、本章では短期問題として高速道路料金を検討する。経済理論からみた短期の高速道路料金の考え方として、資源配分上もっとも望ましいものは、需要と供給を一致させて、かつ社会的限界費用と等しくなるように設定する限界費用価格形成原理である。しかし、高速道路のようなインフラに対して限界費用価格形成原理を採用すると、費用逓減状態のところで均衡し、結果として短期平均費用を下回る費用しか回収できないことが理論的にわかっている。

　そこで、収支均衡を図るため、平均費用と等しくなるように料金を設定する平均費用価格形成原理が広く知られている。しかし、平均費用価格形成原理を実際に採用すると、常に収支均衡が達成されるため、供給者側の費用最小化に対するインセンティブが失われてしまい、非効率となることが指摘されている。

　このように、高速道路のようなインフラ整備に関する費用負担（料金）を経済学から考えると、限界費用価格形成原理あるいは平均費用価格形成原理には一長一短があることがわかる。そのため、理論的にも、次善の価格設定として、ラムゼイ価格形成原理や二部料金制度が提案されている。

　上記の議論を踏まえて現実の日本の高速道路料金は、前述のとおり短期平均費用価格形成に基づいて定められているが、諸外国の高速道路料金制をみてみると、限界費用価格形成原理と平均費用価格形成原理の組み合わせ（二部料金制度の応用）が検討されている。たとえば、欧州委員会は非混雑道路、混雑道

---

[6] 詳しくは根本（2014）を参照。

路が混在しているときに、非混雑道路の走行に対し短期平均費用（道路建設維持費用）を負担させ、混雑道路に走行に対しては短期平均費用を負担させた後、短期限界費用（混雑費用）と短期平均費用との差のすべて、あるいは一部を課す方式を提案している[7]。

さらに、Newbery（1988）でも指摘されたように、ある車両の通行が道路へ損傷を与え、結果として他の車両が直面する維持管理費が増加するならば、道路損傷の外部性が生じていることになる。つまり、道路の損傷に対しても外部不経済の内部化の議論が援用できることになる。言い換えれば、混雑料金と同様に、諸外国でも導入されているような損傷者負担に基づく料金の採用が資源配分上望ましいことになる。

したがって、本章では、初期建設費と維持管理費からなる総費用を回収するという点で平均費用価格形成の枠組みを守りながら、維持管理費には損傷者負担原則に基づく限界費用価格形成の考え方を取り入れた方式について検討する。このような高速道路料金を導入することで、道路構造物に相対的に影響の少ないルートを利用者に選択させることができる。その結果、道路構造物のライフサイクルコストの削減にもつながる。

18.4　道路構造物への影響を考慮した車種別料金の試算結果

（1）道路構造物への影響を考慮した車種別料金の算出方法

ここでは、首都高ルートをすべて橋梁区間として、そして圏央道ルートはすべて土工区間として扱うなどいくつかの単純化を行ったうえで、車種別料金の試算を行う。

道路ごとの建設費に対する車種別費用負担額（支払利息も含む）については、以下の（式2）と（式3）から求めることとする。

ルート別車種別維持建設費負担額（円/トリップ）
＝ルート別元利均等年間支払額（円/年）×
　建設費車種別負担比率[8]/車種別交通量（台/日）×365日　　　　　　　　　（式2）
ここで、
ルート別元利均等年間支払額（円/年）
　＝f（平均トリップ長あたり建設費（円），金利（％），耐用年数）　　　　　（式3）

---

[7] 西川・昆（2011）を参照。
[8] 建設費車種別負担比率は、現行の車種別料金比率を用いて求めた車種別普通車換算交通量の車種別普通車換算交通量合計に対する比率とした。

一方、道路ごとの維持管理費に対する車種別費用負担額については、以下の（式4）のように算出する。

ルート別車種別維持管理費負担額（円／トリップ）
　＝平均トリップ長あたりルート別維持管理費（円）×
　　維持管理費車種別負担比率／車種別交通量（台／日）×365日　　　　　　（式4）

なお、維持管理費車種別負担比率は、車種別影響[9]の車種別影響合計に対する比率とした。

(2) 平均トリップ長および車種別断面交通量

　ここでは平均トリップ長および車種別断面交通量を求める。まず首都高の平均通行台数は、975,577台／日である[10]。首都高会社によると、1台あたり日平均料金収入は約747円となり[11]、これは現行の料率では20 kmに該当するため、以降首都高の平均トリップ長を20 kmとする。このとき、首都高の平均断面交通量は48,568台／日となる。

　車種別の断面交通量は、首都高と圏央道に接続する高速道路の車種別交通量の構成比を各高速道路の交通量により加重平均して求め、首都高における車種別交通量の構成比とした[12]。

　次に、ここでは圏央道の平均トリップ長および車種別断面交通量を求めた本章では圏央道の代表区間の公表されている断面交通量を平均化して[13]、平均断面交通量を46,000（台／日）と算出した。車種別の断面交通量を求める際に、首都高のときと同様に求め、圏央道における車種別の交通量の構成比とした。

---

[9] 車種別影響は（当該車種の軸数）×（1軸あたりの道路構造物への影響比率）×（当該車種の車種別断面交通量（台／日）で計算する。1軸あたりの道路構造物への影響比率は、車種別平均軸重と軸重の4乗則に基づき、アスファルト舗装に対する車種別の影響を求めたもの。車種別の影響比率は、軽自動車は$(0.425 \div 10)^4$、普通車は$(1 \div 10)^4$、中型車は$(4. \div 10)^4$、大型車は$(7.8 \div 10)^4$、特大車は$(6.5 \div 10)^4$となる。

[10] 首都高速道路（株）ホームページ「首都高速道路通行台数等データ」（http://www.shutoko.co.jp/company/database/traficdata/）のなかで、2016年4月から2016年9月までの6か月間の平均通行台数を使用した。

[11] 全体の料金収入（円／日）が8.1億円、そして普通車にすべて換算した平均交通量（台／日）が約115万台（首都高の平均交通量のうち、約25％が大型車であり、大型車の料金は普通車の1.6倍であることを用いて全車種を普通車の交通量に換算）をもとに算出した。

[12] 首都高によれば、軽自動車が8.80％、普通車が68.31％、中型車が12.06％、大型車が8.84％、特大車が1.99％となった。

[13] 国土交通省・NEXCO東日本記者発表資料（2016）「湘南から東北がつながり1年」（http://www.ktr.mlit.go.jp/ktr_content/content/000658636.pdf）で圏央道の代表区間として公表されている断面交通量は、相模原IC～高尾山間で45,000台／日、青梅IC～入間IC間で55,000台／日、川島～桶川北本間で38,000台／日であった。

(3) 初期建設費の車種別負担

ここでは、初期建設費の車種別負担額を算出する。首都高会社の償還計画によると、首都高の建設費は約 5.4 兆円であり、供用延長は 287.7 km であった。したがって、首都高の平均トリップ長（20 km）あたり建設費は 3,760 億円となる。平均耐用年数は 50 年と仮定する。また、借入期間を 50 年、借入金利を 4 % とした場合の支払利息は 4,941 億円となる。

次に、圏央道における初期建設費の車種別負担額を算出する。圏央道の償還計画によると、圏央道の建設費は約 3.0 兆円、供用延長は約 300 km である。したがって、圏央道の平均トリップ長（21.02 km[14]）あたり建設費はおよそ 2,102 億円と算出できる。平均耐用年数は、土工区間が多いこと、そして橋梁は新しい設計が採用されていることを考慮して 100 年と仮定した。また、借入期間を 100 年、借入金利を 4 % とした場合の支払利息は 6,461 億円となる。

(4) 維持管理費の車種別負担

最後に、維持管理費の車種別負担額を算出する。各道路の維持管理費は、以下の 3 種類に分類できる。

① 道路構造物への影響を考慮した点検・補修等の維持管理費（軸重の影響を考慮し、車種別負担額を決定）
② 清掃費、光熱水費等の費用（全車両に均等に負担）
③ 各事業主体の人件費など計画管理費（全車両に均等に負担）

首都高の維持管理費は 330 億円であり[15]、2015 年度の実績から、維持管理費のうち 215 億円が上記①に該当した。①を 1 トリップあたりの費用に換算すると、13.8 億円となり、車種別負担額を（式 4）より算出する[16]。

次に、2015 年度の実績から、維持管理費のうち 81 億円が②に該当した。①と同様に 1 トリップあたり費用に換算すると 5.6 億円 となった。これを断面

---

[14] 代表 IC 間の平均距離をみると、首都高経由の距離に対する圏央道経由の距離は単純平均で 1.051 倍となることから、圏央道の平均トリップ長は 20 km（首都高の平均トリップ長）× 1.051 の計算結果である 21.02 km とした。
[15] (独)日本高速道路保有・債務返済機構「高速道路機構ファクトブック 2016」を参照。
[16] 道路構造物への影響を考慮しない、断面交通量で均等負担した場合は 1 トリップ・1 台あたり 74.7 円となった。

交通量で均等負担とすると、1トリップ・1台あたり24円となる。

③は計画管理費の352億円として、②と同様に1トリップあたりの費用に換算すると24.4億円となる。これを断面交通量で均等負担とすると、1トリップ・1台あたり106円となる。

同様に、圏央道における維持管理費の車種別負担額を算出する。ただし、圏央道の維持管理費は公表されていないため、NEXCO東日本の管理費[17]を援用する。

NEXCO東日本の維持修繕費775億円のうち、①に該当する部分は、保全点検業務および土木構造物修繕業務にかかわる259億円となる。①は、供用延長3,842kmに対する費用であるため、1トリップあたりの費用に換算すると、1.4億円となり、車種別負担額を（式4）より算出した[18]。

次に、②に該当する部分は、維持修繕費全体から①の259億円を除いた516億円とする。同様に、1トリップあたりの費用に換算すると2.8億円となった。これを断面交通量で均等負担とすると、1トリップ・1台あたり16円となる。

最後に、③に該当する部分は、NEXCO東日本では管理業務費と一般管理費等に相当し、合計980億円となるため、1トリップあたりの費用に換算すると5.3億円となる。これを断面交通量で均等負担とすると、1トリップ・1台あたり31円となる。

(5) 車種別料金の試算結果

以上を踏まえて、首都高と圏央道の車種別料金を試算したものが表18.4と表18.5である。ここで示す料金は建設費と維持管理費のすべてを料金で回収するということを満たしつつ（平均費用価格形成）、維持管理費に関しては車種別の損傷度合いを反映する（限界費用価格形成）、一種の二部料金となっている。表中の「参考」は現行の料率で求めた1トリップあたりの料金を示している。

表18.4をみると、現行料率で計算した料金（参考）と比較して、道路構造物への影響を考慮した場合、首都高の大型車では208％の料金の値上げとな

---

[17] NEXCO東日本「建設・維持・管理等の状況」
(https://www.c-nexco.co.jp/corporate/company/disclosure/state/) の2015年度の数値を利用した。
[18] 道路構造物への影響を考慮しない、断面交通量で均等負担した場合は1トリップ・1台あたり3円となった。

第18章　損傷者負担を考慮した高速道路料金の検討　　　221

る。次に、表18.5をみると、現行料率で計算した料金（参考）と比較して、道路構造物への影響を考慮した場合、圏央道の大型車では10％の料金の値下げとなる。

また、首都高と圏央道の料金を比較すると、大型車では、1トリップあたり圏央道の料金よりも首都高のほうが2.35倍も高いことがわかる。現行の料金（参考）で同様に比較すると約2％しか異なっていないため、道路構造物への影響を考慮した場合は相対的に圏央道の料金が割安になることがわかる。これにより、首都高から圏央道へ交通量が移転すれば、首都高と圏央道全体の道路構造物のライフサイクルコスト削減にもつながる。なお、今回の料金は一定の交通量を前提に求めた。首都高、圏央道の料金が変化すれば交通量は変化する。今後、この相互作用を内生化した均衡料金・交通量を求める予定である。

一方、限界費用価格形成原理を首都高と圏央道の料金に適用することを考えてみると、表18.4と表18.5の維持管理費①から③の車種別合計額が車種別の

表18.4　首都高の1トリップあたり車種別費用負担額

車種区分	橋梁区間（首都高）								計	【参考】現行料金
	初期建設費（50年で完済）			維持管理費（年間費用）						
	区分比率	建設費	利息(4%、50年)	総重量(トン)	道路構造物への影響比率	維持管理費①	維持管理費②	維持管理費③		
費用(億円)		3,760	4,941	―	―	13.8	5.6	42.3		
軽自動車	0.8	239	314	0.85	6.525E－06	0	24	106	683	540
普通車	1.0	299	392	2.00	2.000E－04	0	24	106	821	640
中型車	1.2	358	471	8.00	5.120E－02	33	24	106	992	670
大型車	1.65	493	647	23.40	1.110E＋00	706	24	106	1,976	950
特大車	2.75	821	1,079	26.00	7.140E－01	454	24	106	2,484	1190

表18.5　圏央道の1トリップあたり車種別費用負担額

車種区分	土工区間（圏央道）								計	【参考】現行料金
	初期建設費（100年で完済）			維持管理費（年間費用）						
	区分比率	建設費	利息(4%、100年)	総重量(トン)	道路構造物への影響比率	維持管理費①	維持管理費②	維持管理費③		
費用(億円)		2,102	6,464	―	―	1.4	2.8	5.3		
軽自動車	0.8	88	272	0.85	6.525E－06	0	6	31	407	452
普通車	1.0	111	340	2.00	2.000E－04	0	6	31	498	566
中型車	1.2	133	408	8.00	5.120E－02	2	6	31	590	679
大型車	1.65	182	561	23.40	1.110E＋00	50	6	31	840	933
特大車	2.75	304	935	26.00	7.140E－01	32	6	31	1,318	1555

限界費用に相当すると考えられる。限界費用価格形成原理を導入すれば短期的な社会的余剰は現行よりも改善するが、料金では建設費と維持管理費の半分程度しか賄えないことが本章の試算例でも明らかとなった。

18.5　まとめと今後の課題

本章では、高速道路のルートごとに大型車走行による損傷費用が異なることに着目し、道路構造物への影響の度合いに応じた車種別料金を検討した。本章の分析結果から、以下の4点が明らかとなった。

第一に、日本でも高速道路料金体系の統一化は図られたが、大型車の料金はアスファルト舗装や橋梁床版への累乗倍による影響に比べると割安感があることがわかった。

第二に、諸外国の高速道路料金の現状について整理した結果、諸外国の高速道路料金では、建設時代から維持更新時代へ移行している状況を踏まえて、建設費と維持管理費を原因者負担原則で大型車に負担を求めるという考え方が定着しつつあることがわかった。

第三に、道路水準を所与とした場合の高速道路料金の考え方として、限界費用価格形成原理あるいは平均費用価格形成原理には一長一短があることがわかった。そのため、本章では、欧州でも導入されているような二部料金制度の応用として、平均費用価格形成の枠組みを守りながら、維持管理費用の車種別負担比率の決定に関して、損傷者負担原則に基づく限界費用価格形成の考え方を取り入れた方式について検討した。

第四に、実際の交通状況を単純化しつつ反映して、首都高と圏央道の車種別料金を試算した。分析の結果、たとえば大型車の場合、首都高の料金は1トリップあたり1,976円に対し、圏央道の料金は840円と試算された。このような料金差によって、橋梁区間が多い首都高から土工区間の多い圏央道へ交通が移転すれば、首都高と圏央道全体の道路構造物のライフサイクルコスト削減にもつながり、かつ道路損傷の外部性も内部化しているため、現行の高速道路料金と比べても資源配分上効率的であると考えられる。

今後の研究課題として、損傷者負担を考慮した料金に対する社会的受容性についてさらなる検討が必要である。その際、トラック事業の経営問題と道路の維持更新問題を切り分け、独立して施策対応することが求められる。

また、大型車料金の値上げがなされれば、少なくとも一定量の大型車は一般

道路へ移転することが予想される。したがって一般道路も含めた道路費用の負担問題を検討する必要がある。その際、諸外国で導入されている一般道路での大型車対距離課金制度が参考になる。

【参考文献】
1) Chen Yin-san(2004)" Long-term effective solution to the overload transportation with economic lever," *China Journal of Highway and Transport*, 17(2), pp.94-99.
2) Newbery, D. M. (1988a), "Road damage externalities and road user charges," *Economica*, Vol.56, No.2, pp.295-316.
3) 味水佑毅・脇嶋秀行・松井竜太郎ほか（2015）「道路の維持更新時代における大型車走行規制の評価」『交通学研究』第 58 号、pp.81-88。
4) 味水佑毅・脇嶋秀行・松井竜太郎ほか（2015）「道路のライフサイクルコストの低減を目的とした大型車の料金マネジメント」、第 13 回 ITS シンポジウム配付資料。
5) 根本敏則（2014）「交通インフラの維持・整備のための課金原則」加藤一誠・手塚広一郎編著『交通インフラ・ファイナンス』、成山堂書店。
6) 根本敏則・味水佑毅編（2008）『対距離課金による道路整備』、勁草書房。
7) 西川了一・昆信明（2011）「重量貨物車の道路利用課金に関するユーロビニエット指令の動向と我が国への示唆」『運輸政策研究』第 14 巻第 1 号、pp.24-34。
8) Wakishima, H., Matsui, R., and Y. Misui (2015), "Research and developing of Heavy Vehicles Effective Control using ITS," *22nd ITS World Congress*, Paper number ITS-2490.

第19章　日本の大型車交通マネジメント

　日本における大型車交通マネジメントに関する制度としては、道路を通行する車両の寸法および重量等について一定の基準を定める車両制限令や、車両制限令に定める一般的制限値を超える車両について道路管理者の審査を経て許可することができる特殊車両通行許可制度がある。これらの制度については、自動車の大型化や車両形態の多様化が進むなか、規制緩和が行われてきている。さらに、近年の道路の老朽化対策の必要性や効率的かつ迅速な物流の実現への社会的要請の高まりを踏まえ、これらの制度を基礎とした新たな大型車交通マネジメントの仕組みが創設されてきている。

　今後も引き続き、老朽化対策や物流の効率化の必要性が高まるなか、大型車交通マネジメントの重要性はますます高くなっていくものと考えられる。ここでは、日本の大型車交通マネジメントに関する制度の変遷と近年新たに創設された仕組みである大型車誘導区間やETC2.0を活用した大型車交通マネジメントの概要、そして、日本における大型車交通マネジメントの今後の展望等について紹介させていただく。

19.1　車両制限令と特殊車両通行許可制度

　すべての道路をどのような大型車両でも通行できるように整備することは現実的ではなく、それぞれの道路の役割、それに応じた利用方法の範囲で整備されている。こうした状況を踏まえ、昭和36年、道路構造の保全と交通の危険防止を図るため、道路を通行する車両の寸法および重量等について一定の基準を定める車両制限令が制定された。

　車両制限令制定後しばらくの間、制度の周知不足、標識の設置不足、認定申請窓口の多元化等のため、車両制限令がなかなか遵守されない状況が続いた。また、県道踏切で立ち往生したクレーン車に電車が衝突したり、高速道路のトンネルで材木積載のトラックが天井の床版を壊したり、トラッククレーン車による横断歩道橋への衝突事故が続発するなど、車両制限令違反に起因する交通事故が多発した。道路整備が着実に進み、狭い道路であるための事故は減りつつあったが、車両自体が大型であるための事故が目立ってきた。このため、車両の大型化の傾向への対応と交通事故の防止との双方を両立させるため、車両

制限令の強化が必要となり、昭和46年に、以下を骨子とする車両制限令の改正が行われた。
① 一般的制限値を超える車両は、道路を通行してはならないとし、それに反する者に対しては、罰則の適用があること。
② 一般的制限値を超える車両について特別の場合には道路管理者が許可をするものとすること。
③ 許可の一元化を図るため二以上の道路にかかる申請についても一の道路管理者が許可できるものとしたこと。この場合、許可にあたって手数料を徴収するものとすること。
④ 高さについての一般的制限値を、これまでの3.5メートルから3.8メートルとすること。

昭和46年の車両制限令改正から20年が経つと、道路交通の発達はめざましく、高速自動車国道の整備などに伴い、陸上貨物輸送に占める道路輸送の役割は著しく増大した。また、自動車の大型化や車両形態の多様化が進み、道路整備の進捗状況に応じて規制緩和を図るべきとの声が大きくなった。

こうしたなか、第11次道路整備五箇年計画を契機として、道路構造令が改正された。橋梁の自動車設計荷重が20トンまたは14トンから25トンに引き上げられたことに伴い、平成5年に、以下を骨子とする車両制限令の改正が行われた。
① 車両総重量の最高限度を、20トンから、高速自動車国道および道路管理者が指定する道路（重さ指定道路）について、軸距および長さに応じて最大25トンまで引き上げ。
② 高速自動車国道を通行する場合のトレーラー連結車に係る総重量の特例車種を拡大し、バン型、コンテナ用に加え、タンク型、幌枠型、自動車運搬用のものを追加。

また、平成16年に、従来の背高海上コンテナ用指定経路（車高4.1mまで通行許可が可能）について一定のネットワークが形成されたことなどを踏まえ、以下を骨子とする車両制限令の改正が行われた。
① 車両の高さの最高限度について、道路管理者が道路構造の保全および交通の危険防止上支障がないと認めて指定した道路（高さ指定道路）については4.1メートルまで引き上げ。
② 複数の道路管理者にまたがる申請の手数料について、1件（5経路）

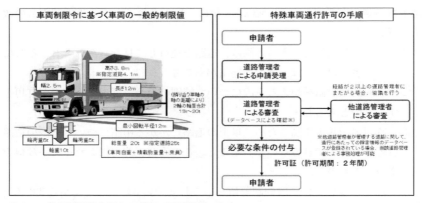

注1：一般的制限値を超える車両は原則通行できない
  2：車両の構造や車両に積載する貨物が特殊である場合に限り、道路の構造を保全し、または交通の危険の防止に必要な条件を附して通行を許可

図19.1　特殊車両通行許可制度の概要

1,500円から1経路200円に改正。

19.2　道路の老朽化対策等に向けた大型車両の通行の適正化方針

　国等が実施した載荷試験による研究成果をもとにした試算では、道路橋のコンクリート床版の劣化への影響は、軸重20トン車は軸重10トン車の約4,000台相当となり、0.3％の重量を違法に超過した大型車両が道路橋の劣化の約9割を引き起こしている。このように、重量制限を超過する違反車両が橋梁等の老朽化に与える影響は、適正な車両の影響に比べて極めて大きい。道路の老朽化対策が喫緊の課題となるなか、道路の維持・修繕のより適切な実施とともに、道路の劣化への影響が大きい大型車両の通行の適正化が重要となっている。

　一方、今日のわが国の経済活力の向上においては、物流およびそれを担う大型車両の果たす役割は重要である。車両の大型化、積載率の向上および許可手続の迅速化等により効率的かつ迅速な物流の実現が望まれている。

　このため、国土交通省は、平成26年5月に、このような車両が国民の重要な財産である道路をこれ以上傷めることがないよう、悪質な違反者に対しては厳罰化をした。一方で、社会要請でもある車両の大型化に対応した許可基準の見直しや、適正に道路を利用する方に対し、許可を簡素化するなどにより、大

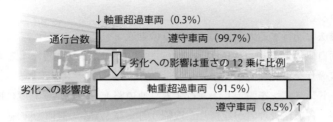

図 19.2　軸重超過車両が道路橋の劣化に与える影響

型車両の通行の適正化を図るための方針をまとめた。

この方針のなかで、通行許可の基準等の見直しと許可審査手続きの改善について、具体的に以下の取組みが示されている。

① バン型等セミトレーラー連結車の駆動軸重の許可基準の統一

これまで国際海上コンテナを積載するセミトレーラー連結車のみ緩和（10トン→11.5トン）していた駆動軸重の制限を、バン型等のセミトレーラー連結車（2軸トラクタに限る）すべてについて統一。

② 45フィートコンテナ等の輸送における許可基準の見直し

45フィートコンテナの輸送が可能な車両の範囲を拡大するため、バン型等のセミトレーラー連結車の車両長の制限を延長。

③ 許可までの期間の短縮

・審査における協議手続を迅速に行えるようにするため、地方公共団体に対して、主要道路情報のデータベースへの登録を要請。

・審査期間を短縮するため、通行許可のオンライン申請システムの改良・普及促進。

・高速道路等について、大型車両を誘導すべき道路として指定するとともに、当該道路に係る通行許可について、国による一括審査を実施（大型車誘導区間制度の創設）。あわせて、指定箇所の拡大・通行支障箇所の解消を推進。

・効率的で迅速な審査を実施するため、審査体制を集約化。

④ 適正に利用する者の許可の簡素化

・違反実績のない者に対して、許可期間（現行2年）を延長。

・ITS技術を活用した通行経路把握による通行許可制度の新たな運用。

また、違反取締りや違反者への指導等の強化については、以下の取組みが示されている。
① 違法に通行する大型車両の取締りの徹底
・車両自動計測装置（WIM）を増設し、より的確に違法通行する大型車両の取締りを実施。
・コードンラインを設定し、並行する高速道路と一般道路を一度に取り締まる等、各道路管理者が連携した取締りおよび WIM の設置を実施。
② 違反者に対する指導等の強化
・国道事務所に呼び出して是正指導を行い、常習的な違反者に対しては告発を実施（措置命令4回または是正指導5回で告発）。
・特に基準の2倍以上の重量超過等悪質な違反者は、現地取締りにおいて違反を確認した場合は即時告発を実施。
・是正指導のための呼び出しにも関わらず、これを拒否する者等に対しては、報告の徴収および立入検査を実施。また、報告徴収・立入検査を拒む者に対しては告発を実施。
③ 関係機関との連携体制の構築
・国土交通省（道路局および自動車局）、警察庁、高速道路会社および全日本トラック協会等と連携し、道路の適正利用を図るための連絡会を設置し、荷主を含めた啓発活動、および違反者情報の共有等を実施。
・国土交通省から日本高速道路保有・債務返済機構および高速道路会社6社に対し、取締り強化および違反者に対する指導等の強化を検討するよう指示。
・自動車局と連携して、違反通行を行った運送事業者に対し貨物自動車運送事業法に基づく行政処分等を行うとともに、荷主に対する是正指導等を行うための検討を実施。

この方針に示された取組みにより、道路構造物の長寿命化、効率的かつ迅速な物流の実現、交通の危険の防止への効果が期待される。

19.3　大型車誘導区間

(1) 大型車誘導区間制度の創設

　貨物輸送全体の9割弱（重量ベース）を自動車が担っており、貨物車交通の効率化・円滑化を図ることはわが国諸産業の立地競争力の下支えとして極めて

図 19.3　大型車誘導区間の概要

重要である。日本では、今後 20 年の間に、築後 50 年以上経過する橋梁が約 65％に達するなど、道路構造物の老朽化への対応が求められている。また、特殊車両の通行許可を取得せず、あるいは許可された重量等の制限を超えた状態での走行は、重大な事故につながりかねず、改善が必要である。こうしたことを背景として、大型車両の通行を望ましい経路へ誘導し、適正な道路利用を促進するため、平成 25 年 6 月に道路法が改正され、大型車誘導区間制度が創設された。

大型車誘導区間制度は、道路の構造および交通の状況、沿道の土地利用の状況その他の事情を勘案して、道路の構造の保全と安全かつ円滑な交通の確保を図るため、大型車両の通行を特定の経路に誘導することが特に必要であると認められる場合に、国土交通大臣が大型車誘導区間を指定する。この大型車誘導区間のみを大型車両が通行する場合、個別の道路管理者への協議が不要となり、国が一元的に審査したうえで許可を行うことで、通行許可手続きが迅速化されるものである。

(2) 大型車誘導区間制度の指定状況

平成 25 年 6 月の道路法改正、平成 26 年 5 月の大型車誘導区間関連規定の施行を受け、平成 26 年 10 月に、大型車誘導区間の初回の指定が行われ、運用が

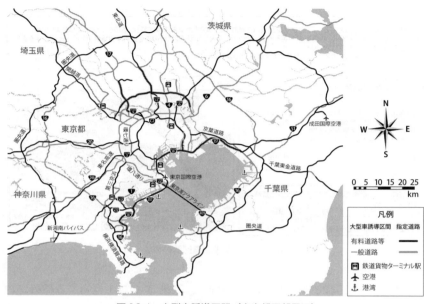

図 19.4　大型車誘導区間（東京都区部周辺）

開始された。

　大型車誘導区間の初回の指定については、高速道路や直轄国道（指定区間内一般国道）のように、基幹的な道路ネットワークを構築する道路網、重要な空港、港湾、鉄道貨物駅といった施設に関わる交通結節点へのアクセスに活用される道路等を指定した。

　また、平成 27 年 3 月に、初回指定以降の高速道路等の開通区間の追加指定等の第 2 回目の指定を行った。

　さらに、大型車誘導区間制度のメリットの享受のためには、申請する経路がすべて大型車誘導区間内で完結することが前提となる。しかし、大型車誘導区間から物流拠点までの数キロメートル（ラスト 1 マイル）が繋がっていないために、この制度を活用できないケースがあるという課題があった。そのため、平成 28 年 3 月に、第 3 回の指定として、国際戦略港湾・国際拠点港湾に関するラスト 1 マイル（合計約 370 km）について追加指定を行った。また、第 2 回指定以降の高速道路等の開通区間の追加指定等もあわせて行った。この結果、平成 28 年 4 月現在、大型車誘導区間は合計 34,860 km が指定されてい

る。

(3) 今後の課題

(2) で述べたとおり、大型車誘導区間制度のメリットの享受のためには、申請する経路がすべて大型車誘導区間内で完結することが前提となる。このため、本制度をより適切に機能させていくためには、特殊車両の通行の状況や、物流拠点の立地の状況なども踏まえ、また、関係事業者の意見も聴きつつ、大型車誘導区間の充実を図ることが必要である。特に、ラスト1マイルの問題については、平成28年3月の第3回指定では、港湾、工業団地、トラックターミナル等の物流拠点のうち国際戦略港湾・国際拠点港湾に関するラスト1マイルのみを指定しているため、残りの物流拠点に関するラスト1マイルについても追加指定の検討を進めていく必要がある。

19.4　ETC2.0を活用した大型車交通マネジメント

(1) ETC2.0の概要

2011年8月、ETCに活用されている国際標準化された高速・大容量通信を用いることにより、全国の高速道路上で世界初となる路車協調のサービスを開始している。

さらに、2014年10月からは、サービス名称をITSスポットサービスからETC2.0サービスに変更し、2015年8月より本格的にETC2.0車載器の販売が開始された。

図19.5　ETC2.0の概要

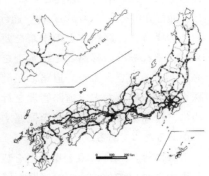

図19.6　路側装置（ITSスポット）の設置箇所

このETC2.0サービスでは、ETCに加えて、対応カーナビと連携することにより渋滞回避支援や安全運転支援、災害時の支援等の情報提供サービスを画像と音声でわかりやすく提供している。

また、走行履歴、経路情報などのビッグデータを活用した、「特殊車両通行許可の簡素化制度（特車ゴールド）」や「ETC2.0車両運行管理支援サービスに関する社会実験」など、新たなサービスの導入を進めている。

(2) 特殊車両通行許可の簡素化（特車ゴールド）

道路上を重さや寸法の制限値を超える特殊な車両（特殊車両）が通行しようとする際は、道路管理者に申請（特殊車両許可申請）を行い、通行許可を得る必要がある。特殊車両許可申請はオンライン申請システムで行うことが可能となっているものの、車両の諸元や経路を入力する必要があり、一定の労力を要する。また、ネットワーク化された道路では、複数の経路を選択する可能性もあるが、現行制度では、出発地と目的地の組み合わせが同一であっても、経路1本1本別々の申請を行う必要がある。

同一発着地点の経路申請の実績を見ると、8割以上が複数経路で申請を行っている（図19.7）。その平均値は9経路となっており、21経路以上の申請となっている場合も1割を超えて存在する。申請者にとっては、これら複数の経路それぞれ申請を行う必要があるうえ、発着地や車両が異なる場合はさらに大量の申請を行う必要がある。

図19.8の例では、出発地から目的地まで、3本の経路を選択したい場合、3経路それぞれの申請が必要とする。また、これら3経路以外の経路については、通行許可を得ていないため、通行できない。

このように、経路ごとの申請を要するのは、それぞれの経路ごとに審査を行う必要があること、また、道路の保全や特殊車両の取締りなど、道路管理を行うために、特殊車両の通行経路を把握する必要があるためである。

これに対し、ETC2.0の車載器を装着した車両については、途中の経路を確認することが可能なことから、すべての経路

図19.7　同一発着地点の経路申請状況

図 19.8　従来の申請による通行可能経路

の申請をすることなく、道路管理に必要な特殊車両の通行経路情報（ビッグデータ）を得ることが可能となる。また、大型車誘導区間においては、自治体等が管理する区間を含めて、国が一元的に審査システムを用いて審査を行うことが可能であり、複数経路の審査を容易に行うことが可能である。こうした新しい技術や仕組みを活用し、平成 28 年 1 月 25 日より、ETC2.0 装着車への特殊車両通行許可を簡素化する「特車ゴールド」の制度を開始した。

　本制度では、ETC2.0 を装着し、利用規約等に同意してあらかじめ登録された車両については、ひとつの申請で、申請された経路以外でも全国の大型車誘導区間すべての経路に関する審査・許可を行う。これにより、利用者は、大型車誘導区間を走行する場合は、渋滞や事故を避けた効率的な輸送経路が選択可能となり、物流効率化への効果が期待される。

　図 19.8 の例では、3 つの申請を要したが、特車ゴールドにおいては、ひとつの申請に簡素化される。加えて、図 19.9 に示すようにネットワーク化された大型車誘導区間の経路を、状況に応じて選択することが可能となる。

　また、特車ゴールド制度では、2 年ごとに行う必要のある更新の手続きを自動化する取組みも行う。この際、図 19.10 に示すように輸送経路の確認を行う

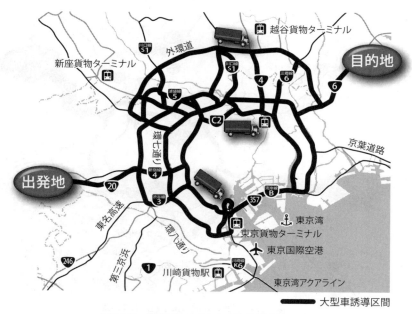

図 19.9　特車ゴールドにおける通行可能経路

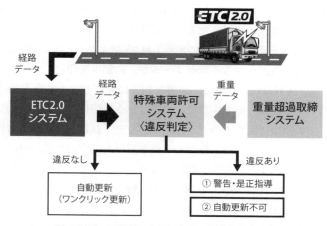

図 19.10　特車ゴールドにおける輸送経路の確認

ことで、違反状況に応じて更新自動化を不可とする措置も合わせて行うことで、法令遵守のインセンティブとなることが期待される。

(3)「ETC2.0 車両運行管理支援サービス」に関する社会実験

ETC2.0 では、利用経路や利用時間、加減速データ等のプローブデータがリアルタイムに把握可能である。これらの情報を物流事業者においても活用することが可能となれば、正確な到着時刻を予測することによる荷待ち時間の短縮や、トラック運転の危険個所をピンポイントで特定することによるドライバーの安全確保といった、生産性の向上に繋がる運行管理を行うことが可能となる（図 19.11）。

ETC2.0 を活用した運行管理支援サービスについては、2015 年 11 月より社会実験への参加者公募を開始し、運行管理の効率化やドライバーの安全確保等のさまざまな取組みを提案する応募が民間企業14 組 19 社からなされた。提案内容等を確認した結果、12 組 17 社について、要件が満たされていることが確認できたことから、これらの事業者

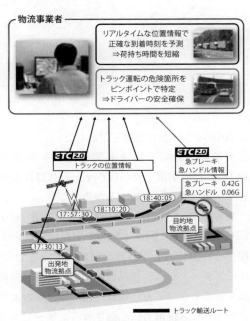

図 19.11　ETC2.0 車両運行管理支援サービス

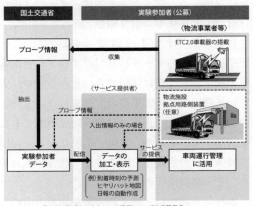

図 19.12　実験スキーム

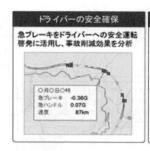

図 19.13　実験例

と 2016 年 2 月より実験を開始した。

　実験参加者は、物流事業者等とサービス提供者で構成されている（図19.12）。物流事業者等が自らサービス提供者の役割を果たす場合は、物流事業者等が単独で実験参加者となる。

　実験参加者には、運行管理の効率化等の取組みを行う車両に搭載したETC2.0 車載器に関する情報を登録いただいており、走行時に道路管理者が管理する路側装置と車載器が通信することで収集される不特定多数の車両のプローブデータから、登録情報を用いて実験参加者の車両のプローブデータを抽出することができる。社会実験では、このようにして抽出されたプローブデータがサービス提供者に配信される。サービス提供者は、物流事業者等のニーズに合わせ、配信されたプローブデータを加工・表示するサービスを物流事業者等に提供する。物流事業者等は、サービス提供者からのサービスを活用し、運行管理の効率化等に取り組む。

　社会実験では、図 19.13 に示すように、たとえば、運行管理を行う車両の位置や加減速等のデータに基づいて急ブレーキ多発箇所等を特定し、ドライバーへの安全運転啓発に活用する。そのうえで、実験参加者の協力のもと、危険な運転挙動等の改善効果等の評価を行う。また、車両のリアルタイムな走行位置の情報を把握し、正確な到着時刻を予測することで、作業員の荷待ち待機時間を削減する取組みや、実験で提供される走行経路、走行時間等の情報を利用して日報作成の自動化を図ることで運行管理者の業務を軽減する取組みなどを進め、その有効性等の評価を行う。

　本社会実験では、個々の実験参加者の取組みの有効性等を評価するだけでなく、「ETC2.0 車両運行管理支援サービス」としての有効性等の評価も行う。そ

の後、実験結果を踏まえながら、「ETC2.0 車両運行管理支援サービス」の本格導入に向けた検討を行う予定である。

19.5　まとめ —日本の大型車交通マネジメントの今後の展望

　日本における大型車交通マネジメントは、大型車誘導区間や ETC2.0 を活用した仕組みなど新たな展開が行われているところである。こうしたなか、物流分野における労働力の不足等を背景に、さらなる物流の効率化が求められており、より優れた大型車交通マネジメントを目指すことが必要となっている。

　平成 27 年 12 月に、中長期的な観点から今後の物流政策の方向性や課題を明確化することを目的として、国土交通省の交通政策審議会および社会資本整備審議会が「今後の物流政策の基本的な方向性等について」を答申している。この答申では、物流の目指すべき将来像が描かれている。そして、それを実現するための今後の物流政策の基本的な方向性や具体的な物流施策が示されており、このなかで、大型車交通マネジメントに関する今後の施策展開についても記載されている。

　今後の物流政策は、生産性向上の取組み等による潜在的輸送力等の発揮や新たな市場の開拓・サービスの展開等による「物流生産性革命の実現」と市場の健全化や就業環境の整備等による「未来へ続く魅力的な物流への進化」を基本的な方向性とすることとされている。「物流生産性革命」を実現するための施策の柱として、トラック輸送の効率化が掲げられ、さらにそのなかで大型車交通マネジメントに関する施策として、以下が示されている。

① ETC2.0 の活用

　本格的な導入が開始された ETC2.0 を、物流事業者におけるトラックの運行管理や、事業者間共通のプラットフォームにした共同輸配送のマッチングに活用するなど、情報セキュリティを確保したうえで、物流システム全体としての最適化を支援していくことを検討する必要がある。

② 適正通行へのインセンティブ

　これまで実施してきた大型車の適正通行を促進する取組みに加え、適正利用者に対しては、渋滞や事故を避けた経路選択が可能となる ETC2.0 装着車への特殊車両通行許可の簡素化を行うとともに、手続き期間が大幅に短縮される大型車誘導区間の改善を進めるなど、効率的な輸送に資する取組みを進めていく必要がある。

③　車両の大型化による効率化・省人化

　ドライバー不足が進行するトラック輸送の効率化・省人化の観点から、ドイツのアウトバーンにおける長大トラック路上社会実験の状況を踏まえた、さらなるフルトレーラー車両長の緩和など、車両の大型化について検討する必要がある。また、ETC2.0などITを活用した危険物車両の通行の効率化についても、安全性の確保に留意して検討する必要がある。将来的には、諸外国の例を参考として重量規制の見直しを検討する必要がある。

④　重量超過等の違反者への厳罰化

　重量超過等の違反者に対しては、車両重量自動計測装置（WIM）による自動取締りについて真に実効性を上げる取組みの強化、違反車両への高速道路割引停止措置の統一化などのさらなる厳罰化を行い、メリハリの効いた取組みを進めていく必要がある。特に、最近では重量超過車両が約3割も増加している状況にあり、当面2020年度を目途に違反車両を半減するため、WIMによる警告・是正指導等の区分の見直し、道路管理者間の違反情報の共有化など、重量超過撲滅に向けた取組みを速やかに強化すべきである。

　その際、重量超過が荷主からの要求や非効率な商慣習が大きな要因となっている状況を踏まえ、トラック事業者だけではなく荷主にも責任とコスト等を適切に分担させていく取組みを併せて実施する必要がある。このため、取締り時の違反者への荷主情報の聴取、荷主も関与した特殊車両通行許可など、違反に係る荷主、運送元（たとえば工事現場等）に関する情報を活用した幅広い取組みを検討する必要がある。さらに、インフラ側での重量計測だけでなく、車両側での車載型重量計（On-Board-Weighing）の活用についても、諸外国の例を参考に、輸送効率化や安全性の観点も含めて検討する必要がある。

⑤　都市中心部等への流入を抑制するための交通マネジメント

　大型車の都市中心部や住宅地への流入を抑制するための規制的な手法や関係者協調による手法を活用したエリアマネジメントについても、ETC2.0等の大型車の走行ビッグデータ等を活用しながら、諸外国の例を参考に取り組んでいく必要がある。

⑥　今後の維持修繕・更新のための財源の確保

　今後の維持修繕・更新のための財源確保について、一般道路における大型車対距離課金の導入、幹線道路の将来の維持管理費の負担のあり方などにつ

いて、諸外国の事例も参考に、広く意見を聴取しつつ、税金による負担との関係も含め、これまで以上の課題認識をもって検討すべきである。

今後、物流事業者、荷主、インフラ管理者、消費者等関係者の協力を得ながら、この答申で示された施策の具体化を図り、より優れた大型車交通マネジメントの実現を目指していきたいと考えている。

用 語 解 説

① ITS に関する用語

用　　語	解　　説
CAN	Controller Area Network（CAN）は、自動車の内部制御情報のネットワークで、速度、エンジンの回転数、ブレーキの状態、故障診断の情報などの転送に使用。
CEN-DSRC	欧州標準化機構（CEN）にて制定された DSRC 規格で、5.8 GHz 帯を使用するパッシブ方式の DSRC。
DSRC	Dedicated Short Range Communication（DSRC：専用狭域通信）は、通信ゾーンを 10 m 程度に制約し、そのゾーンを通行する車両とのみ通信する方式。
EU 指令	EU 加盟各国の法的整合を図り、欧州経済を活性化する目的で制定した各国共通の指令（ルール）。
EFC	Electronic Fee Collection（EFC）は有料道路、駐車場等で電子的に料金収受を行うシステムの総称。
ETC	Electronic Toll Collection（自動料金支払システム）は有料道路で道路利用料金を電子的に収受する方法。
ETC2.0	従来 ETC の高速利用料金の収受だけではなく、ITS スポット路側装置から渋滞回避や安全運転支援といったドライバーに有益な情報を提供するサービスである。また車載器は GNSS 受信モジュールを内蔵し、ITS スポットからプローブデータを収集する機能を持つことにより、大型車の管理や交通流解析等にも活用可能。
GNSS	Global Navigation Satellite System（GNSS）は複数の航法衛星が航法信号を地上の不特定多数に向けて電波送信し、それを受信する受信機を用いる方式の航法の総称で、米国の GPS、欧州の Galileo、ロシアの GLONASS、それに日本の準天頂衛星が含まれる。
GSM	Global System for Mobile communications（GSM）は、主に欧州で使用されている第 2 世代移動通信システム（2G）規格である。
HOV レーン	HOV（High Occupancy Vehicle）レーンとは、相乗り乗車等を促進するため導入された多乗員（2～3 人）車両専用の走行車線。
HOT レーン	HOT（High Occupancy Toll）レーンとは、HOV レーンの最低乗員数（2～3 人）の要件を満たす多乗員車は無料で通行でき、最低乗員数の要件を満たさない車両は課金を支払って通行できる車線。
ISO/TC204	ISO において ITS に関する国際標準化を担当する専門委員会（Technical Committee）。
ISO/TC204/WG5	ISO/TC204 の下部作業部会（WG：Working Group）で、EFC に関する標準化を担当。

用　語	解　説
ITS	Intelligent Transport Systems（高度道路交通システム）の略称で、人、物、車の道路上の移動をさまざまな側面から支援するシステム。基本となる技術は、情報技術や通信技術など。
ITS スポットサービス	道路沿いに設置された路側装置と対応車載器（ETC2.0）との間で高速・大容量通信により、広範囲の渋滞・規制情報提供や安全運転支援などのサービスが受けられる運転支援サービス。
Multi-Lane	マルチレーンと呼ばれ、走行方向に2車線以上あることを指す。車線の間に物理的な構造物がなく車両は自由に車線変更ができる。
OBD-II	1996年以降アメリカで販売される車に義務つけられた点検用の規格。点検コネクターや通信プロトコル、故障診断コード等が標準化されている。欧州では2001年からOBD-IIコネクターを装備することが義務づけられたが、日本の場合はOBD-IIコネクターを装備しているが、メーカー独自のプロトコルが使用されている。
RFID	Radio Frequency Identifier（RFID）とは、ID情報を埋め込んだRFタグから、電磁界や電波などを用いた近距離（周波数帯によって数cm〜数m）の無線通信によって情報をやりとりするもの、および技術全般。
Single Lane	シングルレーンと呼ばれ、走行方向に1車線のみあることを指す。高速道路の有人料金所では車両1台ずつ順次通行できないように、車線を物理的構造物（アイランド）で分離している。
テレマティクス	テレマティクスとは、遠隔地のデータ発生源からデータを伝送、収集するための無線メディアの利用をいう。
Toll Charger	課金事業者。有料道路の管理運営を行う事業者のことで日本ではNEXCOのような道路会社のこと。
Toll Service Provider	課金サービスプロバイダーとは、課金事業者に代わって有料道路の利用者からの料金徴収業務を行う者を意味する。日本では道路会社が直接徴収を行っているが、欧州等ではプロバイダーが利用者への車載器のリースもあわせて行うケースが多い。将来の欧州統一課金サービスの基本的組織のひとつとなっている。
アクティブDSRC	日本のETCで採用されている方式で、車載器に発振器を内蔵し車載器と路側装置が対等に電波を発射し合うことができる。このため発振器を車載器に内蔵しないパッシブ方式に比べ、高速かつ大量の情報の授受、高い信頼性の確保が実現され、多様なITSサービスでの利用が可能である。
オドメータ	自動車に装備され走行距離計とも呼ばれる。その車両が完成してから現在までの累計走行距離を表示する計器であり、機械式と電子式の2種類がある。走行距離は保存され積算されなければならないため、電子式は不揮発性の半導体メモリを用いている。
仮想ガントリー	高速道路等で車の出入りがない区間の課金（セクション課金）をDSRCにて行う場合は、当該セクションの中央部にガントリーを設置しDSRC路側装置と車載器間との通信で行う。自律型ではこのガントリー設置位置を通過したことをGNSS測位情報と道路地図で行うが、この道路地上のガントリーを仮想ガントリーと呼ぶ。

用 語 解 説

用　語	解　説
加速度センサー	物体の加速度（速度の変化率）を測定する装置で、計測方法として圧電型、サーボ型、ひずみゲージ式、それに半導体式がある。
ジャイロ	ジャイロセンサーと呼ばれ、物体の角度（姿勢）や角速度あるいは角加速度を検出する計測器ないし装置で、船や航空機やロケットの自律航法に使用される。最近ではカーナビゲーションシステムや自動運転システム、慣性航法装置、ロボット、スマートフォン、デジタルカメラ、無人偵察機などでも用いられている。
自律型	車載器に GNSS 受信モジュールと道路地図情報を内蔵し、GNSS 測位情報を道路地図上にマッピングし課金ポイントや課金エリアの特定や走行距離の計測を行い、路側装置の支援を必要とせず自ら課金を行う方式。
タコグラフ（デジタコ）	自動車に搭載される運行記録用計器であり、運行時間中の走行速度などの変化をグラフ化することでその車両の稼動状況を把握できるようにした計器。方式は従来のアナログ方式と最近各国で採用されているデジタル方式（デジタル・タコグラフ：デジタコ）がある。
パッシブ DSRC	おもに欧州の ETC で採用されている方式で、車載器に発振器を内蔵せずに路側装置から送信される CW (Carrier Wave) にデータ信号で変調し路側装置に反射する。アクティブ DSRC に比べて車載器コストが安くできる利点はあるが通信領域が 10 m 以内と制約され、ITS サービスが限定される。

② 貨物車の重量に関する用語

用　語	解　説
車両重量	運転手、同乗者など人が乗らず、貨物あるいは荷物を積載しない状態での貨物車自体の車体重量。
最大積載重量	貨物車の法令で定められている貨物あるいは荷物の最大積載能力を表す重量である。この積載可能な重量を超えて貨物あるいは荷物を積載して車両を走行すると重量超過になり、違法になる。 貨物あるいは荷物の容積が貨物車に積載できる大きさでも、重量では規定を超えて重量超過になることがある。
①車両総重量 ②車両の総重量、総重量	①車両総重量は車両重量、最大積載重量、定員数の乗員の重さの和である。「道路運送車両法」では次のように定義されている。 　　車両総重量 = 車両重量 + 最大積載量 + 55 kg × 乗車定員 ②車両の総重量は「特殊車両通行許可」において用いられている語句であり、次のように定義されている。 　　車両の総重量 = 車両重量 + 積載物重量 + 55 kg × 乗車定員 　積み荷の重さについては、前述の「車両総重量」の場合は「最大積載重量」であるが、「特殊車両通行許可」において用いられている「車両の総重量」の場合は「実際に積まれる積載物の重量」である。この場合でも、乗員の重さは定員数の乗員の重さの和である。 　単に総重量と省略して書かれることもあり、車両総重量、車両の総重量、総重量と書かれている場合は、いずれの定義であるかに注意する必要がある。

用　語	解　説
軸　重	車両の重量が各車軸にかかる荷重をいう。日本の車両制限令は軸重の最大値を 10 トンと定めている。
輪荷重	車両のひとつのタイヤから構造物に作用する荷重。日本の車両制限令は輪荷重の最大値を 5 トンと定めている。

③　貨物車の形状に関する用語の解説

用　語	解　説
商用車	荷物を積んで運ぶことをおもな目的とした車両。恒久的に荷物を積む構造を持つ。貨物車やバンなどを含む。
貨物車	荷物を積んで運ぶことを目的とした車両。人が乗る空間と荷物を積む空間が分離された構造などの要件が定められている。
単　車	一体構造の自走できる車両をいう。
連結車	牽引車と被牽引車が連結された状態の車両をいう。セミトレーラー連結車、フルトレーラー連結車などがある。
牽引車 （トラクター）	動力を持ち、被牽引車を牽引する車両をいう。牽引車のみでも走行可能である。
被牽引車 （トレーラー）	動力をもたず，他の牽引車に引かれて荷物を運ぶ車両をいう。セミトレーラー、フルトレーラーがある。

用　語	解　説
セミトレーラー	他の牽引車に引かれる被牽引車であり、荷物を積む車両をいう。動力を持たずこのままでは走行できない。前輪がなく、前部を牽引車にもたせかけるようにして連結される。セミトレーラーのみの状態で駐車する場合は、前部に支えを装着する。牽引車に連結する場合は前部の支えをはずす。 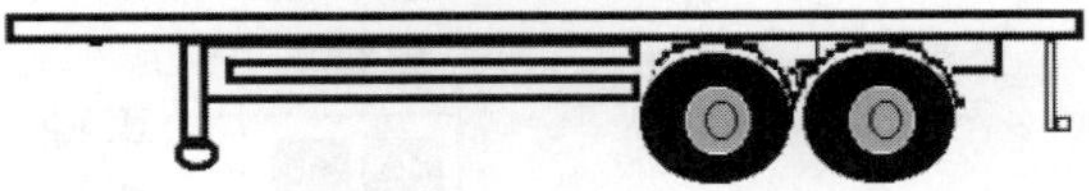
セミトレーラー連結車	他の動力を持つ牽引車にセミトレーラーを連結している状態の車両をいう。下図は牽引車（トラクター）がセミトレーラーを連結している状態である。 
フルトレーラー	他の牽引車に引かれる被牽引車であり、荷物を積む車両をいう。動力を持たずこのままでは走行できない。前輪と後輪を持ち、自身で自立する。棒状の連結装置で牽引車に連結される。 
フルトレーラー連結車	他の動力を持つ牽引車にフルトレーラーを連結している状態の車両をいう。下の図は単車にフルトレーラーを連結している状態、牽引車（トラクター）にフルトレーラーを連結している状態。  

用　語	解　説
車輪と車軸	車輪は左右の片側のタイヤ（下図の破線で囲った部分）を指す。下図の場合はツインタイヤになっている。車軸は左右の両側の車輪を合わせた範囲（下図の実線で囲った範囲）である。参考に、輪荷重とは左右の片側のタイヤにかかる重量であり、軸重とは両側のタイヤにかかる重量を合わせた重量である。両方のタイヤの輪荷重がそれぞれ５トンの場合は軸重は10トンになる。 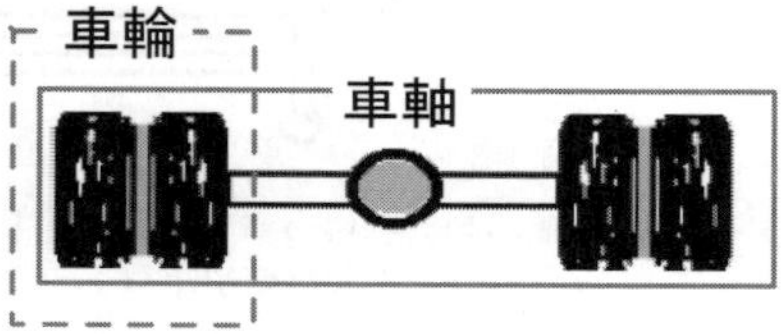
単軸、タンデム軸、トライデム軸	単軸は一つの独立した車軸を指す。タンデム軸は２つの車軸が近接して配置されており、２つの車軸を一体として１つの車軸と考える。トライデム軸は３つの車軸が近接して配置されており、３つの車軸を一体として１つの車軸と考える。 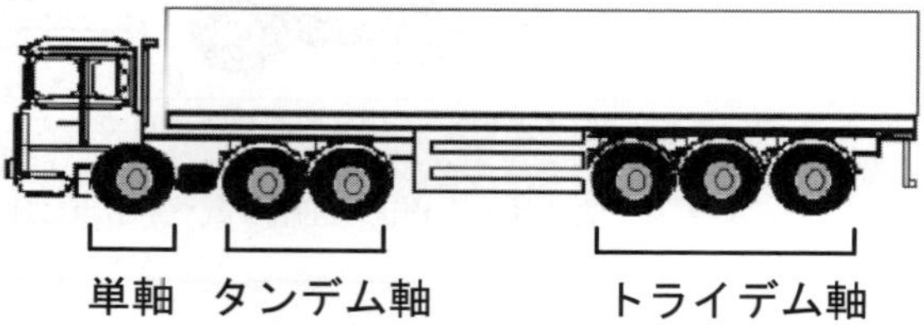
ツインタイヤ ダブルタイヤ	１つの車軸の片側に２個のタイヤを装着した構造を指す。 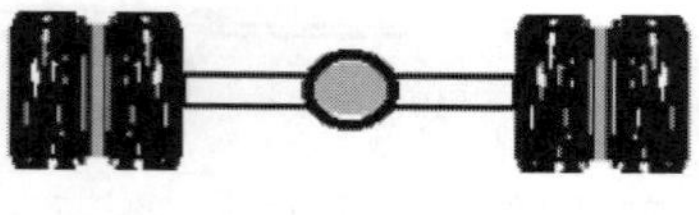
駆動軸	エンジンの動力を地面に伝える車軸を指す。トラクターの場合は一般的に後輪が駆動軸である。下図の例では牽引車（トラクター）がセミトレーラーを牽引している状態であり、駆動軸は前から二つ目の軸である。 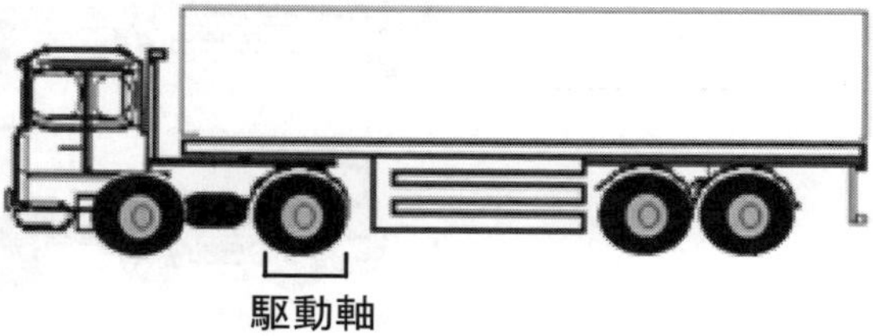

用 語 解 説

用　語	解　説
エアサスペンション	封入した空気の弾性を利用した懸架装置を指す。ポンプなどによりバネの強さを調整でき、積荷の偏りによって車体が傾くのを抑制する機能がある。大型トラックなどに多く採用されている。路面に優しいサスペンションに分類され、多くの国で最大軸重を金属バネを用いたサスペンションよりも大きくしている。
車両の幅、長さ、高さ	車両の車体全体の幅、長さ、高さを指す。
軸距、隣接軸距、最遠軸距	軸距は車軸と車軸の距離を指す。隣接軸距とは隣り合う車軸の距離を指し、最遠軸距とは最も前の車軸と最も後ろの車軸の距離を言う。

図の出所：Guidelines on Maximum Weights and Dimensions of Mechanically Propelled Vehicles and Trailers, Including Manoeuvrability Criteria, Road Safety Authority, IRELAND, February 2013

特殊車両通行ハンドブック 2016、国土交通省

索　引

欧文索引（和欧混合を含む）

AETIS（Association of European Toll and Interoperable Service） ………… 101
ALS（Area Licensing Scheme：地区進入許可制度） ………… 46
ANPR（ナンバープレート自動認識） ………… 48, 55
ATI（Alliance for Toll Interoperability） ………… 109
Auto Pay ………… 52
AVI（Automatic Vehicle Identification：車両番号読取装置） ………… 167
B double（多重連結車） ………… 157
CAN（Controller Area Network） ………… 28, 187, 241
CCTV（Closed Circuit Television） ………… 167
CEN（欧州標準化機構） ………… 99, 241
CEN-DSRC ………… 241
C-ITS（Cooperative 協調型 ITS） ………… 170
COST323 プロジェクト ………… 145
DSRC（Dedicated Short Range Communication：専用狭域通信） ………… 19, 23, 25, 29, 241
EU 指令 ………… 15, 86~88, 94, 99, 143, 173, 175, 241
EETS（European Electronic Toll Service：欧州統一電子式道路課金サービス） … 99, 100, 106
EFC（Electronic Fee Collection） ………… 30, 241
ELD（電子ロギング装置） ………… 186
ERP（Electronic Road Pricing：電子的道路課金） ………… 47
ERP2.0 ………… 50
Essingeleden（バイパス） ………… 56
ETC（Electronic Toll Collection System：自動料金支払システム） ………… 4, 15, 241
ETC2.0 ………… iii, 11, 224, 231, 235, 236, 241
Express Lanes ………… 67
E-Zpass ………… 100, 109, 111
FasTrak ………… 69, 109
Fleet Auto Pay ………… 52
FMS（Fleet Management System） ………… 187
FQP（Freight Quality Partnership） ………… 141
GNSS（Global Navigation Satellite System：衛星測位システム） ………… 19, 25~27, 241
GPS（Global Positioning System：全地球測位システム） ………… ii, 6, 26, 50, 76~79, 92, 93, 241
GSM（携帯用通信） ………… 91, 241
HIDO（道路新産業開発機構） ………… 188
Hi-pass ………… 164, 169
HOT レーン（High Occupancy Toll Lane） ………… 9, 19, 61, 65, 70, 241

HOV レーン（High Occupancy Vehicle Lane：多乗員車レーン） ……… 9, 61, 241
HPFVs（High Productivity Vehicle：高効率車両） ……………………… 158
HS-WIM（高速車用軸重計測装置）…………………………………………… 165
IAG（Inter-Agency Group）………………………………………………… 109
IAP（Intelligent Access Program）………………………………………… 157
IBTTA（International Bridge, Tunnel & Turnpike Association）……… 109
ICT（Information Communication Technology：情報通信技術）………… ii
IC カード ……………………………………………………………………… 21
IoT（Internet of Things：モノのインターネット技術）………………… ii, 11
ISO ……………………………………………………………………………… 99
ISO/TC204 …………………………………………………………………… 30, 241
ITS（Intelligent Transport Systems：高度道路交通システム）…… ii, 19, 177, 242
ITS 情報プラットフォーム …………………………………………………… 9
ITS スポットサービス ………………………………………………………… 242
LEZ（Low Emission Zone：低排出車地区）………………………… iii, 17, 42, 147
LLCS（ロンドン・ローリー・コントロール・スキーム）………………… 141
LS-WIM（低速車用軸重自動計測装置）…………………………………… 166
Multi-Lane …………………………………………………………………… 242
NCR（Non Compliance Records）………………………………………… 182
NHTS（National Household Travel Survey）…………………………… 117
NHVR（National Heavy Vehicle Regulator）…………………………… 154
NIOP（National Interoperability）プロトコル ……………………… 110, 112
OBD-II（第二世代車載自己診断）………………………………… 28, 82, 242
OIML（Organization International of Legal Metrology：国際法定計量機関） … 146
On-Board-Weighing（車載型荷重計測システム）………………………… 238
OReGO ………………………………………………………………………… 81, 84
PBS（Performance Based Standard）……………………………………… 154
PrePass ……………………………………………………………………… 138
RCI（Road Charging Interoperability）…………………………………… 100
REETS ……………………………………………………………………… 100, 104
REETS-TEN ………………………………………………………………… 100, 101
RFID（Radio Frequency IDentication）………………………………… 22, 242
ROCOL ………………………………………………………………………… 51
SAFETEA-LU ……………………………………………………………… 64, 74
SB1077（道路利用課金法案）……………………………………………… 81
Single Lane ………………………………………………………………… 242
Smart Highway …………………………………………………………… 164, 170
Smart Tolling ……………………………………………………………… 164, 169
SMS ………………………………………………………………………… 52, 165
SunPass …………………………………………………………………… 108, 109
Super B double …………………………………………………………… 157

索　引

TARV ··· *177~181, 184, 189*
TEN-T（Trans-European Transport Network：欧州横断運輸ネットワーク）············· *100*
Toll Charger（課金事業者） ·· *242*
Toll Service Provider ··· *242*
TxTag ·· *108, 109*
VMT（Vehicle Mile Traveled：年間走行距離） ··································· *117*
VPPP（Value Pricing Pilot Program：バリュープライシング試験事業） ··············· *64*
WIM（Weigh In Motion：車両重量自動計測装置） ·········· *iii, 10, 38, 39, 137, 146, 171, 184*
WRUCC（Western Road Usage Charge Consortium：西部道路利用課金協議会） ······· *81*

和文索引

【ア行】

- 相乗り　9, 61
- アウトバーン　91
- アウトバーン課金法　92
- アクティブDSRC　242
- 圧電素子方式　172
- 一般的制限値　31, 33, 35, 134, 144, 162
- エアサスペンション　41, 173, 247
- 衛星測位システム（GNSS）　19
- エコタックス　16, 97
- エリア課金　26, 46
- 欧州横断運輸ネットワーク（TEN-T）　100
- 欧州統一電子式道路課金サービス（EETS）　99
- 欧州標準化機構（CEN）　99, 241
- 大型車課金　ii, 15, 16, 86, 95, 158
- 大型車交通マネジメント　3, 31, 237
- 大型車専用ETCシステム　166
- 大型車専用ETCレーン　164~166
- 大型車取締りシステム　167
- 大型車誘導区間　5, 224, 228~230
- 大型車誘導区間制度　228
- 大型車用ETC車載器　169
- 汚染者負担原則　88
- オドメータ　28, 242
- 重さ指定道路　8, 33, 225
- オンライン申請システム　163

【カ行】

- 外環道（東京外かく環状道路）　2, 192
- 外部費用　6, 88, 94
- 外部不経済　7
- 課金アプリケーション　83
- 課金機能　20
- 課金事業者のコンソーシアム　102
- 課金方法　24, 26, 214
- 仮想ガントリー　26, 242
- 加速度センサー　243
- ガソリンスタンド課金システム　79, 124
- 可搬式重量計　166, 168
- 可変費用　6
- 可変料金表示版　69, 70
- 貨物車　244
- 貨物車のための協調通信情報　178
- 貨物車流入禁止地区　iii
- 環境対策課金　16, 17
- 環境負荷の低減　3, 40
- 環境保全課金　16, 147
- ガントリー　10, 46, 69, 70, 91
- 距離帯別料金　198~200
- 均一方式　5
- 均衡時間価値　203, 204
- 駆動軸　31, 246
- 駆動輪　32
- 暮らしの質向上　40
- グレーター・ロンドン・オーソリティ　51
- 携帯用通信（GSM）　91
- 経路誘導課金　18
- 牽引車（トラクター）　244
- 原因者負担原則　222
- 圏央道（首都圏中央連絡自動車道路）　2, 192, 210, 221
- 限界費用価格形成　7, 216, 220, 221
- 公共交通ステーション　68
- 高効率車両（HPFVs）　158
- 高速軸重計　165
- 高速自動車国道　33, 225
- 高速車用軸重計測装置（HS-WIM）　165
- 高速走行車線課金　19
- 交通安全の向上　40
- 交通管制制御　5
- 交通規制　5, 8, 128
- 交通需要マネジメント　i, 62, 72
- 交通の円滑化　40
- 交通分担率　203
- 交通マネジメント　ii, 2, 3, 5

高度道路交通システム（ITS）
　………………… ii, 19, 177, 242
コードン課金………………… 28, 46
コードン制…………………… 21
コードンライン……………… 21, 228
国際法定計量機関（OIML）… 146
コスト・アロケーション・スタディ… 213
固定費用……………………… 6
混雑課金……………… 3, 5, 12, 53, 63
混雑税………………………… 6, 55~58
混雑マネジメント…………… 61, 72
コントロール・ポイント…… 56~58

【サ行】

最遠軸距……………………… 247
最大積載重量………………… 243
笹子トンネル天井板落下事故……… 2, 4
三環状道路…………………… 2, 210
シェンゲン協定……………… 86
時間価値……………………… 69, 202~204
時間価値分布………………… 202
時間帯規制…………………… 140
時間短縮便益………………… 69
時間費用……………… 6, 12, 202, 204
軸距…………………………… 31, 247
軸重…………………………… 3, 244
軸重計測……………………… 172
軸重超過……………………… 4, 38
軸重超過車両………………… 38
軸数…………………………… 3, 31, 159
次世代ロードプライシング… 50
私的限界費用………………… 12
自動運転……………………… 4
自動課金システム…………… ii
自動車運搬用車両…………… 135
自動ナンバープレート認識（ANPR）　48
自動料金支払システム（ETC）
　………………………… 4, 15, 241
支払機能……………………… 20, 21
ジャイロ……………………… 243
社会的限界費用……………… 12

社会的平均費用……………… 12
社会的余剰…………… 198, 201, 205, 208
車載型荷重計測システム
　（On-Board-Weighing）……… 238
車載型重量計………………… 3, 171, 173~175
車載器
　3, 17, 21, 48, 76, 79, 100, 138, 164, 169
車載器決済方式……………… 21
車軸…………………………… 31, 244, 246
車種別費用負担額…………… 217, 221
車種別料金…………………… 217, 220
車両挙動……………………… 186
車両重量……………………… 243
車両重量自動計測装置（WIM）
　……………… iii, 10, 38, 39, 171, 184
車両制限令…………………… 34, 35, 224
車両総重量…………………… 243
車両の重量…………………… 31, 134, 136, 153
車両の寸法…………………… 31, 134, 135, 153
車両の総重量………………… 145, 169, 243
車両の高さ…………………… 32, 247
車両の多重連結化…………… 153
車両の長さ…………………… 32, 247
車両の幅……………………… 32, 247
車両番号読取装置（AVI）…… 167
車輪…………………………… 246
州上院法案810……………… 81
自由速度……………………… 62, 64
重量超過車両………………… 38, 145, 168, 238
首都圏中央連絡自動車道（圏央道）　2, 192
首都圏料金の賢い3原則…… 210
首都高（首都高速道路）…… 2, 198
首都高速中央環状線（中央環状線）…… 2
首都高速道路（首都高）…… 2, 198
需要マネジメント…………… 5
少乗員車……………………… 62
消費者余剰
　…… 118~120, 198, 201, 202, 205, 208
消費者余剰アプローチ……… vii, 198, 201
情報通信技術（ICT）………… ii
商用車………………………… 244

所得分配上の問題·················· 116
自律型························ 243
自律方式（GNSS距離課金）········ 25~27
シングルレーン構成·················· 24
新直轄道路······················ 4
ステッカー方式··················· 7, 67
ストックホルム地域におけるインフラ整
　備と環境に関する協定（デニス協定）
································· 55
スマート・タコグラフ············· 175, 183
スマートフォン·············· 28, 80, 83
スミード委員会···················· 50
生産者余剰·················· 198, 201
税の公平性······················ 116
西部道路利用課金協議会（ERUCC）··· 81
セクション課金···················· 26
設置型重量計·················· 171~174
セミトレーラー················· 144, 245
セミトレーラー連結車········ 31, 135, 245
セルラー通信······················ 22
センター決済方式·················· 21
全地球測位システム（GPS）·········· 6
全米陸上交通インフラ資金調達委員会··· 74
専用狭域通信（DSRC）·········· 19, 241
走行距離課金··················· 74~78
走行速度保証······················ 7
総重量·············· 4, 35, 136, 144, 243
総重量超過························ 4
総余剰·························· 119
損傷者負担··············· 210, 215, 222

【タ行】

ターミナルチャージ················ 198
第11次道路整備五箇年計画·········· 225
対距離課金··············· 2, 116, 118, 120
対距離方式························ 5
ダイナミック・プライシング（動的課金）
····························· ii, 64
第二世代車載自己診断（OBDⅡ）······ 82
大ロンドンLEZ課金令············· 147
高さ指定道路················ 33, 225

タコグラフ··················· 187, 243
多重連結車（B double）·········· 157, 158
多乗員車レーン（HOVレーン）········ 9
ダブルタイヤ···················· 246
ダブル連結トラック················ 34
短期限界費用················ 7, 13, 216
単軸···························· 246
単車························ 32, 244
タンデム軸······················ 246
地区進入許可制度（ALS）··········· 46
地区トラックルート················ 130
中央環状線（首都高速中央環状線）····· 2
中間アクセスポイント··············· 68
直接取締り······················ 146
ツインタイヤ···················· 246
通過トラックルート················ 130
通行許可申請···················· 163
ツール・ボックス··················· 30
低速軸重計······················ 166
低速車用軸重自動計測装置（LS-WIM）
································ 166
低排出車地区（LEZ）··· iii, 8, 17, 42, 147
デジタル・タコグラフ
···················· 27, 175, 182, 185, 188
デニス協定（ストックホルム地域におけ
　るインフラ整備と環境に関する協定）
································· 55
テレパス························ 106
テレマティクス················ 177, 242
テレマティクス技術·············· vi, 153
電子的道路課金（ERP）············· 47
電子ロギング装置（ELD）··········· 186
同一起終点同一料金··············· 210
東京外かく環状道路（外環道）······ 2, 192
東京都市圏物資流動調査············ 192
動的課金························ 10
道路インフラの保全················ 40
道路課金················· ii, 2, 3, 5, 15
道路課金システム·················· 15
道路構造令······················ 225
道路ストック···················· 2, 3

道路費用·················· 6, 94
道路費用鑑定················ 94
道路利用課金·············· 18, 22
道路利用課金法案（SB1077）······ 81
道路利用者料金タスクフォース······· 77
特車ゴールド（特殊車両通行許可の簡素
　化制度）················ 232~234
特殊車両··················· 31
特殊車両通行許可······ iii, 31, 33~35, 37
特殊車両通行許可制度·········· 224, 226
特殊車両通行許可の簡素化制度
　（特車ゴールド）·············· 232
都市景観の向上················ 40
都市内課金·················· 46
都市内混雑課金················ 16
トライデム軸·············· 155, 246
トラクター（牽引車）······· 135, 157, 244
トラック発生量················ 195
トラックルート······ 41, 128, 130~133, 141
トラッククレーン············ 132, 133
トレーラー（被牽引車）·········· 244

【ナ行】

内々利用················ 200, 205
内部費用···················· 6
ナンバープレート自動認識（ANPR）
　·················· 3, 10, 48, 59
二部料金制度················ 216
ノード位置情報················ 77

【ハ行】

パークウェイ·············· 128, 129
バイパス（Essingeleden）·········· 56
パイロットプログラム··· 18, 75, 76, 78, 80
パッシブDSRC··············· 243
バリュープライシング········· 8, 64, 72
バリュープライシング試験事業（VPPP）
　······················· 64
バンプール車················· 62
ピーク・ロード・プライシング······· 13
ピエゾセンサー··········· 147, 167, 172

被牽引車（トレーラー）·········· 244
ビニエット················ 89, 90
ビニエット方式·········· 5, 88, 92, 214
疲労破壊輪数················ 212
物流施設立地············· 192, 193
プライバシー············ 11, 75, 83, 125
フリーフローETC············ 164, 170
プリペイドカード·············· 21
フルトレーラー········ 31, 135, 144, 245
フルトレーラー連結車······· 31, 135, 245
フレーム・ワーク············· 29, 30
プローブデータ··········· 19, 195, 235
プロファイル··············· 29, 30
平均乗車人数················· 65
平均費用·················· 7, 12
平均費用価格形成············ 220, 222
平均費用価格形成原理············ 216
変動対距離課金制··············· 67
舗装計画交通量················ 212

【マ・ヤ行】

マーストリヒト条約·············· 86
跨ぎ利用·············· 200, 204~206
マルチレーン・フリーフロー········ 22
マルチレーン構成··············· 24
モノのインターネット技術（IoT）······· ii
有料道路課金············· 15, 21, 22
ユーロビニエット指令··········· 87, 92
ユーロビニエット制度············· 88
輸送の効率化·············· 40, 237

【ラ・ワ行】

ライフサイクル費用·············· 3, 4
ラッシュ時追加料金·············· 96
ラムゼイ・プライシング······· vii, 198, 206
ラムゼイ価格················ 207
ラムゼイ価格形成原理············ 216
料金所インターフェイス··········· 103
輪荷重················ 212, 244
隣接軸距·················· 247
ルート規制················· 140

連結車…… *iii, 31, 135, 144, 157, 244, 245*
連邦長距離道路課金法………………… *92, 94*
連邦道路信託基金……………… *19, 74, 118*
ロードセル方式…………………… *172, 175*
ロードプライシング……… *iii, 5, 7, 12, 50*

ロンドン・ローリー・コントロール・
　スキーム（LLCS）………………… *141*
ロンドン混雑課金研究プログラム…… *51*
ワンストップサービス………………… *145*

執筆者一覧

【執筆者略歴】 五十音順、敬称略（2017年3月現在）

糸氏　敏郎（いとうじ　としろう）　第19章
1980年富山県生まれ。2005年国土交通省入省、道路局国道・防災課道路防災対策室係長、関東地方整備局大宮国道事務所交通対策課長等を経て、現在、道路局道路交通管理課高度道路交通システム推進室課長補佐。

今西　芳一（いまにし　よしかず）　第3章、第5章、第10章、第11章、第17章
1949年大阪市生まれ。東京大学大学院土木工学専門課程修了、筑波大学大学院博士課程満了（博士（工学）取得）、米国バンダービルト大学客員研究員を経て、株式会社公共計画研究所を創設。現在、同社の所長。

大瀧　逸朗（おおたき　いつろう）　第17章
1984年東京都生まれ。大阪大学経済学部卒業、東京大学大学院経済学研究科修士課程修了、同博士課程単位取得満期退学。現在、株式会社公共計画研究所副主任研究員。

利部　智（かがぶ　とも）　第4章、第7章、第11章
1972年宮城県生まれ。横浜国立大学経済学部卒業、ノッティンガム大学大学院環境管理学（PgDip）修了。現在、株式会社公共計画研究所主任研究員

加納　陽之助（かのう　ようのすけ）　第19章
1980年兵庫県生まれ。東京大学工学部卒業。2006年国土交通省入省、大臣官房会計課主査、近畿運輸局企画観光部交通企画課長、鉄道局都市鉄道課企画調整官等を経て、現在、道路局企画課道路経済調査室課長補佐。

倉橋　敬三（くらはし　けいぞう）第 15 章

1948 年愛知県生まれ。京都大学工学部卒業、同大学大学院修了。1972 年富士通株式会社に入社、富士通研究所、ニューヨーク駐在員事務所、ITS 事業本部などに勤務。2013 年富士通退職。現在ケン・パートナーズ、ISO/TC204（ITS 分野）/WG7 エキスパート。

後藤　孝夫（ごとう　たかお）第 18 章

1975 年横浜市生まれ。慶應義塾大学商学部卒業、同大学大学院商学研究科後期博士課程単位取得退学。博士（商学）（慶應義塾大学）。九州産業大学商学部専任講師、同大学准教授を経て、現在、近畿大学経営学部教授。

佐藤　元久（さとう　もとひさ）第 8 章、第 13 章

1954 年群馬県生まれ。1977 年旧日本道路公団入社、2005 年高速道路総合技術研究所、2015 年より NEXCO 東日本本社建設・技術本部。2015 年 4 月より ISO/TC204/WG5 (ETC 国際標準化) 国内分科会長。

田邉　勝巳（たなべ　かつみ）第 9 章

1972 年新潟県生まれ。慶應義塾大学商学部卒業、同大学大学院修了。運輸政策研究所研究員、千葉経済大学経済学部専任講師、コロンビア大学日本経済経営研究所客員研究員などを経て、現在、慶應義塾大学教授

塚田　幸広（つかだ　ゆきひろ）第 6 章

1957 年北海道生まれ。北海道大学工学部卒業。筑波大学システム情報工学研究科博士後期課程修了。国土交通省道路局 ITS 推進室長、同近畿地方整備局企画部長、国土技術政策総合研究所道路研究部長、同高度情報システム研究センター長、(独)土木研究所研究調整官、関西大学客員教授を経て、現在、(公社)土木学会専務理事。

根本　敏則（ねもと　としのり）　第1章、第17章、第18章

1953年青森県生まれ。東京工業大学工学部卒業、同大学大学院修了。福岡大学経済学部助教授、同大学教授、フィリピン大学客員教授を経て、現在、一橋大学大学院商学研究科教授。

野口　直志（のぐち　なおし）　第2章、第11章

1949年長崎県生まれ。熊本大学大学院電子工学専攻修了。1974年三菱重工業入社、国内高速道路料金収受機械、米国向け料金収受機械、ETC開発業務等に従事。1995年よりISO/TC204/WG5(ETC国際標準化)専門家、2000年より国内分科会長を経て、現在、三菱重工メカトロシステムズITS事業部に勤務。

兵藤　哲朗（ひょうどう　てつろう）　第16章

1961年東京生まれ。東京工業大学工学部卒業、同大学大学院博士課程修了、東京理科大学助手、東京工業大学助手、東京商船大学助教授を経て、現在、東京海洋大学流通情報工学科教授。

広瀬　順一（ひろせ　じゅんいち）　第15章

1949年大阪府生まれ。1970年国立奈良工業高等専門学校電気工学部卒業、同年、日本電気株式会社入社。1981年から1986年NECアメリカ・ダラス勤務。2003年から2009年（一財）運輸政策研究機構調査役。2013年慶應義塾大学先導研究センター研究員を経て、現在、（一財）道路新産業開発機構上席調査役。

脇嶋　秀行（わきしま　ひでゆき）　第10章〜第14章、第18章

1963年神奈川県生まれ。武蔵工業大学卒業。株式会社熊谷組を経て、現在、株式会社建設技術研究所東京本社交通システム部次長。

編著者略歴

根本 敏則（ねもと　としのり）
1953年青森県生まれ。東京工業大学工学部卒業、同大学大学院修了。福岡大学経済学部助教授、同大学教授、フィリピン大学客員教授を経て、現在、一橋大学大学院商学研究科教授。
主要著書：『対距離課金による道路整備』（共著、勁草書房）、『自動車部品調達システムの中国・ASEAN展開』（共著、中央経済社）、『ネット通販時代の宅配便』（共著、成山堂書店）

今西 芳一（いまにし　よしかず）
1949年大阪市生まれ。東京大学大学院土木工学専門課程修了、筑波大学大学院博士課程満了（博士（工学）取得）、米国バンダービルト大学客員研究員を経て、株式会社 公共計画研究所を創設。現在は同社の所長。
主要著書：『対距離課金による道路整備』（共著、勁草書房）、『都市の物流マネジメント』（共著、勁草書房）、『現代新都市物流』（共著、森北出版）、『交通まちづくり』（共著、勁草書房）、「渋滞緩和の知恵袋」（共著、丸善）

公益社団法人 日本交通政策研究会

代表理事　金本良嗣・原田　昇
所在地　〒102-0073　千代田区九段北1-12-6　守住ビル
　　　　電話　03-3263-1945（代表）
　　　　FAX　03-3234-4593
○日交研シリーズ、その他、研究会についてのお問い合わせは上記におねがいします。

日本交通政策研究会研究双書 31

道路課金と交通マネジメント
維持更新時代の戦略的イノベーション

定価はカバーに表示してあります

平成29年5月28日　初版発行

編著者　根本　敏則・今西　芳一
発行者　小川　典子
印　刷　倉敷印刷株式会社
製　本　株式会社難波製本

発行所　株式会社 **成山堂書店**
〒160-0012　東京都新宿区南元町4番51　成山堂ビル
TEL：03(3357)5861　FAX：03(3357)5867
URL　http://www.seizando.co.jp
落丁・乱丁本はお取り換えいたしますので、小社営業チーム宛にお送りください。

©2017　Toshinori Nemoto, Yoshikazu Imanishi
Printed in Japan　　　　　ISBN 978-4-425-92891-0